宁静致远 求真务实

郑维敏 传

陈剑 著

1923年	1942年	1954年	1980年	1987年	1995年	2011年	2012年
出生于山东济南	考入西南联合大学电机系	执教清华大学电机系	创办清华大学系统工程研究室	任清华大学经济管理学院教授	获国家教委科技进步奖二等奖	清华大学成立"郑维敏奖学励学基金"	逝世

老科学家学术成长资料采集工程 丛书

淡泊致远 求真务实

郑维敏 传

陈 剑 ◎ 著

中国科学技术出版社
上海交通大学出版社

图书在版编目（CIP）数据

淡泊致远　求真务实：郑维敏传／陈剑著．
—北京：中国科学技术出版社，2019.5
（老科学家学术成长资料采集工程丛书）
ISBN 978-7-5046-8057-0

Ⅰ.①淡… Ⅱ.①陈… Ⅲ.①郑维敏－传记
Ⅳ.① K826.16

中国版本图书馆 CIP 数据核字（2018）第 125544 号

责任编辑	余　君
责任校对	杨京华
责任印制	李晓霖
版式设计	中文天地

出　　版	中国科学技术出版社　上海交通大学出版社
发　　行	中国科学技术出版社发行部
地　　址	北京市海淀区中关村南大街 16 号
邮　　编	100081
发行电话	010-62173865
传　　真	010-62173081
网　　址	http://www.cspbooks.com.cn

开　　本	787mm×1092mm　1/16
字　　数	220 千字
印　　张	14.25
彩　　插	2
版　　次	2019 年 5 月第 1 版
印　　次	2019 年 5 月第 1 次印刷
印　　刷	北京华联印刷有限公司
书　　号	ISBN 978-7-5046-8057-0 / K・244
定　　价	70.00 元

（凡购买本社图书，如有缺页、倒页、脱页者，本社发行部负责调换）

老科学家学术成长资料采集工程
领导小组专家委员会

主　任：杜祥琬
委　员：（以姓氏拼音为序）
　　　　巴德年　　陈佳洱　　胡启恒　　李振声
　　　　齐　让　　王礼恒　　王春法

老科学家学术成长资料采集工程
丛书组织机构

特邀顾问（以姓氏拼音为序）
　　　　樊洪业　　方　新　　谢克昌

编委会
主　编：王春法　　张　藜
编　委：（以姓氏拼音为序）
　　　　艾素珍　　崔宇红　　定宜庄　　董庆九　　郭　哲
　　　　韩建民　　何素兴　　胡化凯　　胡宗刚　　刘晓勘
　　　　罗　晖　　吕瑞花　　秦德继　　王　挺　　王扬宗
　　　　熊卫民　　姚　力　　张大庆　　张　剑　　周德进

编委会办公室
主　任：孟令耘　　张利洁
副主任：许　慧　　刘佩英
成　员：（以姓氏拼音为序）
　　　　董亚峥　　冯　勤　　高文静　　韩　颖　　李　梅
　　　　刘如溪　　罗兴波　　沈林苣　　田　田　　王传超
　　　　余　君　　张海新　　张佳静

老科学家学术成长资料采集工程简介

　　老科学家学术成长资料采集工程（以下简称"采集工程"）是根据国务院领导同志的指示精神，由国家科教领导小组于 2010 年正式启动，中国科协牵头，联合中组部、教育部、科技部、工信部、财政部、文化部、国资委、解放军总政治部、中国科学院、中国工程院、国家自然科学基金委员会等 11 部委共同实施的一项抢救性工程，旨在通过实物采集、口述访谈、录音录像等方法，把反映老科学家学术成长历程的关键事件、重要节点、师承关系等各方面的资料保存下来，为深入研究科技人才成长规律，宣传优秀科技人物提供第一手资料和原始素材。

　　采集工程是一项开创性工作。为确保采集工作规范科学，启动之初即成立了由中国科协主要领导任组长、12 个部委分管领导任成员的领导小组，负责采集工程的宏观指导和重要政策措施制定，同时成立领导小组专家委员会负责采集原则确定、采集名单审定和学术咨询，委托科学史学者承担学术指导与组织工作，建立专门的馆藏基地确保采集资料的永久性收藏和提供使用，并研究制定了《采集工作流程》《采集工作规范》等一系列基础文件，作为采集人员的工作指南。截至 2016 年 6 月，已启动 400 多位老科学家的学术成长资料采集工作，获得手稿、书信等实物原件资料 73968 件，数字化资料 178326 件，视频资料 4037 小时，音频资料 4963 小时，具有重要的史料价值。

采集工程的成果目前主要有三种体现形式,一是建设"中国科学家博物馆网络版",提供学术研究和弘扬科学精神、宣传科学家之用;二是编辑制作科学家专题资料片系列,以视频形式播出;三是研究撰写客观反映老科学家学术成长经历的研究报告,以学术传记的形式,与中国科学院、中国工程院联合出版。随着采集工程的不断拓展和深入,将有更多形式的采集成果问世,为社会公众了解老科学家的感人事迹,探索科技人才成长规律,研究中国科技事业的发展历程提供客观翔实的史料支撑。

总序一

中国科学技术协会主席　韩启德

老科学家是共和国建设的重要参与者，也是新中国科技发展历史的亲历者和见证者，他们的学术成长历程生动反映了近现代中国科技事业与科技教育的进展，本身就是新中国科技发展历史的重要组成部分。针对近年来老科学家相继辞世、学术成长资料大量散失的突出问题，中国科协于2009年向国务院提出抢救老科学家学术成长资料的建议，受到国务院领导同志的高度重视和充分肯定，并明确责成中国科协牵头，联合相关部门共同组织实施。根据国务院批复的《老科学家学术成长资料采集工程实施方案》，中国科协联合中组部、教育部、科技部、工业和信息化部、财政部、文化部、国资委、解放军总政治部、中国科学院、中国工程院、国家自然科学基金委员会等11部委共同组成领导小组，从2010年开始组织实施老科学家学术成长资料采集工程。

老科学家学术成长资料采集是一项系统工程，通过文献与口述资料的搜集和整理、录音录像、实物采集等形式，把反映老科学家求学历程、师承关系、科研活动、学术成就等学术成长中关键节点和重要事件的口述资料、实物资料和音像资料完整系统地保存下来，对于充实新中国科技发展的历史文献，理清我国科技界学术传承脉络，探索我国科技发展规律和科技人才成长规律，弘扬我国科技工作者求真务实、无私奉献的精神，在全社会营造爱科学、学科学、用科学的良好氛围，是一件很有意义的事情。采集工程把重点放在年龄在 80 岁以上、学术成长经历丰富的两院院士，以及虽然不是两院院士、但在我国科技事业发展中作出突出贡献的老科技工作者，充分体现了党和国家对老科学家的关心和爱护。

自 2010 年启动实施以来，采集工程以对历史负责、对国家负责、对科技事业负责的精神，开展了一系列工作，获得大量反映老科学家学术成长历程的文字资料、实物资料和音视频资料，其中有一些资料具有很高的史料价值和学术价值，弥足珍贵。

以传记丛书的形式把采集工程的成果展现给社会公众，是采集工程的目标之一，也是社会各界的共同期待。在我看来，这些传记丛书大都是在充分挖掘档案和书信等各种文献资料、与口述访谈相互印证校核、严密考证的基础之上形成的，内中还有许多很有价值的照片、手稿影印件等珍贵图片，基本做到了图文并茂，语言生动，既体现了历史的鲜活，又立体化地刻画了人物，较好地实现了真实性、专业性、可读性的有机统一。通过这套传记丛书，学者能够获得更加丰富扎实的文献依据，公众能够更加系统深入地了解老一辈科学家的成就、贡献、经历和品格，青少年可以更真实地了解科学家、了解科技活动，进而充分激发对科学家职业的浓厚兴趣。

借此机会，向所有接受采集的老科学家及其亲属朋友，向参与采集工程的工作人员和单位，表示衷心感谢。真诚希望这套丛书能够得到学术界的认可和读者的喜爱，希望采集工程能够得到更广泛的关注和支持。我期待并相信，随着时间的流逝，采集工程的成果将以更加丰富多样的形式呈现给社会公众，采集工程的意义也将越来越彰显于天下。

是为序。

总序二

中国科学院院长 白春礼

由国家科教领导小组直接启动，中国科学技术协会和中国科学院等12个部门和单位共同组织实施的老科学家学术成长资料采集工程，是国务院交办的一项重要任务，也是中国科技界的一件大事。值此采集工程传记丛书出版之际，我向采集工程的顺利实施表示热烈祝贺，向参与采集工程的老科学家和工作人员表示衷心感谢！

按照国务院批准实施的《老科学家学术成长资料采集工程实施方案》，开展这一工作的主要目的就是要通过录音录像、实物采集等多种方式，把反映老科学家学术成长历史的重要资料保存下来，丰富新中国科技发展的历史资料，推动形成新中国的学术传统，激发科技工作者的创新热情和创造活力，在全社会营造爱科学、学科学、用科学的良好氛围。通过实施采集工程，系统搜集、整理反映这些老科学家学术成长历程的关键事件、重要节点、学术传承关系等的各类文献、实物和音视频资料，并结合不同时期的社会发展和国际相关学科领域的发展背景加以梳理和研究，不仅有利于深入了解新中国科学发展的进程特别是老科学家所在学科的发展脉络，而且有利于发现老科学家成长成才中的关键人物、关键事件、关键因素，探索和把握高层次人才培养规律和创新人才成长规律，更有利于理清我国科技界学术传承脉络，深入了解我国科学传统的形成过程，在全社会范围内宣传弘扬老科学家的科学思想、卓越贡献和高尚品质，推动社会主义科学文化和创新文化建设。从这个意义上说，采集工程不仅是一项文化工程，更是一项严肃认真的学术建设工作。

中国科学院是科技事业的国家队，也是凝聚和团结广大院士的大家庭。早在1955年，中国科学院选举产生了第一批学部委员，1993年国务院决定中国科学院学部委员改称中国科学院院士。半个多世纪以来，从学部委员到院士，经历了一个艰难的制度化进程，在我国科学事业发展史上书写了浓墨重彩的一笔。在目前已接受采集的老科学家中，有很大一部分即是上个世纪80、90年代当选的中国科学院学部委员、院士，其中既有学科领域的奠基人和开拓者，也有作出过重大科学成就的著名科学家，更有毕生在专门学科领域默默耕耘的一流学者。作为声誉卓著的学术带头人，他们以发展科技、服务国家、造福人民为己任，求真务实、开拓创新，为我国经济建设、社会发展、科技进步和国家安全作出了重要贡献；作为杰出的科学教育家，他们着力培养、大力提携青年人才，在弘扬科学精神、倡树科学理念方面书写了可歌可泣的光辉篇章。他们的学术成就和成长经历既是新中国科技发展的一个缩影，也是国家和社会的宝贵财富。通过采集工程为老科学家树碑立传，不仅对老科学家们的成就和贡献是一份肯定和安慰，也使我们多年的夙愿得偿！

鲁迅说过，"跨过那站着的前人"。过去的辉煌历史是老一辈科学家铸就的，新的历史篇章需要我们来谱写。衷心希望广大科技工作者能够通过"采集工程"的这套老科学家传记丛书和院士丛书等类似著作，深入具体地了解和学习老一辈科学家学术成长历程中的感人事迹和优秀品质；继承和弘扬老一辈科学家求真务实、勇于创新的科学精神，不畏艰险、勇攀高峰的探索精神，团结协作、淡泊名利的团队精神，报效祖国、服务社会的奉献精神，在推动科技发展和创新型国家建设的广阔道路上取得更辉煌的成绩。

总序三

中国工程院院长 周 济

由中国科协联合相关部门共同组织实施的老科学家学术成长资料采集工程，是一项经国务院批准开展的弘扬老一辈科技专家崇高精神、加强科学道德建设的重要工作，也是我国科技界的共同责任。中国工程院作为采集工程领导小组的成员单位，能够直接参与此项工作，深感责任重大、意义非凡。

在新的历史时期，科学技术作为第一生产力，已经日益成为经济社会发展的主要驱动力。科技工作者作为先进生产力的开拓者和先进文化的传播者，在推动科学技术进步和科技事业发展方面发挥着关键的决定的作用。

新中国成立以来，特别是改革开放30多年来，我们国家的工程科技取得了伟大的历史性成就，为祖国的现代化事业作出了巨大的历史性贡献。两弹一星、三峡工程、高速铁路、载人航天、杂交水稻、载人深潜、超级计算机……一项项重大工程为社会主义事业的蓬勃发展和祖国富强书写了浓墨重彩的篇章。

这些伟大的重大工程成就，凝聚和倾注了以钱学森、朱光亚、周光召、侯祥麟、袁隆平等为代表的一代又一代科技专家们的心血和智慧。他们克服重重困难，攻克无数技术难关，潜心开展科技研究，致力推动创新发展，为实现我国工程科技水平大幅提升和国家综合实力显著增强作出了杰出贡献。他们热爱祖国，忠于人民，自觉把个人事业融入到国家建设大局之中，为实现国家富强而不断奋斗；他们求真务实，勇于创新，用科技为中华民族的伟大复兴铸就了辉煌；他们治学严谨，鞠躬尽瘁，具有崇高的科学精神和科学道德，是我们后代学习的楷模。科学家们的一生是一本珍贵的教科书，他们坚定的理想信念和淡泊名利的崇高品格是中华民族自强不息精神的宝贵财富，永远值得后人铭记和敬仰。

通过实施采集工程，把反映老科学家学术成长经历的重要文字资料、实物资料和音像资料保存下来，把他们卓越的技术成就和可贵的精神品质记录下来，并编辑出版他们的学术传记，对于进一步宣传他们为我国科技发展和民族进步作出的不朽功勋，引导青年科技工作者学习继承他们的可贵精神和优秀品质，不断攀登世界科技高峰，推动在全社会弘扬科学精神，营造爱科学、讲科学、学科学、用科学的良好氛围，无疑有着十分重要的意义。

中国工程院是我国工程科技界的最高荣誉性、咨询性学术机构，集中了一大批成就卓著、德高望重的老科技专家。以各种形式把他们的学术成长经历留存下来，为后人提供启迪，为社会提供借鉴，为共和国的科技发展留下一份珍贵资料。这是我们的愿望和责任，也是科技界和全社会的共同期待。

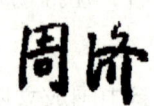

周济

郑维敏
（1923—2012）

采集小组工作照一
（前排左起：郑哲敏、郑企静；后排左起：陈冰瑶、陈剑、吴利芬）

采集小组工作照二
（左起：李大全、郑永其、唐敏一、陈剑、董娟、陈冰瑶）

采集小组工作照三
（左起：李雪、朱斌、张冲）

目 录

老科学家学术成长资料采集工程简介

总序一……………………………………………韩启德

总序二……………………………………………白春礼

总序三……………………………………………周 济

导 言…………………………………………………1

| 第一章 | 在战火纷飞中成长……………………………7

 童年与家庭………………………………………………7
 辗转的中学………………………………………………11
 动荡的大学………………………………………………15

| 第二章 | 远溯博索钻研自动控制 ········· 22

    艰难起步，创清华工业自动化专业 ········· 22
    学以致用，探索自动控制系统应用 ········· 31
    临危受命，攻克首钢 300 小型难题 ········· 36
    与时俱进，开拓顺序控制系统研究 ········· 41

| 第三章 | 博学广知探索系统工程 ········· 48

    创新学科领域，建设系统工程专业 ········· 48
    聚焦科技前沿，拓展模糊控制理论 ········· 59
    填补研究空白，推动决策分析实践 ········· 65
    破解建模难题，创新统计决策方法 ········· 73
    融合生物技术，开展学科跨界合作 ········· 77
    突破传统瓶颈，致力组合优化研究 ········· 83
    夯实理论基础，探索复杂系统本质 ········· 87

| 第四章 | 与时俱进心系经济发展 ········· 92

    因地制宜，优化钼矿开发 ········· 92
    统筹规划，治理黄浦污染 ········· 97
    献计国策，投身经济改革 ········· 104
    高瞻远瞩，探索分布控制 ········· 109
    立足国情，开发决策系统 ········· 118
    心系民生，优化水库调度 ········· 123
    聚焦稀土，实践管控一体 ········· 127
    心怀老区，助力科技扶贫 ········· 133
    深入金融，关注资本市场 ········· 138
    全面分析，稳定电网运行 ········· 142

| 第五章 | 品高德馨风范永存 ·················· 146

三尺杏坛,桃李天下 ·················· 146
严谨治学,勤勉求实 ·················· 155
淡泊名利,爱国奉献 ·················· 158
伉俪情深,回馈社会 ·················· 161
悄然辞世,功勋留芳 ·················· 164

结　语 ·················· 168

附录一　郑维敏年表 ·················· 181

附录二　郑维敏主要论著目录 ·················· 196

参考文献 ·················· 201

后　记 ·················· 204

图片目录

图 1-1　三十年代济南经二纬一路的亨得利钟表公司 ················· 8
图 1-2　郑维敏与弟弟郑哲敏合影 ···································· 10
图 1-3　郑家老房旧址 ·· 10
图 1-4　郑维敏全家合影 ·· 11
图 1-5　郑维敏阖家照 ·· 12
图 1-6　郑维敏在南开中学时期的成绩单 ···························· 14
图 1-7　郑维敏在西南联大的入学注册表 ···························· 15
图 1-8　国立西南联合大学纪念抗战胜利纪念碑 ···················· 18
图 1-9　国立清华大学电机工程学系一九四八级毕业留影 ·········· 20
图 1-10　郑维敏赴英实习时期照片 ···································· 21
图 2-1　钟士模 ·· 24
图 2-2　郑维敏作为教研室主任与第一届工企毕业班学生合影 ······ 25
图 2-3　《自动控制理论专题》手稿 ···································· 26
图 2-4　郑维敏编写的《随机系统》讲义 ······························ 27
图 2-5　郑维敏所指导研究生谢秉枢的培养计划 ······················ 28
图 2-6　郑维敏编写的《线性自动调节系统的一种综合方法》讲义手稿 ··· 30
图 2-7　研究"首钢 300 小型"时期照片 ································ 38
图 2-8　郑维敏编写的《顺序控制》讲义 ······························ 46
图 3-1　首次来华的 Larson 与郑维敏等合影 ························· 52
图 3-2　郑维敏欢迎 Hipel 来华 ···································· 53
图 3-3　Hipel 写给郑维敏的圣诞节贺卡 ······························ 54
图 3-4　郑维敏组织系统工程专业师生进行学术讨论 ················ 55
图 3-5　郑维敏和詹一辉讨论问题 ···································· 74
图 3-6　顾基发代许国志院士宣读水稻良种培育遗传过程研究
　　　　鉴定意见 ·· 80

图 3-7	郑维敏在唐海县试验田考察	81
图 3-8	《科技日报》关于水稻良种培育遗传过程的系统分析与控制的报道	81
图 3-9	郑维敏著《正反馈》	89
图 4-1	黄浦江项目组部分成员合影	98
图 4-2	汪道涵接见黄浦江项目组部分成员合影	102
图 4-3	郑维敏等向有关部门提交的部分研究报告	107
图 4-4	《人民日报》关于小型分级分布计算机系统 MASCOT 的报道	111
图 4-5	郑维敏在 ICSSE 国际会议大会上做报告	122
图 4-6	郑维敏受聘三峡工程综合经济评估项目聘书	124
图 4-7	王浩院士	124
图 4-8	郑维敏等编写的扶贫规划报告	134
图 4-9	郑维敏与唐敏一在江西扶贫	136
图 4-10	郑维敏指导博士生罗国俊	143
图 4-11	郑维敏、罗国俊等编写的研究报告	144
图 5-1	郑维敏与学生、同事们在一起	147
图 5-2	郑维敏 2007 年与学生们聚会	149
图 5-3	郑维敏在清华大学经管楼前和同事、学生们在一起	153
图 5-4	郑维敏编写的《关于知识工程的理论基础》手稿	155
图 5-5	郑维敏在重庆南开中学时为抗战捐款	160
图 5-6	北京市人民政府颁发给郑维敏的荣誉	161
图 5-7	郑维敏和家人游长城	162
图 5-8	郑维敏与夫人唐敏一在清华合影	162
图 5-9	郑维敏在美国 MIT	164
图 5-10	清华大学经管学院郑维敏追思会	166
图 5-11	"郑维敏—奖学励学基金"设立仪式	166
图结-1	郑维敏在清华大学毕业后留校任助教	169
图结-2	郑维敏日常工作照	173
图结-3	郑维敏在 ICSDS 大会上作报告	174
图结-4	郑维敏与学生们在一起	176
图结-5	沈振基缅怀郑先生的书法作品	179

导 言

传 主 简 介

郑维敏先生（1923—2012）是我国著名的自动控制、系统工程、管理科学与工程专家。他1923年出生于山东济南，中学时期就读于济南市育英中学，"七七卢沟桥事变"后，郑维敏辗转进入重庆南开中学（南渝中学）学习，毕业后以出色的成绩考入昆明西南联大，就读于电机系。1944年，日本侵略军进犯大西南，郑维敏为抗日救国毅然投笔从戎，参加中国青年远征军。1945年10月，西南联大复学，郑维敏以优异的成绩毕业，并留校担任电机系助教。1948年，他获得系里的奖学金去英国茂伟（Metropolitan-Vickers）电气制造公司实习并担任工程师。在英国学习期间，郑维敏勤奋苦读获得了去美国加州理工学院（CIT）进一步深造的机会，但此时正值新中国成立之初，怀揣着一颗赤子报国之心，郑维敏果断放弃了赴美读博士的打算，毅然决然回到中国，从此终生奋斗在中国自动控制、系统工程、管理科学与工程的研究和教育事业第一线。

1951年郑维敏从国外回到中国后，起初在华北大学工学院电机系工作了一段时间，担任该学院副教授。1954年以后，到清华大学工作，先后在电机系、自动化系和经管学院，致力于电力拖动自动化及自动控制、决策与优化、系统工程、管理科学与工程等方面的教学和研究。郑维敏一生经历坎坷，波折不断，但他却始终不改用科学知识爱国、报国的初衷，致力于为祖国开创先进的学科和专业，并取得了令人瞩目的累累硕果。他在反馈控制的结构理论、顺序控制、自适应模糊控制、基于数据与知识的决策理论和系统、作物育种遗传过程的分析与控制、金融系统、宏观经济模型与系统等众多领域发表过许多学术论文，并著有《正反馈》一书，为我国自动化控制和系统工程普及推广做出了不可或缺的重大贡献。郑维敏曾经先后担任中国国家自然科学基金会第一、第二、第三届信息科学部评议组成员，国家科委软科学研究工作指导委员会委员（首届），中国科学院技术科学部自动化分组成员，中国自动化学会理事（首届）、常务理事、荣誉理事，中国系统工程学会常务理事（首届）、荣誉理事，中国仪器仪表学会理事，国际自动控制联合国（IFAC）发展中国家委员会委员（1982—1985年）等一系列重要职务，并获得北京市高等教育局颁发的"培养系统工程高级人才"奖。

采集过程与成果

2011年上半年，老科学家学术成长资料采集工程（简称"采集工程"）将郑维敏先生列入采集对象。清华大学经济管理学院对此事非常重视，在征得郑先生本人同意的情况下，陈剑教授根据采集工程的计划和要求，随即成立了采集小组，并于2011年6月正式开始资料采集工作。

郑先生晚年身体状况较差，眼病严重，所以他的大部分时间都居住在美国，和家人生活在一起。我们的采集小组的工作，先是根据现有的资料撰写年表和概览，对郑先生的学术成长的整体脉络进行了一番梳理，然后开始着手进行资料采集的工作，主要包括外围采访和实物采集两种。我们最初的计划是，先把外围采访和实物采集做好，在对郑先生进行了深入了解的基础上，然后再制定有针对性的采集方案和采访提纲，去美国一对一采访传主郑先生本人。我们的这一计划基于两点考虑：一是考虑到郑先生人在美国，如果要进行有效率、有成果的访谈，需要事先做好各方面的充足准备，以避免时间和成本上的浪费；二是考虑到这样做有利于郑先生的身体恢复和调理。但是，让人意想不到的是，本来病情已有好转的郑先生却在2012年1月突然病情恶化，于当月21日溘然辞世，令大家无不扼腕痛惜！

在采集工程开始到郑先生去世前的半年时间里，我们的采集工作刚刚有了一定的收获，前后共采访了吴秋峰老师等十三人，外围访谈时长共三百七十分钟，数量和质量上都还远远不够，并且还未到档案馆和郑先生在清华的家中搜集实物资料。面对郑先生突如其来的离世，我们的采集工作遭遇到了很大的困难。在接下来的两到三年时间里，我们加大了外围访谈和资料搜集的力度，在郑先生家人和清华大学同事及学生的配合下，在清华大学电机系、自动化系、经管学院和相关单位的支持下，我们有效地充实了采集工程的资料内容，这使得我们有条件正式展开郑先生个人传记的撰写工作。在外围访谈中，采访对象都是郑先生的同事及学生，由于不是传主本人并且很多老师年事已高，大家对于早些年尤其是郑先生在电机系的那一段经历并不是十分清楚，因此所讲述的事情也并不十分精确，尽管大家对当时的很多事情印象深刻，但回忆起来仍然避免不了一定程度的出入。因此我们在采集的时候也就非常注意资料搜集的准确性，在国家图书馆、清华大学图书馆以及档案馆有针对性地进行查阅，对重要资料进行反复确认。比如，在重庆市档案馆，我们找到了郑先生重庆南开中学时候的成绩单、在清华大学任职时候填写的一些资料表格；在清华大学图书馆，我们找到了1988年《人民日报》上刊登的关于分级分布控制项目的内容，等等。

由于是学术成长资料采集工作，我们小组在采集资料的过程中便把重点放在郑先生的学术和科研方面。从总体来看，我们采集到的资料成果，可以分为口述类资料和图文类资料两种。

关于口述类资料，主要就是我们所作的外围访谈。这一部分资料是不可或缺的，尽管我们没有郑先生本人的口述资料，但通过采访郑先生的家人、同事及学生，可以快速深入地了解到郑先生的生平以及他的工作、生活和科研经历。我们在每次采访前都会提前精心准备一些问题，有针对性地进行采访提问，尽可能深入细致地挖掘我们所要了解的信息，同时，我们也常常会让被访者提供一些我们没有问到而他们愿意分享的信息和资料。通过这些途径，三年下来，我们收集到了大量的访谈资料，这使我们有了足够丰富的原始素材，便于我们着手开展郑先生传记的撰写。比如，在采访吴秋峰、熊光楞等五位当年电机系教师的时候，我们可以仔细了解郑先生被钟士模先生请回到清华大学电机系的过程，以及郑先生本人创建工业企业自动化专业和相关学科以及指导学生的具体情况；采访杨家本和郭仲伟等老师时，可以了解郑先生创建系统工程教研室以及负责上海市黄浦江污染治理研究项目的详细情况。尤其是在传记第一章的撰写过程中，围绕郑先生的家庭、出生，到他上大学的情况，在没有郑先生本人回忆的困难条件下，我们通过采访郑先生的弟弟郑哲敏院士和妹妹郑企静老师，获取到了一些相关的重要信息和内容，如此，才有了撰写传记第一章的基本素材。

另外，通过外围访谈，我们能够非常准确地把握郑先生的学术成就和为人。我们不止一次地在对不同对象的访谈过程中了解到郑先生的学术前瞻性以及低调为人、淡泊名利的人格魅力和精神特质。不管是郑先生的同事还是学生，尽管大家是在不同的时间和地点接受了我们的采访，可是他们对郑先生的评价却出奇地一致，他们无一例外地竖起大拇指用他们不同的表达方式，由衷地称赞这位老先生，这让我们在采访的过程中也深受感动，获益良多。

我们采集到的图文类资料，一方面是郑先生自己保存遗留下来的资料，另一方面是我们查找学校图书馆和档案馆得到的资料。在采集这些资料的过程中我们发现，郑先生认真严谨的态度同样体现在他对资料的收集和整理上。我们在他家里找到了很多他的论文、手稿、著作、信件、证书等宝贵资料，得益于郑先生平时的严谨认真，我们非常顺利地找到了他完好保留下来的这些资料。比如，他和美国拉森博士的往来信件，他和陈干教授关于黄浦江项目的往来信件。又比如，在当时那个年代没有现在流行的电脑打字，郑先生讲课的所有讲义都是他亲笔手写的，包括现代控制讲义、随动系统讲义、自动调节原理等；他的著作《正反馈》和一些研究报告，包括稀土分离生产线项目、分级分布计算机控制系统、决策支持系统、黄浦江治理、水稻良种培育遗传过程等，无一不是如此。

我们认为，这些图文类型的资料，不仅仅是对访谈类口述资料完整性的一种丰富和补充，也是对口述资料准确度的一种提高。因为时隔多年，无论是郑先生的家人、同事还是学生，他们在接受访谈的时候，难免都会或多或少发生一些记忆偏差和理解上的失误，而我们通过查阅图文资料，就可以很好地保障资料的可靠性和逻辑性，为郑先生传记的撰写提供可靠、翔实的基础材料。我们在图书馆和档案馆进行的资料搜集也是如此，相对于郑先生自己保留的资料，我们查找起来更具有针对性。比如，我们在撰写数控铣床研制的内容时，从访谈中了解到 1960 年前后《人民日报》上可能刊登有关于第一台数控铣床的报道，于是我们就去国家图书馆进行查找，由于资料查找困难，因而并没有确认这一报道是否存在，所以在传记撰写的时候也就没有加上这一内容；我们在撰写金堆城钼矿开发的内容时，去清华图书馆查找八十年代初期郑维敏指导研究生杨者青完成的手写毕业论文，细致了解当时项目完成后落实到理论上面的成果；我们在撰写分级分布控制研究的内容时，访谈对象也提到 1988 年《人民日报》上有刊登对该项目的报道，所以去清华图书馆查找，这次就成功找到，虽然在报纸上只有豆腐块一般大小的内容，但却给我们提供了非常有力的佐证。

写作思路与框架

我们采集小组的基本写作思路是：以采集工作所获取的大量原始资料及其他旁证或间接资料为基础，尽量将传主郑先生的主要经历详尽地描述出来，重点围绕郑维敏先生的学术成长和科学研究为主展开，同时提供比较丰富的历史和社会背景，力求做到主次分明、脉络清晰、准确完整、客观公正。在传记撰写的整个过程中，我们既不拔高郑先生的成就，也不轻描淡写，而是本着实事求是的原则，对郑先生的学术成就进行梳理和总结。

面对我们访谈和查找到的资料，如何进行有逻辑的撰写？我们采集小组的安排是：基于对传主郑先生个人资料的分析和把握，梳理传主人生历程与学术成长的历史脉络，重点按照年代和时间顺序来划分传主郑先生的主要学术研究阶段，组织各章各节，进行逐一描述。描述的内容侧重于传主郑先生的家庭背景、求学历程、师承关系，包括对郑先生以后的学术风格、科学成就产生重大影响的工作环境、学术交往中的关键人物、重大事件和重要节点，系统描述郑先生的学术思想、观点和理念产生、形成、发展的过程，并提炼总结郑先生学术成长的特点及重要影响因素。在第一章介绍完郑先生在战火纷飞中的成长经历后，重点放在清华任教的三十多年，主要是三个阶段：工业企业自动化（第二章）、系统工程（第三章）、经济管理（第四章）。具体到每个章节的书写，主要是郑先生所进行的科研项目，涉及该科学研究发展的国内外背景以及郑先生是如何进行选题的，研究的人员组织、困难攻克、取得成果以及应用选择。其间，我们也对郑先生所处的社会环境、当时的国家政策以及郑先生本人的工作生活环境包括家庭环境进行了适当的阐述，并结合当时的历史材料分析，对郑先生的教育背景进行了客观描述。在充分掌握各方面史料的基础上，我们尽可能地将传主郑先生的科学研究和学术发展与国家的学科发展、清华大学的建设发展等历史背景结合起来。在传记的最后一章，我们对传记全文进行了总结，并记录了郑先生的桃李满天下、爱国奉献淡泊名利、严谨治学勤勤恳恳以及他和夫人的晚年生活，对郑先生的家庭背景以及他晚年在科学研究方面的最新动态等方面进行了阐述。

　　写完整本传记，我们面前浮现的是郑先生以天下为己任的中国知识分子的形象，在结语部分我们满怀敬畏的心情对郑先生学习探索不断进取的一生进一步总结和深化，他勇于创新，实现科学技术创新三大跨越，留给我们后人宝贵的学术和精神财富。

第一章
在战火纷飞中成长

童年与家庭

　　1923年1月14日，郑维敏出生于山东省济南市。父亲郑章斐、母亲崔梅原籍浙江省鄞县（现宁波市鄞州区）。郑章斐1899年生于四明山东麓的章水镇郑家村，崔梅1900年生于章水镇崔家岙村。两村相距三四里，坐落在章水流经的同一个山沟里。郑章斐夫妇育有四子五女，抗日战争期间幼子夭折、长女病故，剩下的几个子女中，郑维敏排行老大，还有二弟郑哲敏、大妹郑企静、二妹郑企肃、三弟郑友敏、三妹郑企克、四妹郑企仁。父亲郑章斐，从小家贫，曾在家乡放牛为生，念过几年私塾和小学。当时，依从浙江宁波的风俗，郑章斐年仅十六岁就去上海当学徒学习钟表手工艺，由于他学习非常用功，业余时间坚持去夜校补习会计和英语，所以他仅仅用了三年时间，就成了上海"亨得利"[①]钟表的合伙人，"亨得利"

[①] 上海亨得利钟表公司：创建于1915年。

后来成为著名的钟表品牌。郑章斐非常尊重和推崇知识,具有超群的远见和眼光,是一个从旧商人向新商人转变的典型。由于他常常为没有足够时间上学而感到遗憾,所以他总是竭尽全力支持和鼓励自己的孩子们多读书。郑章斐不仅自己勤奋上进,具有奋斗精神,而且对孩子们的未来也有与众不同的长远规划,他教育子女修身养性,要求子女读曾国藩家训,学习曾国藩为人处世、从政治军、谨守家风、保养身心的做人之道。事实上,郑章斐作为一位成功的商人,其诚信、忠厚、严谨等做人的品质一直潜移默化影响着郑维敏和他的弟弟妹妹,对郑维敏后来的治学精神、学术思想以及为人处事都产生了非常深远的影响。

1928年,郑章斐在济南设立亨得利钟表店分号,郑家一家人居住在西边城外的商铺里。5月3日,"五三惨案"爆发,日本帝国主义以保护日本侨民为借口,派兵进驻济南、青岛及胶济铁路沿线,将前去交涉的署职员全部杀害,并肆意抢劫、屠杀中国官民,郑家商铺也不可避免地被日本侵略军占领。郑章斐只能带着一家人逃往城里,逃难途中,有个中国人在路边方便,结果被日本侵略军一枪打死,这一幕被年幼的郑维敏亲眼目睹,并从此深深留在他的记忆里。当时,他们一家人还曾经一度在逃难途中失散,逃到城里后,全家人就躲在床底下,床上盖上厚厚的被子,用以阻挡敌人炮弹的碎片。"五三惨案"之后,郑家一家人还回过宁波,之后从宁波乘船回济南,途经青岛,当时的青岛已被日本侵略军占领,船上流行着传染病,为了防止岸上的人受到感染,年幼的郑维敏及其家人还曾在船上被隔离了好几天。经历过这些童年经历的郑维敏深切地感受到国家

图1-1 三十年代济南经二纬一路的亨得利钟表公司

存亡和民族危难的惶恐与慌乱，这种情绪从小根植在郑维敏的心中，逐渐养成了他那忧国忧民与"天下兴亡，匹夫有责"的责任感和使命感，强烈的悲情意识让他进一步坚定了抵抗外敌侵略、捍卫民族尊严、实现民族复兴的远大理想和抱负。

1929年，在"五三惨案①"爆发的一年之后，蒋介石的北伐军进入了济南城，日本侵略军撤出济南。当北伐军经过郑家亨得利商铺时，住在后院的郑维敏和弟弟郑哲敏趴在门窗上兴高采烈地看自己国家的军队走过，为了迎接北伐军的到来，他们兄弟二人在家里用手工制作了青天白日旗。从那以后，国民党的青天白日旗就代替了北洋军阀的五色旗。

进入二十世纪三十年代，华北一带的局势进一步紧张。1931年秋，"九一八"事变揭开了日本帝国主义对中国进行全面武装侵略的罪恶阴谋。国家整体上动荡不安的大环境深深影响着像郑家这样的普通老百姓的生活。据郑维敏的弟弟郑哲敏先生回忆：

> 那段时间，家里居住的钟表店门口每周二、四、六都会有一连串插着国民革命军第三路军旗子的卡车经过，押着五花大绑的死刑犯开赴法场。虽然只是上小学，但那个时候孩子们已经能够从眼前的刑场和广播里的新闻中感受到死亡的恐惧，以及国土被外族侵占、人民被敌人欺负的愤怒和忧心。有时，家里会从钟表店里拿一些老式唱片回来听，每每听到关于"九一八"的歌曲，大家就会难过流泪。在那样的大环境之下，无需额外的教育，大家都潜移默化地有种强烈的爱国热情。②

身处在那个兵荒马乱、风雨飘摇的年代，郑维敏的童年充满了战争、炮火、屠杀、危机这些词汇，虽然如此，在父亲郑章斐的勤奋努力和精心呵护下，郑维敏和他的弟弟妹妹们的童年生活还算是愉快的。1929年9月，郑维敏进入济南第五小学③（商埠）读书。他的弟弟郑哲敏也就读于该

---

① 五三惨案：又称济南惨案。
② 郑哲敏、郑企静访谈，2012年9月27日，清华大学经管院。资料存于采集工程数据库。
③ 济南第五小学：经实地考察和多方考证，该小学现在已不存在。

图 1-2 郑维敏（右）与弟弟郑哲敏（左）合影（1945年）

小学，比他低一年级。中国于1922年确立了六—三—三基础教育学制，郑维敏和弟弟郑哲敏都受到了该学制的系统教育。他们全家刚开始住在济南城外经二路、纬四路和纬五路之间，那个时候郑维敏和弟弟郑哲敏总是沿着纬四路走路去上学。1933年初，为建新楼，郑章斐一家从商埠搬到济南城里院西大街，那里有很深的院子，地方也比较宽敞。从那之后，郑维敏、郑哲敏两兄弟就改为骑自行车上学，每天早上他们用父母给的铜板在学校里吃早点，有时候买碗粥，有时候买个细馓子或者烧饼炒饭之类的。1935年夏天，郑维敏和弟弟郑哲敏报名参加了济南市召开的夏季运动会，期间郑维敏不幸感染化脓性脑膜炎，虽然医治及时很快康复，但还是耽误了一学期的课程。

在校期间，除了上课，郑维敏与班上的其他同学也相处很好。平常在家时，因年龄相近，郑维敏和弟弟郑哲敏在一起玩的时间比较多：打乒乓球、打雪仗……那时候郑家家里有间屋子非常宽敞，里面放置了一张大桌子，兄弟二人就把那里改造成一个乒乓球台，经常在那里打球。到了冬天下大雪的时候，他们两兄弟会在家里的小花园里打雪仗，一打就是很长时间；夏天父亲郑章斐则会带着他们去青岛游泳。郑章斐非常喜欢让孩子们出去开阔眼界，每当周末，他就会带着全家人一起郊游，济南的几处名胜古迹和风景点都是大家爱去的地方，比如大明湖、千佛山、趵突泉；有时，郑章斐也会带着全家人一起登

图 1-3 郑家老房旧址（2012年摄于郑家村）

泰山，那个时候郑维敏家里有一台老式德国相机，他们登泰山时会带上相机，在山顶租棉袄、看日出、照相，家庭生活还是十分温馨舒适的。同时，郑章斐也很注重家庭教育，家里总是不断聘请家庭教师，

图 1-4　郑维敏（前排左二）全家合影（1975 年）

在家除了长女要协助母亲做些家务外，其他孩子放学后就一起复习功课，学写字、学中文、学英语，有问题可以随时向家庭教师请教。虽然郑章斐平常不太过问孩子们的成绩，但是每学期期末还是要检查他们的成绩单，表现不好的会被打手板。

郑维敏的童年是幸福的，美好的，有母亲的宠爱，有父亲的关爱和教诲。生于富裕人家，祖训家风的熏陶，父亲严厉的教诲，让他从小就励志刻苦学习，学好本领报效国家的志向也渐渐融入了他的灵魂之中。据郑维敏的弟弟和妹妹们回忆，长大了些的郑维敏很爱学习，对知识非比寻常的渴求，总是喜欢端着一个小茶壶坐在书房里静静地看书。

辗转的中学

1936 年 1 月，郑维敏报考济南商埠甘石桥的济南市私立育英中学[①]，通过入学考试后进入育英中学读书，由此开始了他的中学生涯。1937 年 7 月的"七七卢沟桥事变"前数日，郑维敏刚刚放暑假，其父郑章斐便收到

[①] 育英中学：创建于 1913 年，首任校长系孔子七十五代孙孔祥柯先生，1956 年改为公立学校。

了来自宁波老家的电报，得知了祖父郑宏鳌病危的消息。郑章斐立即带着长女、郑维敏和郑哲敏返回宁波老家，他们刚到上海，便传来祖父去世的消息，在祖父去世后的两三天，祖母也病逝，于是他们发电报到济南通知母亲崔梅带其他人回宁波奔丧。与此同时，郑维敏的大伯父、二伯父、四叔、五叔以及姑妈也回到宁波，六家大人小孩一共几十口人相聚，照了一张家族的合影，这张合影也成为后来仅存的一张珍贵的阖家照片。

1937年8月初，郑章斐携长女、郑维敏和郑哲敏回济南，途经上海时发现形势紧张，即令三个儿女返回宁波，独自去济南处理店务。1937年8月13日，日军入侵上海，炮击闸北一带，中国军民奋起反击，当地中国驻军第九集团军在总司令张治中的指挥下，奋勇抗击日本侵略军，张治中对日本侵略军发起全线进攻，出动空军轰炸虹口日军司令部，双方展开激烈战斗，战争持续了三个月，日军投入十多个师团、三十多万兵力。中国军队英勇战斗，沉重打击了日本侵略者。但由于当时国民党政府采取单纯

图1-5 郑维敏阖家照（前排左起：珠月，企肃，维康，维敏，哲敏，惠民，友敏，哲夫，企静。1937年）

防御的战略方针,使中国军队付出了极为惨痛的牺牲,最后不得不撤离上海,同年 11 月 15 日,上海沦陷。当时一直密切关注国内局势的郑章斐决定离开济南前往成都,并将济南的生意全部转移至成都。1937 年 12 月 13 日、27 日,南京、济南相继沦陷,日机轰炸宁波,郑维敏辍学,与弟弟妹妹们随母亲在宁波市章水镇崔家岙村的外婆家中避难,在四明山区度过了一段农村生活。

在宁波避难的时候,刚好宁波城里有个小学搬到了外婆家附近的村庄里,郑维敏的妹妹们就在那里上小学,而当时已经上初中的郑维敏和郑哲敏因为没有找到合适的学校读书,只能整天在农村里闲玩。此时,已经在成都安顿下来的郑章斐觉得让两个儿子整天闲玩也不是长久之计,因而要两个儿子到成都去念书。1938 年 2 月初,郑维敏与弟弟郑哲敏随四叔郑章汉和店里的一个伙计辗转一个月的时间,途经新城、成县、义乌、金华、南昌、九江、武汉、宜昌、重庆等地,最终抵达成都。途中,他们在宜昌沙市曾一度因为找不到合适的船而滞留,那个时候长江处于枯水季节,进入三峡行船时,夜航怕触礁、昼航怕敌机轰炸,同时三峡又是浅滩、急弯居多,江水激流咆哮,处处危机四伏,但最终他们克服了重重困难,几经艰难曲折,一行四人才好不容易到达了郑章斐位于成都的新表行。

1938 年春,郑维敏、郑哲敏两兄弟进入成都私立建国中学[①]读书,成为了插班生,读初二下半学期的课程。初到成都时,由于听不懂当地方言,又被安排坐在教室后面,郑维敏兄弟俩为适应新的学习生活着实费了一番脑筋,吃了不少苦头。后来弟弟郑哲敏患头痛病休学,只剩下郑维敏一个人一边适应新的生活,一边坚持读完了初二下半学期的课程。暑假结束后,根据家庭教师的建议,郑维敏转学至重庆南开中学[②]读初三,从此开始了四年独自一人在外求学的中学生活。

当时重庆南开中学是华西的著名学府,在招生方面有着非常严格的

[①] 建国中学:由国民党二十四军军长刘文辉兴办。新中国成立后,建国中学改为成都十五中,后又并入西北中学高中部。

[②] 重庆南开中学:位于重庆著名文化区沙坪坝,是南开教育体系创立人、著名爱国教育家张伯苓先生于 1936 年创办的。

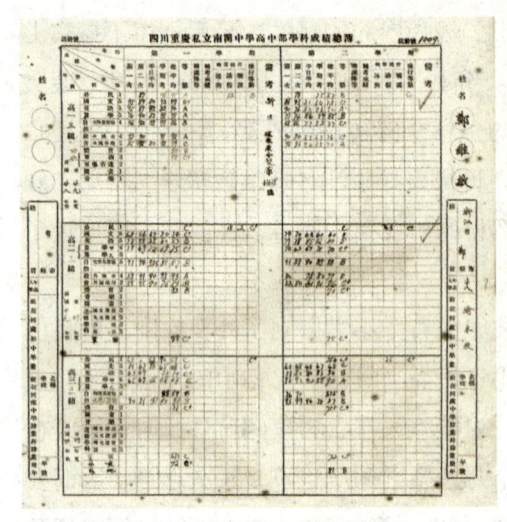

图1-6 郑维敏在南开中学时期的成绩单（1938年）

门槛。即使是极少数"开后门"进来的高官子女也只能作为"旁听生"，并且还要接受一视同仁的淘汰制，郑维敏能够在艰难困苦的情况下成功转学并在南开中学学习四年，足以证明其刻苦的学习态度、扎实的学习功底和过硬的基础知识，这在当时确实是出类拔萃的。

1938年2月，日本侵略军首次对重庆进行空袭，随后开始了长达六年十个月的轮番轰炸。全面抗战爆发后，由于重庆位于中国西南内陆地区，日军陆战部队进攻困难，因此对重庆的进攻以空袭为主。另外，因为重庆当时是国民党政府的战时首都和世界反法西斯战争远东指挥中心，在政治、军事、经济、文化等各方面都具有极其重要的战略地位，日本帝国主义为了彻底摧毁中国军民的抗战意志，达到迅速鲸吞中国的目的，便把重庆及其周边地区当成了重点进攻的目标之一。日本侵略者的狂轰滥炸造成了重庆地区人民生命财产的重大损失。这一时期，重庆人民整体的生活状况都异常艰辛，鉴于此，重庆南开中学格外强调和培养学生艰苦朴素的良好素养。当时，学校的日常管理非常严格，学生一律穿童子军服、中山装、蓝布旗袍，男生要求剃光头。饭菜则以素食为主，学生因此时常因为物资短缺而挨饿。大家一起住校，一起住"长统舱"，条件虽苦但宿舍却总是非常洁净，学生们都把自己的床铺整理得一丝不苟。学校在校门口专设穿衣镜和"镜箴自鉴"，明文要求学生在面容、衣着、举止、仪态等各方面严格按卫生、文明的标准"自鉴自修"。据重庆南开中学当年的校友们回忆：

> 晨光未露，课堂上一课又一课……雾散，向山边防空洞行进……

晚上无电，我们在教堂里点了蜡烛做功课，一边做题目，一边轻轻唱起来。

正是在这种自由和开放的环境中，郑维敏顺利完成了自己最后一年初中和三年高中的学习生涯。在那里，他得到了足够多的学习时间，享受到了良好的学习氛围，并开始学着独立思考，享受学校给予和鼓励的自由精神，以及同学间平等而深厚的情谊。也正是在这样艰难的日子里，郑维敏坚定树立起了立志成才、报效祖国的远大理想，从此，他更加刻苦地学习，最终以优异的成绩考入西南联合大学电机系。

动荡的大学

1942年8月，郑维敏从南开中学考入西南联大电机系。西南联大最初由北京大学、清华大学和南开大学在湖南长沙组成"长沙临时大学"，后来随着战争形势的恶化，又在1938年4月迁入云南昆明，改称国立西南联合大学，同年5月4日正式开始上课。西南联大汇聚了一批中国最优秀的专家、学者和教授，也继承了北大、清华、南开等著名高校的优良教学传统和作风，是当时全中国师资力量最强、教学规模最大、名望最高的一所综合性大学。早在郑维敏入学前，西南联大所在的云南昆明就遭受过一段时间日军飞机的狂轰滥炸。

由于战争的原因，西南联大的学生无论是在住宿还是饮食等方面的条件都非常艰苦。当时，一年级新生都住在靠城墙的昆北宿舍，越过城墙上的豁口，跨过

图1-7 郑维敏在西南联大的入学注册表（1942年）

公路便是西南联大校本部的南大门。昆北宿舍是一排两层的楼房，宿舍是泥地稻草顶，每间宿舍都通向阳台式走廊。双层的床铺，一间屋里可以住二十多个人，两张床之间围上一个帘子隔开，每个小单元就像是一间所谓的"单屋"了。屋里的窗户用几根木条将就着，冬天靠糊纸来挡风。屋里有一盏电灯，昏暗的灯光使大家在夜间看书很是费劲，屋子里还有很多跳蚤。尽管环境困难，但并没有减弱郑维敏和他的同学们学习的热情，晚上七点以后宿舍就鸦雀无声了，如果有人偶尔不注意讲话声音稍大，只要他人轻嘘一声，也就很快恢复平静。学生们的伙食条件同样不好，大家自办膳团，轮流采买，一日两餐，早餐则要自己解决。买的平价米都是糙米，米中有沙子，有时甚至还有老鼠屎。每天吃的最多是只用盐水煮过的蔬菜，很少有油水，生活非常艰苦。

当时的联大图书馆也很简陋，只比学生宿舍大一点，而且灯光也不好。大阅览室里，排列着几十张长方形的阅览桌，周围放置着木椅。每晚开馆前，门外总是挤满了学生，但图书馆的座位很有限，只能容纳一半的人，其他人就上茶馆自修。那时，学校附近开了不少茶馆，便顺理成章变成了联大学生们的自习室，成为西南联大的独特一景。为了能够抢先借阅到参考书或者找到位子自习，郑维敏常常会早早就到图书馆占座。如果实在没有座位，他就会去联大学生常去的一家叫做青年茶馆的地方，在那边读书、做作业、和同学讨论问题，偶尔也会放松一下和同学们在那里打打桥牌。

当时电机系的名气很大，在工学院有相当大的影响，西南联大因此有"土木系老、电机系难考"之说。事实上，在电机系的学习难度的确比较大，基础性、理论性较强的重要课程，都是学分较多、考试又多且评分严格的课程，取得高分甚难。所以在西南联大，很多学习好、能力强的同学都愿意进电机系。一年级工科学生必修微积分、物理、国文、英文、工程画图和经济，思想课方面还有伦理学和"三民主义"。高年级则需要修很多与专业相关的工程学课程，比如力学、电学、机械设计等等。西南联大时期，老师都把教学放在第一位、认真上课是老师共同的特点，例如冯友兰先生的伦理课比较抽象、不太容易懂，理工科的学生不感兴趣，经常逃课，但是冯先生似乎并不在意，仍旧兢兢业业的给前来上课的同学们讲授。

在西南联大，学生们除了踏踏实实地学习书本知识，受国家大环境的影响，联大时期空前盛行的学术思想自由之风也深深影响着每一个联大学子。当时联大教授们在时事政治诸方面的分析报告相当活跃，并且身体力行、言行一致，他们的这种表率作用，对郑维敏后来的发展也产生了极为深刻的影响。联大校门两侧的墙上总是贴满了各式各样的壁报、通知、广告、启事，内容涉及社团活动、报告会、会议等。学校北边不远处是农田和坟地，也是学生和老师平常躲避日军空袭的地方。郑维敏虽然中学时代在重庆也经历过日军的轰炸和民主自由的学习时光，但此时在西南联大面对更深一层的国家动荡，面对学生活动之多样化、政治性之强，教授不同见解之多、分歧意见之深，郑维敏在感到十分新鲜的同时，也对当前的局势和民族的未来产生了深深的忧虑。

尽管国家局势动荡，但秉承着西南联大严谨求实、敬业勤学的优良传统和学风，郑维敏在大学前两年依旧专心刻苦地学习基础理论和专业知识，在数学、物理、电机工程等多门课上取得了优异的成绩。后来，国民政府征集青年学生参加抗日救国军，这一举措让一直有着报国理想的郑维敏做出了一个重要决定——携笔从戎。世界上许多国家在青年从军问题上的一般做法是：从战争爆发开始，就在国内大量征召青年参军，直接让他们进入正规部队上前线作战。1944年，也许是由于形势所迫，国民政府实施了一项有别于常规的征兵计划，那就是建立一支由知识青年组成的远征军——"中国青年远征军"赴印缅前线作战。10月末，按照国民政府教育部指示，"西南联大志愿从军征集委员会"宣告成立，校长梅贻琦任主任委员。11月29日，西南联大专门停了两个小时的课在全校进行征兵动员，校长梅贻琦在会上勉励同学们踊跃报名参军，保家卫国。同时做出表率，送他的子女参军抗日。钱端升、冯友兰、周炳琳等教授从青年对国家的责任、对现代战争的意义等方面鼓励大家参加青年志愿军。闻一多也表达了自己对学生投笔从戎的支持，他明确指出：全民抗战到了最艰难的时刻，在这紧要关头，青年学生应该主动把不当兵的"特权"抛到脑后，担负起保家卫国的神圣职责。他还说，大家都爱谈民主，但如果自己本身就能以

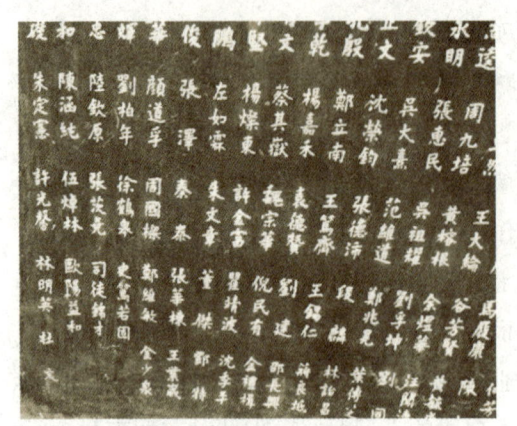

图1-8 国立西南联合大学纪念抗战胜利纪念碑
（郑维敏名字在倒数第二排左五。摄于2012年）

实际行动尽到责任和义务，那才是真有资格谈民主。一直以来深受战争影响、充满爱国热情的郑维敏当即报名，很快便被送往印度受训。

当时，西南联大的教授们极力主张学生们参军后只对日本侵略者作战而不要介入党派之争，这一主张后来被国民政府当局接受，但也正因如此，国民政府自始至终都没有给予这些学生军应有的信任和支持，除了安排他们运送战备物资外，从不让他们掌握武器装备。尽管如此，这些学生兵仍旧扩充了兵员，并且经过合理的训练、给养，大家士气极旺，极大地增强了军队的战斗力。从西南联大入伍的青年远征军战士，一部分奉命出征缅甸，在参加滇西缅北的对日作战中发挥了作用。抗战胜利后，部分青年军复员退伍。郑维敏当时加入的是青年军汽车兵团，成为一名运输兵，后来他所在的中国驻印军沿着中印公路由西向东挺进，同时滇西的远征军沿着滇缅路由东向西挺进，对日寇进行夹击，在一年多的时间内，取得了完全的胜利，成功完成了反攻任务。1945年1月，双方在畹町会师，郑维敏与许多同学一起，驾驶满载物资的汽车回到昆明。后来，郑维敏还在国民党司令部做过一段时间的翻译，一直到抗日战争结束后，他才从青年军退伍，重新返回西南联大继续学业。1945年8月15日，日本投降的消息传来，当时郑维敏和弟弟郑哲敏正在昆明的一个电影院里看电影，当他们听到消息冲出电影院时，满街已是一片欢腾。人们高呼口号，尽情地跳跃欢舞。十四年的抗战，中国人民终于盼到了期待已久的胜利，郑维敏和弟弟沉浸在这欢乐的气氛中，心情无比地激动！

经历过抗日战争和远征军洗礼的郑维敏对于解放战争时期的中国有了更深的理解和感悟，对于大至民族、国家，小到党派、个人的意义，也有了更加全面和丰富的认识。西南联大时期的郑维敏，在校训"刚毅坚卓"

的鞭策下，在校歌"多难殷忧新国运，动心忍性希前哲"的督促下，在校风"民主自由、严谨求实、活泼创新、团结实干"的熏陶下，发扬了西南联大的优良传统，保持了西南联大的精神与作风，他努力夯实基础知识，不断探索研究方法，毅然从戎救国，在其学生生涯中始终兢兢业业地坚持着对所从事专业持续不断的认真严谨与改革创新。这个时期的郑维敏，已经初步体现出一位优秀的中国知识分子顺应时代潮流的精神特质，以及献身科学研究的优良品德，他在民族和个人最艰难的岁月里对理想信念的坚守，为他日后终生坚持的刻苦求学、严谨治学和开拓创新埋下了深深的伏笔。

1946年，西南联大决定解散复校，原北大、清华和南开三所大学连同师生分别迁回北京和天津复校。1946年7月中旬，郑维敏和弟弟郑哲敏随大队人马撤离昆明，经贵阳、南宁到长沙，转乘小火轮拖的木船走洞庭湖到武汉，之后换乘一条大登陆艇沿长江到达南京、上海。在学生撤离昆明期间，7月11日，著名的爱国民主人士李公朴先生在昆明被国民党特务分子暗杀身亡。7月15日，云南大学召开追悼大会悼念李公朴先生，当时，由于追悼会场混进了国民党特务分子，这些人在李公朴夫人进行血泪控诉的时候毫无顾忌地插科打诨，说笑嘻闹，公然扰乱追悼大会，使人们敢怒不敢言。于是，当李夫人刚一离开讲台的时候，主持这次追悼大会的闻一多先生就忍不住拍案而起，满腔悲愤地发表了一篇痛斥国民党反动派的演讲，这就是日后闻名全国的"最后一次演讲"。郑维敏所在的学生车队到达贵阳时得悉，就在7月15日这一天，闻一多先生在李公朴追悼大会结束后不久就被蒋介石国民党特务分子暗杀了。这两位爱国民主人士的接连牺牲，进一步激发了全中国人民包括西南联大学生在内的"反独裁，反内战，要求民主"的斗争。7月下旬，学生们乘登陆艇到达上海，他们租了平板车推行李，一帮衣衫不整的学生就这样在十里洋场的大街上走过，十分引人注目。

郑维敏和弟弟郑哲敏到达上海后与阔别八年的家人团聚，曾经的懵懂少年已然长成为一个经历过战争洗礼的成熟青年。他们在离家多年之后重返家园，看到父母亲身体尚且健康，家庭生意仍旧兴旺，四叔的女儿郑企琼（后改名郑小叶）一直在上海读书，成为家中的新成员，心里十分欣慰；

但面对已经长大的弟弟妹妹，看到他们的容貌与自己离家时已大不相同，加之由于常年离家导致大家口音迥异，尤其是当他们得知年长四五岁的大姐郑企玉和年幼六岁的四弟郑学敏在战乱中病逝的消息，心中更是不胜凄凉。

受到郑维敏、郑哲敏两兄弟离家上学经历的影响，郑维敏的大妹郑企静选择由上海医学院转学至协和医学院，二妹郑企肃和堂妹郑小叶则分别考入燕京大学外语系和新闻系。1946年开学前，郑维敏兄弟姐妹五人分两批赴京，郑维敏带着几个妹妹先行一步抵京，其他兄弟姐妹则作为第二批人员搭乘学校安排的轮船到塘沽，然后转乘火车到达北京。1946年10月10日，清华大学复校，在北京开学，郑维敏成为清华大学电机系的学生。

1947年7月，郑维敏从清华大学电机系毕业；因学习成绩优秀，他于8月留校工作，开始在清华大学电机系担任助教。1948年，中国的解放战争形势迅猛发展，人民解放军的战略进攻胜利推进，各大战场捷报频传，全国各地相继获得解放。1948年12月15日清华园解放，包括郑维敏在内的电机系广大师生怀着满腔热情投入到了庆祝解放的一系列活动和运动中。

图1-9 国立清华大学电机工程学系一九四八级毕业留影（第二排左二为郑维敏）

1948年冬，清华大学开始筹备选派年轻的优秀教员赴英国进修。1949年2月，凭借自身的努力，郑维敏从精英云集的选拔中脱颖而出，被选派远赴英国曼彻斯特茂伟电器制造公司（Metropolitan-Vickers）实习，并担任工程师。在英国学习期间，郑维敏一边实习，一边勤奋苦读、研究电机工程，并获得了赴美国加省理工学院（CIT）进一步深造的机会，但新中国的成立使他毅然决然地放弃了赴美读博士的打算，怀着一颗报效祖国的赤子之心，郑维敏于1951年迫不及待地从英国回国，时刻准备着投身于建设新中国的伟大事业中。郑维敏认为：出国学习是国家给予自己的深造机会，把出国所学毫无保留的回馈给祖国是理所当然的事情。

图1-10 郑维敏赴英实习时期照片（1949年）

第二章
远溯博索钻研自动控制

新中国诞生后,中央人民政府开始全面推进国家经济建设,并大力发展尖端科学技术。郑维敏响应国家号召,勇敢地承担起了创建自动化领域的新专业和培养自动化专业技术人才的重大使命。此后,他参与创建中国自动化学科和自动化专业教育事业,并为此付出了巨大的心血,在新中国的工业自动化领域,他既是一位勇于创业的先锋,又是一位辛勤耕耘的园丁。

艰难起步,创清华工业自动化专业

郑维敏所在的清华大学电机系(现电机工程与应用电子技术系),成立于1932年秋。当时,清华大学的工学院刚刚建立,有土木、机械和电机三个系。清华大学电机系建系之初,系主任由工学院院长顾毓琇[①]兼任。最初招收了三十一名新生,并从其他专业转过来七名二年级学生。1934

[①] 顾毓琇(1902-2002),字一樵,江苏无锡人。著名教育家、科学家、诗人、戏剧家、音乐家和佛学家。

年分成了电力和电讯两个专业组，并动工兴建电机工程馆，1935年落成。1937年"七七事变"后，电机系也跟着学校搬到昆明。1939年，成立不久的西南联大电机系增加了一个学制为两年的电讯专修科，专门为抗战培养急需的电讯人才。抗战胜利后，电机系随校于1946年8月至10月间回到清华园。1946年清华大学恢复全国招生，电机系录取的学生最多，达一百多人。按照1951年11月全国工学院院长会议提出的"今后工学院招收新生应有二分之一以上是专修科学生"的精神，电机系从1952年起创办了发电和输配电两个专修科，共招生一百二十人，为国家培养了急需的人才。这一时期电机系的学生专业方向仍分为电力组和电讯组。1952年下半年，国家对高校的院系设置进行了全面调整，用"苏联模式"的高等教育体系取代了民国时代的高等院校系统。1952年6月25日政务院公布了《全国工学院调整方案》。经过院系调整，电机系中的电讯组于1952年独立成立了无线电工程系，调整后的电机工程系于1952年9月19日正式成立。院系调整时，北京大学工学院的电机工程系并入清华大学电机工程系。

新中国成立时，清华已经基本建成为一所综合性大学。后经院系调整，清华大学变成了"多科性工业大学"，新建了若干学科，这些学科的成立，基本上都是为了满足当时国家建设和国民经济发展的需求。比如，水电是经济发展需要，工程物理、工程化学和工程力学是国防的需要，无线电电子学、精仪、自控、计算机等，是第二次世界大战后开始走入大规模应用阶段的学科，也是适应经济发展的需要。在这一时期，清华大学为新中国的建设发展做出了重大贡献。随着中国的第一个五年计划开始实施，大规模的经济建设使自动化专门技术人才需求量激增，尤其是苏联援助我国兴建的一百五十六个大型工业企业，更是迫切需要一大批电气自动化专业的技术人才参与建设。有关部门为此做出了部署和规划，其中"工业企业电气化"正是在这样的背景下应运而生。清华大学请钟士模先生[①]主持组建"工业企业电气化"专业，并出任教研组主任，后成为清华大学自动化系的主要组成单位之一。"工业企业电气化"专业覆盖了系统、自

---

① 钟士模（1911-1971），浙江浦江人。电机工程和自动控制工程学家，中国自动控制学科和教育的开拓者之一。中国自动化学会的创建人之一。

第二章 远溯博索钻研自动控制

图2-1 钟士模

动化和电工等学科，是我国建设工业化国家所需的标志性专业之一。

当时钟士模为了筹建"工业企业电气化"教研组，先后安排了两批人员到哈尔滨工业大学听苏联专家讲课：第一批为陈伯时与郑学坚两人（教师），他们主要学习了电机拖动等知识，时间长达三年左右，第二批为周俊人、张恩惠和高龙三人（学生），他们则主要学习"工业企业电气化"的三门相关专业课程，时间持续一年左右。后来，钟士模先生为了加快专业的组建，说服清华大学请已在北京其他院校任教的郑维敏回母校工作，协助他建设电机系工业企业电气化专业与教研组。

早在郑维敏留校当助教时，钟先生就对他格外欣赏，当1951年郑维敏从英国回国候差时，钟先生就希望他回清华大学任教，但由于当时清华的相关规定：对于没有取得博士学位者只给讲师而不给副教授职称（之前郑维敏回国心切，放弃了在国外攻读博士学位的机会），所以建议他先去了华北大学工学院（现北京理工大学）任教，出任副教授。后来由于清华大学电机系筹建新专业急需人才，于是在钟先生的极力推动下，三十二岁的郑维敏于1954年重新回到母校任清华大学电机系的副教授，担当创建清华大学新设立的"工业企业电气化"专业。吴秋峰[1]回忆道：

> 1954年的教研组迎新会在旧电机馆二楼召开，钟士模先生简单讲了几句迎新词，就请郑维敏先生讲，郑先生穿戴整齐，一身西装领带，用一口江浙口音简单生动地介绍了工企专业。[2]

---

[1] 吴秋峰（1936— ），江苏宜兴人，曾任清华大学自动化系教授、博士生导师，中国计算机协会工业控制计算机专委会常委，中国自动化学会机械自动化分会常务理事、自动化应用委员会委员，全国工业自动化与系统集成标准化委员会副主任等。

[2] 吴秋峰访谈，2013年8月8日，北京。资料存于采集工程数据库。

在教研组筹建过程中，清华大学开始了以"学习苏联先进经验"为主的教学改革。学习借鉴苏联经验进行教学改革，在当时具有特定的含义，是指以苏联的高等教育的教学模式为范例，改革我国的高等教育，建立适合我国社会主义建设时期需求的教学模式。根据当时国家的建设需要，清华大学按照苏联工科大学教育模式设置专业，由按系招生改为按专业招生，这一转变，使人才培养纳入了国家计划的轨道，为当时中国的经济建设和社会发展输送了一批急需的人才。

在学习苏联经验的过程中，国家大量聘请苏联专家到高校讲学和指导，派遣留学生去苏联学习。在这一时期出国留学进修的清华教师，回国后绝大多数成为了各系教学、科研和党政骨干。自1953年起，苏联也先后派出巴然诺夫、斯捷潘诺夫、翟可夫、奥梅里顿柯、绍尔达特金娜和日里兴等六位专家来清华大学电机系工作，在教学、实验室建设、科研和指导研究生等方面给了无私的援助。当时，为了更好地学到苏联的先进经验，国家把俄文确定为"第一外语"，清华大学掀起了俄文阅读速成学习的高潮。开始时由一部分教师组织成一个速成工程俄文试验班，接着便是全校学习，在此期间，

图2-2 郑维敏作为教研室主任与第一届工企毕业班学生合影
（前排左四为郑维敏，摄于清华二校门）

第二章 远溯博索钻研自动控制

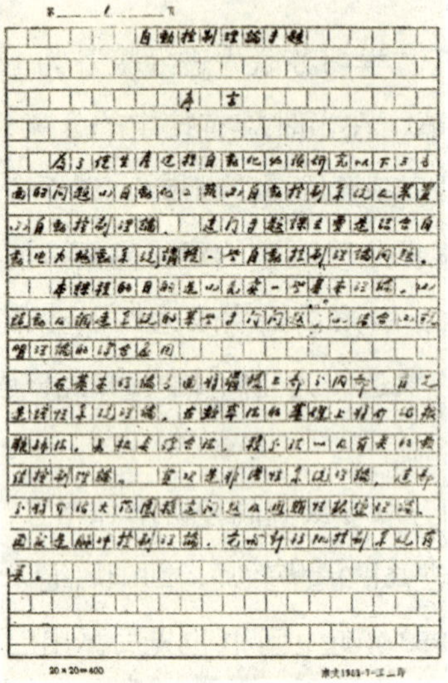

图 2-3 《自动控制理论专题》手稿（1962 年）

系里也不断派出许多教师赴苏进修和留学。不仅如此，在研究生的课程学习中，俄文作为第一外国语也被放在了非常重要的位置，要求学生的笔译俄文能力达到每小时两千到三千印刷符号。但是，这种过分强调苏联模式的专业教育，在一定程度上削弱了基础理论的学习，造成了某些学科专业面过窄，在某种程度上阻碍了学生学习的主动性，限制了学生特长的发挥。

因此，在依靠苏联专家的同时，郑维敏等也清醒地意识到自身水平提升的重要性。为此，郑维敏精心设计学科及课程，亲自讲授"调节原理"、"电力拖动"、"自动控制"等工业自动化专业相关的课程，并编写了相关的教材讲义，其中包括《直流电力拖动调速系统的动态速降》《电力拖动自动调节系统的随动性及抗扰性》《随动系统的控制》《自动控制理论专题》《随动系统讲义》等。这些教材讲义虽未正式出版，但是对当时的教学和研究产生了非常大的影响。比如郑维敏在《自动控制理论专题》中强调：

> 为了使生产过程自动化，必须研究以下三方面的问题：(1) 自动化工艺；(2) 自动控制系统及装置；(3) 自动控制理论。这门专题课主要是结合自动电力拖动系统讲授一些自动控制理论问题。目的是 (1) 充实一些基本理论；(2) 随动及调速系统的某些专门问题；(3) 结合 (2) 说明理论的综合应用。①

郑维敏授课思路清晰、内容简洁透彻。听过郑维敏讲课的学生每当回味起他的课程时仍记忆犹新，有些内容印象依旧非常深刻。比如郑维敏讲

---

① 选自郑维敏《自动控制理论专题》，于 1962 年在清华大学编写。

"调节原理"这门课，既有严密的讲述，严格的数学推导，又不时用易懂的实例讲清物理概念，使学生易学易懂。同时郑维敏鼓励学生们在听苏联专家的课程或平时与他们接触时，要大胆提问，和专家们讨论，不要被"专家"二字吓住。听过郑维敏讲课的学生评价道：

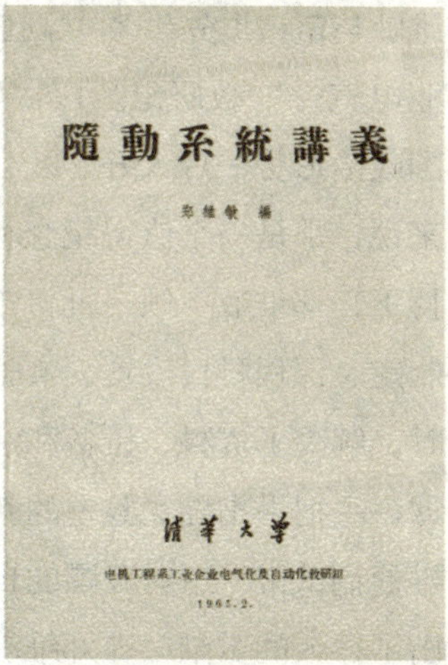

  吴秋峰：听郑维敏先生讲课，从课堂上听完回来复习时越思考越觉得有深度。

  许道荣[①]：郑维敏先生讲课的主思路特别清楚，并且特别简洁，给我们留下特别深刻的印象，对于我自己的一生也影响很大。

  沈振基[②]：郑维敏先生讲课认真、透彻，且言之有物，不会夸夸其谈。

图 2-4　郑维敏编写的《随机系统》讲义（1965年）

郑维敏除了讲课，在指导学生做研究时也亲力亲为。高龙等三人在遵从钟士模先生的安排从哈尔滨学习回来以后，开始在郑维敏的指导下完成毕业设计。郑维敏对学生的指导细心周到，毫不懈怠。当时高龙等人在清华大学平斋西边非常小的一个宿舍里做毕业设计，而郑维敏住在新林院十号，两地相距较远。作为指导教师的郑维敏常常步行去平斋，手把手地教学生做实验，这样持续了半年之久。高龙等人完成毕业设计以后，郑维敏又将他们留在"工业企业电气化"教研组继续工作，充实了教研组的师资队伍。1955年，清华大学电机系成立拖动教研组，钟士模先生任主任，郑

[①] 许道荣（1932- ），安徽合肥人，清华大学教授、博士生导师，曾任国家发明奖评审委员、国家秘密技术审查组专家。

[②] 沈振基（1934- ），北京人，号路石，清华大学教授，曾任中央党校第一副校长蒋南翔同志秘书，后勤党委副书记，副总务长等。

维敏与童诗白先生[①]共同任副主任。1956年,拖动教研组改名为"工业企业电气化"教研组。1956年的春天被人们称为中国科学技术的春天,全国政治形势一片大好,社会主义各项事业蓬勃发展。对于中国科学技术界来说,那是一个值得纪念和追怀的春天。在当时形势的鼓舞下和学校的支持下,郑维敏率领一批青年教师经过艰苦的努力终于圆满完成了教学计划制定、课程科目设置、实验室建设、师资队伍组建等一系列重要任务,同时,解决了资料、设备和经验缺乏等造成的各种难题,他们认真备课、讲课,手把手指导实验室的教师开设实验课,协助青年教师准备教案,并辅导他们试讲。这对我国的自动化研究和发展起到了开拓性的推动作用,做出了很大的贡献。在郑维敏的指导和带动下,这一全新的专业在极短的时间内就实现了规模化发展,毕业生每年过百人,并逐年增加,在新中国成立初期的高等教育界产生了广泛的影响力。鉴于郑维敏在专业创建过程中表现出的杰出工作能力,钟先生决定让他独立领导这个新专业,1956年,三十四岁的郑维敏出任清华大学电机系"工业企业电气化"教研组主任,并且一做就是近三十年。

当时,由于受到一些条件限制,大学以培养本科生为主。郑维敏及其同事在教学上兢兢业业、严于律己,对设计课程、制作教材、安排实验等每一个环节要求均十分严格,因此,当时他们培养出来的本科生质量都很高,这些学生既具有扎实的基础理论,又同时具有很强的实践操作能力,这也为后来"数控机床"和"首钢轧钢机调试"等科研项目的开展打下了坚实的人力基础,而这两个重要大型科研项目的主力也正是这些优秀的本科生及刚刚毕业的青年教师。

1959年,郑维敏开始指导研究生,到"文化大革命"为止共带过三批合计八名研究

图 2-5 郑维敏所指导研究生谢秉枢的培养计划(1959年)

[①] 童诗白(1920—2005),奉天(今辽宁)沈阳人。电子学家,中国电子学学科和课程建设的主要奠基人。

生，包括谢秉枢、孙伯娜、虞孟起、朱果敏、吴澄[①]、王文威等；也指导过包括高龙等人在内的一些在职研究生。郑维敏很重视对研究生的培养，当时的培养计划主要分为五项，分别是政治学习及政治活动、科学研究工作、课程学习、教学工作以及生产劳动。其中，政治学习包括学习马列主义经典著作与毛泽东著作，以及参加教研组的政治活动（包括政治学习及社会工作等）；科学研究工作是针对个人设置的，比如孙伯娜的科研培养主要是程控201调速系统的调正分析；课程学习则涵盖第一外国语（俄文）、第二外国语（英文）、专业基础理论课（如调节原理）以及专业理论课（调节专题）四块，要求学生了解并熟练运用专业理论知识，养成专业素养；教学工作一般是辅导同学的毕业设计，贯彻党的教育方针；生产劳动主要是要求参加教研组的一般劳动及科研工作中的生产劳动。

郑维敏很重视实验室建设和实验环节的细化，他总是亲自安排实验，对年轻教师们指导学生实验的要求也非常严格，在指导师生实验的过程中，他总是亲力亲为、细致而又严谨。崔子行[②]谈道：

> 1964年我带毕业设计，做实验阶段郑先生几乎天天来实验室指导我们从实验分析现象，用理论提高实验的目的性，使年轻教师学会如何指导学生，使学生学会理论与实践的结合。[③]

吴秋峰也谈道：

> 有一次，我们排一个自动控制系统实验，眼看得到的数据不够完整，而且怎么也做不好，就索性自己插补了几点。郑维敏先生知道后很不高兴，强调实验数据不能造假，要求重做。当时天已较晚，我们花了很长时间，通宵到第二天天亮才做出来，然后赶紧写出报告后赶到郑先

[①] 吴澄（1940- ），浙江桐乡人。自动控制专家，时任清华大学自动化系教授，1995年当选为中国工程院院士。
[②] 崔子行（1936- ），浙江宁波人，曾任机械工业信息中心副总工程师。
[③] 崔子行访谈，2013年11月8日，北京。资料存于采集工程数据库。

生家，郑先生非常欣慰。①

郑维敏一直以来都非常重视创新与实践，这也给教研组的年轻教师们树立了良好的榜样。在此期间，郑维敏与同事、学生曾在重要期刊上发表多篇论文，包括《电子式脉冲调节器》[1]、《线性自动调节系统的一种综合方法》[2]、《某些电力拖动系统的并联稳定方法》[3]、《自整角机—交磁机—直流电动机随动系统的串并联校正》[4]等。由于受时代的制约，当时我国的学术环境是相对较为封闭的，尽管在较短的几年内，我国在苏联的援助中学习到了一些技术，并请苏联专家帮助建立了科学研究的基础，但基础条件的不足与学术氛围的匮乏仍然使很多研究课题难以顺利进行。1956年，周恩来总理在《关于知识分子问题的报告》中指出：我国的科学文化力量比苏联等世界大国小很多，质量也低很多。世界科学在最近二三十年中有了巨大的进步，把我们远远抛在后面。我们必须奋起直追，尽可能迅速扩大和提高科学文化力量，在不太长的时间里赶上世界先进水平。后来苏联专家撤走，与我国取消互相协作，这就致使本就封闭的学术环境显得更为被动，想要拉近与世界先进水平的差距也更加困难，郑维敏在这样的背景下还能坚持做出这些研究，在当时是非常不容易的。

作为教研组主任，郑维敏不管在行政工作方面，还是在教学和科研工作方面，总是身体力行，处处带头，一丝不苟。五十年代末，清华大学西主楼建成，学校决定将"工业企业电气化"教研组及实验室从旧电机馆搬到西主楼。为了节省经费，郑维敏就和年轻教师们一起搬运电机、仪器和办公设备等，丝毫没有一个大学教授的架子。同时，郑维敏也非常重视对

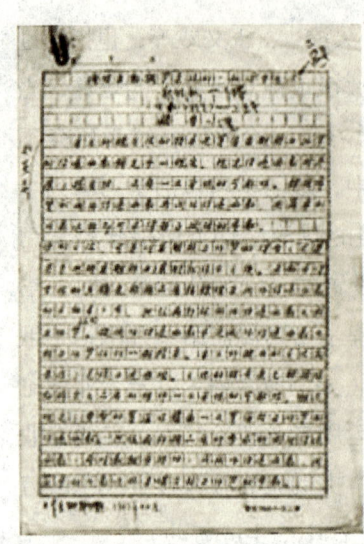

图2-6 郑维敏编写的《线性自动调节系统的一种综合方法》讲义手稿（1963年）

---

① 吴秋峰访谈，2013年8月8日，北京。资料存于采集工程数据库。

学生的思想教育工作，对团组织的工作非常支持，不管工作有多忙，他总是会安排时间积极参与同学们的活动，他对学生的教育，不只是单纯地传授知识，更注重教会他们如何处世、为人、如何治学。郑维敏不仅努力投身于清华大学的自动化相关专业建设，同时还积极参与我国自动化学科的创建：1961年11月27日中国自动化学会在天津成立，郑维敏被选为学会第一届理事会理事（共三十三名），后又担任常务理事、荣誉理事。

自动化专业适应面广，在国家经济建设中历年来受到高度重视。自动化专业毕业的学生广泛从事控制科学与控制工程各领域的科学研究、教学、系统设计、新产品研制、硬软件开发，以及金融、企事业单位、国家行政部门的管理工作，也有部分人自己创业，经营各类高科技公司。近年来，从清华大学自动化系毕业的技术人才遍及我国众多的科研院所、高校、国家重点企事业单位和国内外知名公司，在各种重要的岗位上发挥着不可或缺的作用，为我国的自动化事业、信息产业做出了重大贡献。而这些都是与当初郑维敏先生努力投身清华自动化相关专业的建设分不开的。

郑维敏在创建清华电机系"工业企业电气化"专业并出任这一专业的教研组主任的过程中，考虑最多的就是如何进行专业的思想指导和人才培养。他以科学技术理念为基础筹建教研组，主张科学技术不仅要为国家现代化建设服务，而且要走在工业生产的前面。在此期间，郑维敏不仅培育出了数量众多的自动化技术人才，承担并完成了很多重大的科研课题，而且在自动控制和电机工程领域取得了一些重要的研究成果，他用严谨求实、开拓创新的科学精神和热爱祖国、无私奉献的人格风范为中国自动化事业的发展做出了重要贡献。

学以致用，探索自动控制系统应用

五十年代末至六十年代初，郑维敏在自动调节系统及稳定性方面进行了一系列的相关学术研究。这些早期的学术研究从解决实际问题出发，进行理论方法的提炼与归纳，在当时为解决相关实际问题提供了重要的新思路。

1956年，郑维敏与钟士模、童诗白合作，完成了我国第一台"脉冲调节器"的研究与开发，并在此基础上发表了论文《电子式脉冲调节器》，这在当时具有相当高的学术水平。"电子脉冲调节器"的研究主要聚焦于不连续的调节系统。自动调节系统一般可分为两种：不连续的调节系统和连续的调节系统，前者的优点是构造简单，适宜于温度之类变化过程较慢、有时间滞后的调节对象。但在当时，由于不连续调节系统的理论落后于连续调节系统的理论，所以不连续调节系统并没有得到应有的推广。于是郑维敏、钟士模与童诗白就把目光锁定在不连续调节系统的研究上，他们用梯级拉氏转换法（1949年至1951年间由苏联科学家提出，是一种为简化计算而建立的实变量函数和复变量函数间的一种函数变换方法）建立与线性连续调节系统相对应的理论，从而开发出一种新型的电子脉冲调节器。电子脉冲调节器的研究是基于调节控制的理论思想之上的，其核心观点是：不连续调节系统中需具有一个脉冲元件，这个脉冲元件按照脉冲波形的性质可以分成三类：第一类——脉冲的高度与信号成正比，宽度不变；第二类——脉冲的宽度与信号成正比，高度不变；第三类——脉冲的高度与宽度皆不变。郑维敏等研究设计出的电子脉冲调节器属于第二类脉冲调节器，其输出波形高度不变，宽度与信号大小成正比，并且方向随信号极性而变，可以用来调节温度、压力、速度等。当时已有的第二类脉冲调节器多是机械式的，并且脉冲宽度与周期之比只能是某些特定的数值，而郑维敏等开发出第二类脉冲调节器是电子式的，它不仅构造简单，而且脉冲宽度与周期之比可以是0到1之间的任何连续值，周期也很容易根据需要进行改变。具有该调节器的系统能够最大限度地利用元件容量，并避免系统中的一些不必要的非线性作用。

1963年，郑维敏提出线性自动调节系统的一种综合方法，并发表论文《线性自动调节系统的一种综合方法》。所谓自动调节系统，即为在无人直接参加的情况下，利用调节装置使调节对象和过程自动地按预定规律变化的调节系统。而当系统的运动规律可以用线性微分方程或者线性差分方程描述时，这类系统则被称为线性自动调节系统。在当时线性自动调节系统的综合方法主要有频率法与零极点综合法两种，这两种方法都具有一定的局限性。频率法的步骤是根据品质指标确定希望的开环对数频率特性，然后与固有频率特性进行比较从而确定校正环节；对串联校正环节的综合，频率法是一种非常方便的方法，可是对并联校正环节的综合（尤其是多回路并联校正）有时就很不方便。零极点综合法的步骤则是根据品质指标确定闭环传递函数的零极点分布，然后再计算开环传递函数及校正环节，而从闭环传递函数求定开环传递函数及校正环节往往比较复杂。郑维敏提出的这种方法就是为了克服上述方法的局限性，他先根据保证稳定及品质的条件及实现的可能性，预先规定了典型的等值结构图以及等值校正环节的传递函数，然后再根据目标品质所要求的开环传递函数（或对数频率特性）或闭环传递函数，用简单的代数运算来确定校正环节的参数。通过推导和参数计算，郑维敏得出以下结论：所选校正方法不仅可以满足一般的品质要求，而且是提高动态品质的一种有效方法；校正环节的等值传递函数可以用串联、并联或串并联结合的校正环节来实现，所用校正环节也是比较简单的；参数计算只是根据典型形式进行简单的代数运算，是一种简明的工程计算方法。郑维敏提出的这种线性自动调节系统的综合方法克服了传统综合方法的局限性，具有较强的创新性与实用价值。

一般而言，对自动控制系统性能的基本要求可以归纳为三点：稳定性，准确性和快速性，而稳定性更是自动控制系统性能要求的重中之重。1964年，郑维敏针对某些电力拖动系统的并联稳定方法进行深入研究，并发表了论文《某些电力拖动系统的并联稳定方法》。他采用多回路的微分反馈方法，通过理论分析，从而证明他所提出的这种结构形式是一种使系统易于稳定的结构。郑维敏认为，在一个由许多惯性环节串联组成的自动调节系统中，为了使其易于稳定，在结构形式上所加的稳定环节要能充分保证系统的开环传递函数有左半平面的极点及零点，而且极点只比零点多一个或两个，他提出每隔一个或两个惯性环节即引入一个并联微分反馈则可以满足上述结构条件。之后郑维敏对此进行了原理上的证明以及参数的计算，对自己的推断进行了进一步验证，并完善了相关结论。他的这一研究为解决某些电力拖动系统的稳定性问题提供了一种新思路。

控制系统的校正旨在通过引入附加装置使控制系统的性能得到改善，按校正装置在控制系统中的连接方式，校正方式可分为串联校正和并联校正。如果校正装置和系统不可变动部分按串联方式相连接，即称为串联校正；如果校正装置连接在系统的一个反馈回路内，则称为并联校正或反馈校正。针对控制系统的校正问题，1965年，郑维敏和崔子行对随动系统的串并联校正进行了探讨与分析，并发表论文《自整角机—交磁机—直流电动机随动系统的串并联校正》。这篇论文是在《线性自动调节系统的一种综合方法》与《某些电力拖动系统的并联稳定方法》这两篇论文的基础上进行研究的，该论文的完成与我国第一台数控铣床的诞生密切相关。

我国第一台数控铣床于1958年在清华大学航空馆诞生，当时国家把代号为"101任务"的数控铣床研制项目交给清华大学，由清华大学电机系、机械系和自动控制系共同承担。不到一年的时间，完成了这台数控铣床的研制。当时这项研究工作属于国际前沿的项目，世界上也只有少数几个工业发达的国家成功试制过数控机床，其中美国历时四年，英国历时两年半。当时国内的科研条件和水平远远落后于美国等发达国家，加之发达国家对中国的技术封锁与信息封闭，没有可供参考的样机和较为完整的技术资料，很难借鉴到国外的先进技术经验，研制起来可谓困难重重，面对如此严峻的考验，清华大学师生勇挑重任接受了解决机床稳定性以及精度问题的艰巨任务，成功研制了我国第一台数控铣床。这台数控铣床的诞生，填补了中国在数控机床领域的空白，为中国机械工业开始高度自动化奠定了基础。

铣床虽然研制成功了，但要想投入生产使用，还要进行测试和相关实验来发现问题及解决问题。"数控101"铣床是三坐标铣床，它的计算机控制系统属于直线插补电子管系统，传动系统属于步进电机带动的电气随动系统。在实验过程中，大家发现数控机床面临的主要问题是随动系统的品质问题以及电子零部件焊接与装配的工艺问题。在郑维敏的指导下，研究人员以此为出发点，依托典型的等值结构图，推出了一种易于实现的串并联校正随动系统，这种系统由于事先已经确定校正网络的形式，因而可以把系统的设计简化为对参数的选择。他们通过理论分析证明该串并联校正系统具有良好的动态品质,并且实验结果也证明:按照他们提出的方法所设计的系统,能够成功解决数控机床随动系统的稳定性问题。这些研究为数控铣床正式投入生产及使用奠定了坚实的基础,随后郑维敏等将这些研究成果进行了整理,形成论文《自整角机—交磁机—直流电动机随动系统的串并联校正》,他结合实际,通过分析使数控铣床随动系统的动态快速性和精确性得到了有效提高;同时,他又通过实践提升理论,提炼出了串联校正设计方法和串并联校正等价关系及其实现方法的一种新的调节系统的综合方法。从实用的立场出发,郑维敏突破了传统理论的束缚,得出了一套既有理论根据又可以被一般技术人员理解的稳定及动态校正理论和方法,这在当时是具有重大意义的。

第一台数控机床取得实验成功后,进一步工作就是着手于将研究成果应用于生产,并努力推动数控机床从单件研制向小批量生产迈进。1965年,清华大学在"数控101"的基础上,与机床一厂合作为航空部生产了一台大型数控划线机,用以装备大型飞机制造工业;同年,成功研制我国第一台晶体管二次曲线插补数控机床(A105系统);1971年又成功研制出我国第一台集成电路数控计算机(XK213)。清华大学的研究团队为数控机床在我国的发展做出了重要的贡献,郑维敏和他的同事、学生为攻克数控机床的稳定问题攻坚克难,自然功不可没。

不仅如此,郑维敏等人的科学研究还促进了教学内容的更新:充实了相关课程《数字电路基础》《课程设计》的内容;开设了新的课程如《数字控制》《数字系统专题课》。当时参与攻关数控机床的研究人员除了少数教师以外,主要由本科学生组成,他们在研究项目的过程中不怕吃苦,展现出了一种无畏的勇者精神,这与郑维敏等创建的"工业企业自动化"教研组对学生的用心培养是密不可分的。这些学生通过实践锻炼,树立了重视工艺、重视实践的思想,懂得了任何高精尖的成果都需要大量平凡的劳动者去实现的这一朴素道理,这也为他们日后在相关领域的建设发挥重要作用奠定了坚实的基础。

郑维敏当时能取得这些研究成果,自然与他始终坚持的自强不息、顽强拼搏的精神与严谨勤奋、求实创新的科学作风密不可分。郑维敏在解决数控机床稳定性问题的过程中，勤于思考、勇于实践；在解决"干扰问题"的过程中，坚持仔细观察、勤于思考，不放过每一个细微的异常。他在严谨的科学分析的基础上做试验，找规律，不惧失败，穷追不舍。他的这种持之以恒的精神，值得科研工作者认真学习、并传承发扬。

临危受命，攻克首钢300小型难题

五十年代末，由于中国和苏联在意识形态和国际事务等一些重大问题上发生严重分歧，并且在一些具体问题和看法上始终无法达成统一，积累的矛盾和问题越来越多，导致了两国关系的急剧恶化和最终决裂。1960年冬，作为对中国的报复手段之一，苏联对"首钢300小型"连轧系统进行技术封锁，郑维敏临危受命，带领师生到首钢进行技术支援，克服重重困难，成功解决了该系统的稳定性问题。这也是郑维敏继解决我国第一台数控机床稳定性问题之后迎接并战胜的第二大挑战。

一直以来，钢铁都是国家建设必不可少的重要物资。1958年8月17日，席卷全中国的大炼钢铁运动由一项题为《全党全民为生产1070万吨钢而奋斗》的中共中央政治局决议揭开序幕。在"以钢为纲，全面跃进"的口号下，钢铁生产指标越提越高。北戴河会议正式决定并公开宣布1958年钢产量为1070万吨，比1957年翻一番，号召全党全民为此奋斗，由此掀起了轰轰烈烈的全民大炼钢铁运动。在这种时代背景下，国家一些大跃进的激进生产方式尽管造成了很大程度的浪费和损失，但也的确加强了国家对钢铁生产的重视。"首钢300小型"连轧机项目就是在这样的环境中应运而生的，它是新中国成立后国家为发展钢铁工业最早筹建的重点建设工程项目之一，1956年由苏联黑色冶金设计院列宁格勒分院设计，项目的技术和全套设备均从苏联引进。当时小型连轧机还处于发展阶段，这套轧机主要依据苏联马凯耶夫钢铁厂的"360-2"和车尔雅宾斯克钢铁厂的"300"两套小型连轧机设计的，同时也吸取了德国和美国的一些先进技术，代表了五十年代较为先进的小型连轧机水平。

"首钢 300 小型"连轧机对于我国的钢铁生产以及后来的经济建设都起到了积极的作用。连续轧制是高速度、高效益生产钢材的先进工艺，是轧钢生产的发展方向，这一工艺在五十年代取得重大进展。而"300 小型"连轧机的适时引进，也对我国钢铁生产的发展具有重大的意义。1957 年中央确定首钢 300 小型轧钢厂迁建在北京石景山钢铁公司（现首钢集团），1959 年秋动工兴建，该轧钢厂是当时苏联援助的一百五十六项项目之一，项目投资几千万元，这在当时是相当大的数字。首钢原来没有轧钢车间和轧钢技术人员与工人，1958 至 1959 年初首钢抽调有关人员去鞍钢第二初轧厂学习相关技术，1959 年底又选派技术人员到弗拉尔基学习液膜轴承技术，以及到湘钢线材轧钢厂学习生产操作技术。由于实习条件的不同与人员工作的变动，能掌握连轧生产的技术人员和操作工人非常少。因此，为配合我方建设，苏联方面在 1959 年 5 月至 1960 年 3 月先后派遣了设计、机装、电装、工艺、孔型、调整、操纵、润滑、液膜轴承等方面的九名专家来首钢 300 小型轧钢厂指导工作，并培训生产和维修人员。

然而好景不长，随着中苏两国关系的迅速恶化，苏方于 1960 年 7 月 16 日突然向中方宣布要召回所有在华的苏联专家。苏共领导人的强硬态度随机转变为苏联对建设初期的新中国的长期技术封锁。同年 7 月 25 日，不等中方回应，苏联政府再次宣布：将迅速撤回 1390 名全部在华的苏联专家，同时中止派遣九百多名苏联专家的计划，废除三百四十三个援助合同和二百五十七个科技合作项目[①]。当时，虽然大多数苏联专家仍愿继续坚持工作，中方也极力挽留，但终归无济于事。苏联专家撤走的时候带走了所有的图纸、计划和技术资料，中止了向我国供应当时极为紧缺的相关重要设备，大幅度减少了成套设备和一些重要设备中关键部件的供应。苏方的背信弃义，让中国蒙受了巨大的损失，许多重要的项目不得不半途而废，许多正在试产的项目无法按原计划投入生产，一大批企业和事业单位处于瘫

---

① 刘海藩：《中华人民共和国国史全鉴》，第三卷。中央文献出版社，2005 年，第 2573 页。

痪和半瘫痪状态。当时的紧张局势使中央领导意识到科学的重要性，苏联之所以选择用撤走专家的方式对我国施压就是欺负中国没有专家，但是中国政府并没有因此被吓倒，苏联人的做法，更坚定了我们走自力更生、自主发展的道路。

"首钢300小型"连轧机项目就是当时受到苏联技术封锁影响的项目之一。"首钢300小型"连轧系统共十六台轧机，连续排列，每台轧机均用直流电动机单独传动，按选定的顺或逆轧制方向成比例的级联调速。该连轧机属于德国赔款给苏联的两条之中的一条，一条苏联自己留着，一条"援助"中国（当然我们是要付钱的）。按照协议该连轧机由苏联人负责安装调试，然而正当工程建设和生产准备工作进入最紧张的调试阶段时，苏联突然撤走专家，并进行技术资料的封锁，导致"300小型"启动后系统运行很不稳定，轧速忽快忽慢，轧出来的钢材有粗有细，几乎都是废品。北京市委对此非常重视，专门同清华大学领导商谈，希望学校派专家去协助解决这个问题。正是在这样的背景下，郑维敏临危受命，带领部分师生到首钢连轧厂进行技术支援，这对于郑维敏来说是一项严峻的挑战。稳定性是控制系统的核心，如何限制振荡幅度是保证系统正常运行的关键，对于大型轧钢系统更是关键。当时中国国内在这方面的理论研究和实践积累都非常少，郑维敏一边指导他的团队在实验室做实验，一边去图书馆翻阅各种各样的资料。

当年参加该项目的李鹤轩[①]教授回忆道：

---

① 李鹤轩（1933— ），浙江奉化人，曾任清华自动化实验室主任。

图2-7 研究"首钢300小型"时期照片（左二为郑维敏）（1961年）

当时中苏关系恶化了，一下子撤走专家，让人手足无措。清华大学受到委托，可能是因为清华当时自动化方面发展领先，力量很强[1]。

郑维敏在艰苦的环境中成功挑起了大梁。在整个调试过程中，他的团队遇到了很多困难，当时，中国正处于"三年自然灾害"时期，由于"大跃进"和"人民公社"运动等，导致了全国范围内的粮食短缺和饥荒。即使是在粮食产地的农村地区，农民们也难过粮食关，大饥荒直接导致这一时期中国发生了历史上罕见的惊人危机。但就在中国许多地区连年遭受灾害的时候，苏联仍然逼迫中国以农副产品还债，所以，当时包括郑维敏的团队在内的很多人经常都吃不饱饭。但是就是在如此艰难困苦的情况之下，郑维敏和他的研究团队成员并没有向困难低头，他们怀着快速改变中国落后状态的迫切心愿，艰苦奋斗、勇往直前。正是凭着这种顽强的精神，他们在工作中迎难而上、不畏艰险，最终取得了成功，为当时中国的现代化建设做出了重要贡献。

郑维敏当时是"工业企业电气化"教研组主任，据李鹤轩回忆，当时参加首钢项目的清华大学团队包括六名教师与一些在校大学生，教师有郑维敏、陈伯时（教研组副主任）、吕林、韩曾晋、熊光楞和李鹤轩。此外，首钢也有一些工作人员参加，包括首钢的副总以及设备科、调整队的一些年轻人员，他们主要负责设备安装方面的事情。后来冶金建设研究院（现冶金部自动化院）也调来些人，但是克服"稳定性"难题的主要力量依旧是以郑维敏为首的清华师生。在首钢的那些日子里，大家生活非常艰难，他们住在首钢的招待所里，工作紧张的时候，白天晚上基本都在现场，根本回不了招待所，累了就直接在陈列电器设备的一个主电室里找个地方休息一会儿，就这样二十四小时连轴转。当时的粮食定量也不多，大家都不够吃，郑维敏还曾出现过身体上的不适，但仍坚持了下来。郑维敏面对困难，从未有过任何退缩，他日夜奋战一心只希望尽快攻克难题，使这套系统顺利投产为国家建设发挥应有的作用。在安装和调试"300小型"连

---

[1] 李鹤轩访谈，2013年3月28日，北京。资料存于采集工程数据库。

轧机的过程中，攻关的核心在于解决振荡稳定问题，这也是郑维敏一直以来关注和钻研的主要问题，十几年前，他在英国茂伟电器制造公司实习时就积累了很多这方面的经验，如今正好派上用场。与其他自动控制系统一样，"300 小型"的精度要求比较高，其回馈回路稳定性不好，经常出现振荡等问题。熊光楞、韩曾晋以及李鹤轩等人当时长驻在首钢，在郑维敏的指导下做各种实验，主要分析解决振荡问题。

经过实验与分析，他们认为产生振荡问题的原因主要包括以下几个方面：第一，"300 小型"连轧机用的是直流电机，但一般电源是交流电，要把交流电变成直流电，且要可控，这就对稳定性提出了很高的要求。第二，连轧机主要包括水银整流器、主轧机、一号飞剪、二号飞剪、电动机组等，水银整流器是一个大铁壳子，在启动的过程中必须非常稳定，只要有一点波动就会跳闸，此外由于每个水银整流器只能供一台机器，整个连轧系统共有十几台机器，这就要求十几个整流器要同时稳定地工作，这些在当时都是巨大的挑战。第三，轧机轧线材的速度很快，高达每秒十几米。这套系统共有十六台轧机，因此要求十六台轧机在速度上要有很好的配合，否则就会出现拱起来或者拉断的情况。郑维敏等人在刚开始接受首钢任务时，这套系统的工作情况基本就是：要么钢筋飞起，要么被拉断。要想稳定系统，就要寻找方法提高轧机主传动系统的动态性能。第四，连轧系统有两个飞剪。首先，飞剪速度的控制是一个重要问题：连轧机运行时，飞剪刚开始静止不动，钢材一出来飞剪就要立即启动，并且启动以后，飞剪的线速度必须跟钢材的线速度同步，否则就会出现把剪刀打坏，或者将钢材拉坏的情况；此外，由于两个飞剪相差八个轧机的距离，因此两个飞剪的配合与不同速度的设定也是一个急需解决的问题。

针对上述问题，郑维敏基于在英国工作期间积累的实践经验以及早期对系统振荡问题的深入研究，提出了一种"微分反馈"的方法。他认为，当出现动态不稳定的时候，如在过程中出现突然加速或者是突然减速，就可以用微分负反馈的方法来调整。郑维敏不仅非常了解这个方法，也知道具体怎么设计，最重要的是他具有敢用的精神，这使得郑维敏在面对具体系统进行"实战"时充满信心。他带领大家从实用角度出发，突破了传统理论的条条框框，根据"300 小型"连轧机的具体情况，经过几个月的日夜奋战，通过大量实验，总结出一套既有理论依据又易于一般工程技术人员理解的稳定及动态校正方法，用以解决该系统的稳定性问题，最终使这座自动化的连轧厂在较短的时间内实现正常运行。"首钢 300 小型"连轧机于次年"五一"正式投产，基本满足了当时的生产要求，为中国的科技事业的发展做出了重要的贡献。此外，在"首钢 300 小型"连轧机项目攻关的过程中，郑维敏还发现了很多苏联专家之前设计上的缺陷，这也打破了当时很多国人对苏联技术的盲目崇拜。

郑维敏面对"首钢 300 小型"连轧机技术难题，勇于担当，临危受命，并且极具创新精神。这与他平时非常注重理论的积累、关注学科的发展、善于捕捉新思想解决新问题的思想作风密不可分，他总是能够将他自己的思想归纳后上升到一个新的高度来解决实际问题。在"首钢 300 小型"连轧机整个项目调试过程中，郑维敏在治学、培养新生力量、解决工程实践问题时所展现出的经验、胆量与魄力令人敬佩而又赞叹。

与时俱进，开拓顺序控制系统研究

随着我国社会主义革命和社会主义建设的飞跃发展，自动化装置在工农业生产、国防建设以及其他方面得到了越来越广泛的应用。到了七十年代，自动化开始向复杂的系统控制和高级的智能控制方向发展，这使得国家建设发展的各个领域逐渐实现了更大规模的自动化。自动化装置的应用，也逐渐从工程领域向非工程领域扩展。包括工业生产、办公设备、家庭生活和农业生产等在内的范围广阔的自动化，正成为新的技术革命的重要内容，并在国内外得到迅速发展。七十年代初，郑维敏在我国率先提出顺序控制器的研制，他参考国外文献，把一类控制器定名为顺序控制器，使清华大学成为最早进行这方面研制的单位之一。1966 年 5 月，"文化大革命"爆发，"文化大革命"时期的郑维敏并没有因为环境的变化而停止对科学的探索，他带领工农兵学员开展技术革新，进行顺序控制器的探究，进一步推广了自动化技术，之后他又将顺序控制器应用于生产，走在了研究与实践的前沿。郑维敏是顺序控制器的开拓者，他对顺序控制器在我国自动化领域的发展与应用做出了巨大的贡献。

顺序控制器是实现开关量自动控制的一种自动化装置，是实现生产过程自动化的一种较为先进的控制机构。它是在继电器逻辑控制系统、无触点逻辑控制系统之后才出现的，主要用来进行开关量的逻辑运算和控制，是适应量大面广的工业控制的有力工具。顺序控制，是依照预定的生产工艺的顺序和内部状态及时间顺序，各执行机构通过输入信号指令在生产过程中按一定规律有序进行的一种操作。按预先规定的时间顺序工作的控制方式称为时序控制，按预先规定的条件顺序动作的控制方式称为条件控制。二十世纪五十年代大多采用继电器的固定式顺序控制器，五十年代后期采用二极管的矩阵式顺序控制器，到六十年代末出现了可编程序控制器。七十年代以来，顺序控制器技术迅速发展，并逐步采用微型计算机，向小型化和大型多功能方向发展。实现顺序控制可以采用手动控制方式，也可以采用自动控制方式，或兼有两种控制方式：手动控制是操作人员根据现场的实际情况一个一个地去点动控制开关；而自动控制则只需操作人员按下起动按钮，控制器就能够按照要求自动地进行操作。美国通用汽车公司于1969年研制出世界上第一台可编程顺序控制器，之后联邦德国、日本等也开始研制，并在各工业部门中投入使用，而当时我国的顺序控制还主要通过手动控制的方式实现。手动控制方式不仅效率低下，劳动强度大，并且容易因为操作人员操作频繁、思想高度紧张而出现错误，加之许多生产过程操作现场环境恶劣，操作工人长期在这样环境中工作也有害健康。鉴于此，发展自动控制成为国家工业生产的当务之急。

在当时，国内用于顺序控制的自动化控制系统主要使用的是继电器控制盘和逻辑元件控制柜。虽然这类控制系统造价低廉，抗干扰的能力极强，可用于完成一些生产过程自动化中简单的操作，但结构的缺陷导致其存在很多局限性：首先，继电器的运作是通过触点来控制的，太多的触点往往会造成接线的困难，加上这些触点很容易损坏并造成控制系统失灵，影响系统安全；同时，这种系统的控制装置缺乏足够的灵活性，因为其采用的是一种固定接线的专用装置，所以当工艺变动时，要求重新配线或重制控制盘，并且由于装置的专一性，如果在生产过程中装置出现问题，就需要停止生产花费大量时间进行检修；另外，继电器或逻辑元件控制柜一般都需要根据生产用户提出的工艺要求来制作，耗费时间长，影响生产效率。尽管后来有了无触点逻辑元件，解决了继电器触点多、不可靠的毛病，可是通用性和灵活性的问题却仍旧得不到有效解决。后来得益于电子技术的发展，生产过程自动化又有了电子计算机技术的应用。计算机控制轻而易举地解决了控制系统的灵活性和通用性问题。但是，郑维敏在当时并没有选择直接将电子计算机应用于自动控制系统，他考虑到若是在一些小型简单的自动化工程中使用电子计算机，不仅会造成资源浪费，计算机的功能得不到充分发挥，同时也会由于电子计算机的复杂性限制相应自动化工程的推广应用——当时电子计算机在中国很少见，并且价格昂贵、使用和维护也比较复杂，对于工厂的操作工人来说在技术上很难胜任。这促使郑维敏思考研制一种适应我国中小型生产企业需求的控制装置，顺序控制器便应运而生。顺序控制器综合了继电器和电子计算机的优点，不仅可以弥补继电器控制盘和逻辑元件控制柜通用性及灵活性较差的缺点，同时又具有造价低、比电子计算机容易掌握、使用维护方便等优点，是一种结构简单、通用、经济、可靠的自动控制器。

郑维敏等研制的顺序控制系统，与继电器控制系统相比，有如下优点：（1）通用性及灵活性较强。实现顺序控制的基本方法是根据不同的生产工艺要求在矩阵板上配上相应的二极管（或其他形式，例如在磁芯体上改变磁芯的状态），二极管的结构一致，只是数量与位置不同；当存贮量（即控制程序的长度）和输入输出通道（即输入输出的点数）不足的时候，可将两台以上的顺序控制器并联使用，这大大提高了顺序控制系统在使用时的通用性与灵活性。此外，顺序控制器在运行时，如果工艺要求临时有变，只需改变一下二极管的位置即可，不需像继电器系统那样进行大量内外结线的更改；当有数台顺序控制器同时运行时，也可以配一到两台控制器备用，出现事故时可迅速用备用控制器替换事故控制器，在较短的时间内恢复生产。（2）设计制造省时省力。即使工艺要求千变万化，但作为控制器装置的硬件却是相同的，所以硬件的制造和软件的设计可以在同一时间进行，即便是软件的程序设计上出错，也仅仅只需要修改程序表并相应地修改一下二极管的位置便可，而不会影响到硬件的制造。因此，生产厂家只需通过在矩阵板上配备不同数量和不同位置的二极管便可以满足用户千变万化的需求，从而实现成批制造统一的顺序控制器，这使得生产周期大幅缩短、成本大幅降低。（3）抗干扰能力强，可靠性较高。可以按实际需要，将控制器设计成有触点、无触点、和二者的结合体三种，由于触点通过逻辑值"0"、"1"控制，逻辑值"0"、"1"之间的电平差异大，这使得顺序控制器的抗干扰的能力得到加强，可靠性也因此相应提高。（4）结构和工作原理简便。顺序控制器的元件数量和内部配线少，体积小，成本低，维护方便。此外，顺序控制器的工作原理比较简单，使用工人稍加培训即可掌握，如果再学会一点逻辑代数和晶体管电路方面的知识，就可以轻松掌握控制器的设计、制造和调试。

之后，郑维敏等还根据不同的结构特点及编程方法把顺序控制器分为三类：（1）逻辑式顺序控制器：以固定存储器二极管矩阵为主体，应用布尔代数编制程序。该类顺序控制器由输入、输出和矩阵板三部分构成，其原理基本上与普通的继电器控制系统大致相同，其电路也同继电器控制系统的组合逻辑电路相同，构造和制作都很简单，而且成本低廉，编程容易，便于操作和维护，也易于推广。（2）步进式顺序控制器：以步进器为主体，配合二极管矩阵。该类顺序控制器直接根据工艺流程编制程序，是在逻辑式顺序控制器基础上增加了步进分配器发展而来，结构比逻辑式顺序控制器复杂。（3）可变式顺序控制器：以磁心存储器和控制器为主体，用专用程序打入机编制程序。该类顺序控制器最大特点是有专供存放控制程序用的存贮单元——存贮器，在结构上和计算机一样，但是功能比计算机简单，只有顺序存贮与逻辑运算。1976年，郑维敏依据上述研究成果编写了名为"SK-1顺序控制器"教材，该教材首次把顺序控制器分为三类：基本逻辑型、步进型、可编程序型，并阐明了顺序控制器的结构、特点及编程方法，这在当时产生了深远影响，并对顺序控制器在学生中的传承具有重要的意义。

1970年，因"文化大革命"停止招生多年的中国大学又开始招收大学生了，但实行的是推荐制度。大学招生不是通过高考，而是从工人、农民和士兵中层层推荐选送到大学的，这就是中国特有的"工农兵大学生"现象。高等教育办学的方向开始转向走入社会课堂。郑维敏带着学生去工厂实习，一边参加工厂劳动，一边上课。在七十年代，全中国只有不到1%的人受过高等教育，而一些大学的录取名额，在全国很多地方都达不到适龄青年比例的千分之一。同时，由于那些刚入学的"工农兵大学生"在劳动中早就荒废了学业，造成了大学新生素质水平的参差不齐，不少大学教授抱怨说有些"工农兵大学生"的水平甚至还赶不上"文化大革命"之前的中学生的水平。由于"工农兵大学生"都没有经历过考试选拔，甚至没有受过正规的学校教育，这给教学带来很大的困难。但郑维敏并没有因此放弃任何一个学生，他根据学生的特点调整教学方式，对较难理解的内容他用深入浅出的方式进行讲解。郑维敏平时从不夸夸其谈，对待学生与对待项目都非常认真，当年的学生董登武[1]深情地回忆道：

> 郑先生认为科学研究不一定是非要钻研高精尖理论，他自己常常非常务实地思考国家发展的需要。[2]

郑维敏针对当时我国的技术条件不仅提出顺序控制器，之后他从实践出发，对顺序控制器进行推广应用。1973年1月，郑维敏组织工农兵学员到北京钢厂调研，一起在工厂与工人同吃同住同劳动。他们当时的主要任务是针对无缝钢管车间自动化控制扎制过程进行双臂机械手的设计，机械手的主要用途是取出加热烧红后的钢坯，排列好后运送到轧机轧制成钢管。针对该用途，郑维敏提出将顺序控制器的思想应用于此，来进行机械手的设计。在工厂调研的过程中，郑维敏年纪已过五十，身体状况也不是

---

[1] 董登武（1949- ），河北衡水人，北京华康自动化技术工程公司高级工程师、总经理、副董事长。

[2] 董登武访谈录，2013年3月21日，北京。资料存于采集工程数据库。

很好，但他仍身体力行、亲力亲为。此外，他虽然对电机方面的知识已非常了解，但当他在实践中遇到问题时，仍会认真地与老师傅进行探讨，谦逊谨慎的为学精神让人感动。1973年年底，董登武等人在郑维敏的指导下，针对北京钢厂的机械手设计任务成功研制了步进式顺序控制器，而且对环形炉机械手的实际运行进行了考察，结果表明：该控制器控制性能良好，运行可靠。接着，郑维敏及其团队还针对该控制装置的功能及若干技术问题征求了本厂生产和科研部门的意见，并将研究成果与这些意见总结后投稿到一些报纸与期刊上，产生了良好的社会影响，这对国内顺序控制器理念的形成起到了强有力的推动作用，从此，顺序控制器这个简单实用的控制思想开始在中国自动控制领域传播开来。

图2-8 郑维敏编写的《顺序控制》讲义（1979年）

为适应国民经济发展，郑维敏在1975年至1980年间对顺序控制进行了积极的推广。在推广过程中，他一直秉承着求真务实的精神，不仅在现场认真指挥与布局，同时还注重对基层工程技术人员的培养。随后，凭借郑维敏及其团队务实、严谨的工作，顺序控制器的推广应用得以顺利传承，顺序控制器在很多单位得以实际应用，郑维敏团队在生产中积累的经验也越发成熟。后来，在此基础上，清华大学与北京低压电器厂、北京内燃机总厂合作，成功研制出通用型开关量输入和输出的BSK1-40步进式顺序控制器，且通过鉴定后投入小批量生产，取得了良好的经济效益与社会效益。

郑维敏在提出顺序控制思想以后，通过项目不断对其进行宣传和扩展。当时他在国内办过许多学术交流会，亲自主持，并邀请企业、院校和研究单位的相关人员参加，影响比较深远。郑维敏当时也办过许多培训班，进行顺序控制器的社会普及。比如：1974年7月，在北京市劳动人民文化宫举办顺序控制讲座，历时约一周，参与人数百余人；1974年11月，在北京市技术交流站（虎坊桥）举办顺序控制培训班，历时约一周，参与人数百余人；1975年，带领学生到北京低压电器开关厂开门办学，同时开办顺序控制短训班，历时一个月，参与人数数十人。参与培训的人都是社会上各个工厂的工程技术人员和技术骨干，总的来说，郑维敏的这一做法为顺序控制器的社会应用与推广打下了很好的技术基础。到了八十年代初，出现了集成电路与工业控制单元（Industrial Control Unit），顺序控制的思想在此基础上得到了进一步的发展。在单片机和一位机技术的支撑下，顺序控制逐步得以推广，计算机控制也应运而生。当时郑维敏带领他的团队通过顺序控制器前期的研究与应用，为后来的计算机控制系统培养了一大批人才，使他们具备了相应的技术基础与社会实践基础，这为顺序控制进一步的社会推广打下了坚实的基础，具有深远的意义。之后，郑维敏等又依托计算机控制手段把顺序控制的概念推广到电力系统，建立了四合一集控台，该集控台应用顺序控制的理念将电力系统的控制、保护、测量、信号等功能综合于一体，实现对各个电力开关、保护过程的通断操作。四合一集控台的大量工作基本上还是针对开关量进行，如：检测电力开关的位置，控制电力开关的通、断，对电流、电压、温度等模拟量进行检测，通过运算实现电力开关的保护动作，检测电力系统的有关电量，以及实现电力信号的显示报警功能等。

进入八十年代末九十年代初，自动控制领域迎来了微机控制系统与综合自动化的概念。综合自动化不只包括控制、保护、测量、信号，同时还兼具管理系统的监控调度功能，包括和上层系统实现联网等。郑维敏等顺应技术发展，开始把顺序控制的思想进行进一步推广，当时教研组的教师董登武等与驻马店电力局合作把变电站四合一集控台推广到了变电站综合自动化，该项目在1989年获得了国家科技进步奖三等奖。

从顺序控制器的二极管矩阵到单片机系统与计算机控制系统，再到后来的综合自动化，郑维敏带领其团队圆满地完成了对顺序控制器的开拓、发展与延伸。董登武曾自豪地谈道：

当时郑先生很有名气，对顺序控制器的研制和推广确实起了非常重要的牵头和积极推动的作用。

第三章
博学广知探索系统工程

创新学科领域，建设系统工程专业

  1976年，"文化大革命"结束，十年来，教学、研究基本停滞，这使得原本就落后于世界先进水平的中国在科学技术方面的发展变得更为滞后。"文化大革命"期间，我国长期实施计划经济体制，更是严重制约了我国与世界先进国家在经济管理等社会科学研究领域的联系。新中国建立后，我国的社会科学研究虽然有了一定的发展，社会科学研究与国际接轨的步伐也在逐渐加快。但是，由于体制的制约，我国的社会科学现代化水平仍然有待进一步提升，许多学科的研究仍然处在国际学术的话语权之外。尽管在全国高校范围内建立了相应的研究团队，可在世界主流社科研究刊物上仍然很少见到中国人的研究成果，这一直是郑维敏苦恼的问题。如何紧跟现代化的发展潮流，如何增强中国在社会科学研究领域与世界对话的能力，这是我国社会科学研究领域面临的一个重大挑战。

  当时，在体制方面没有松动的情况下，要马上调整社会、经济、管理等方面的学科研究方向，显然不太现实，因此，郑维敏等老一辈学者适时地提出了开展系统工程研究的思路，即从工程系统出发，不断深入到社会、经济、管理、环境、生物等几乎所有的学科，这在当时的环境下可以很好地规避政治方面的风险，起到了"桥梁"的作用，是一个符合我国国情的发展学科的好思路。

系统工程于1957年前后正式定名，1960年左右形成体系。作为一门高度综合性的学科，系统工程涵盖应用数学、系统技术以及经济学、管理学、社会学、心理学等多个学科领域。它萌芽于二十世纪二十年代，当时，奥地利生物学家Bertalanffy[1]倡导机体论，提出了"系统科学"的概念，旨在研究存在于不同领域中的"一般系统"规律（General System Laws）；而在同一时间，一些英国的科学家在帮助军事部门攻克有关雷达系统应用问题的过程中提出了运筹学理论，成为系统工程的雏形。到了二十世纪四十年代，美国的贝尔电话公司首次通过系统工程研发通信技术，"系统工程"一词由此产生。在之后相当长的一段历史时期，系统工程开始受到广泛重视，二十世纪五十年代，系统工程的理论研究和教学开始在全世界兴起：继Goode[2]和Machol[3]联合出版*System Engineering*一书之后，以美国麻省理工学院为首的一批高等院校陆续开设了系统工程课程。二十世纪六十年代，系统工程也开始在西方和苏联广泛传播，许多国家开始大量培养系统工程师、系统分析师和系统科学家，系统工程的理论研究在此期间取得了重要的成果。二十世纪七八十年代，系统工程在政治、经济、军事、外交、文化教育、生态环境、医疗保健、行政管理等众多领域和部门得到广泛应用，效果显著，对社会进步和发展起到了巨大的作用。

"系统工程"的概念最早于二十世纪五十年代引入中国，之后国内许多学者开始对其进行积极地探索，1956年，钱学森、许国志教授在中国科学院创建了我国第一个运筹学小组；同期，著名数学家华罗庚走出科学院

---

[1] Ludwig von Bertalanffy（1901-1972），美籍奥地利理论生物学家和哲学家，一般系统论的创始人。

[2] Harry H. Goode（1909-1960），美国系统工程师。

[3] Robert E. Machol（1917-1998），美国系统工程师。

积极推广统筹法和优选法。1963年,我国制定第二个科学规划,钱学森在之前相关学者研究的基础上提出了要搞"系统工程"的想法。然而正当大家如火如荼、摩拳擦掌准备好好研究"系统工程"这个新学科时,1966年"文化大革命"爆发,国内的大部分科学研究开始停滞,"系统工程"也不例外,刚刚兴起便遭受挫折,其发展受到了当时环境的严重制约。据相关资料统计,"文化大革命"期间清华大学从事科学研究的教师占在职教师总数不足10%,超过60%的实验技术人员流失;多数实验室被迫关闭,仪器设备也遭到了严重破坏与损失,清华大学在大环境上更是面临着系科建制变动大、专业设置变动频繁的严峻局势。郑维敏作为清华大学一批曾在国外学习并一直关注国际研究领域前沿的学者,在"系统工程"引入中国后便一直对其进行关注与研究,在"文化大革命"期间也未间断,但混乱的校园秩序和不稳定的科研环境在当时使他研究的宽度和深度都受到了严重的制约。"文化大革命"十年正是世界系统工程学科快速发展的十年,十年的停滞不前,让很多人直到1977年仍对系统、系统工程、运筹学等概念和学科的认识非常模糊和浅显。十年"文化大革命"使国内原本就落后的"系统工程"研究进一步被世界远远地甩在了身后。

1978年十一届三中全会之后,清华师生迫切要求迅速恢复教学,清华大学百废待兴,改革开放的春风吹进校园,清华大学迎来了一个全新的发展时期。遵照党中央指示精神,清华大学坚持解放思想、实事求是的路线方针和政策,迅速拨乱反正,正本清源,恢复与整顿并举,使各学科各部门的教学与科研等各方面工作迅速走上了正常轨道。在这种背景下,清华大学集中力量开始了重新认真研究学科的恢复与发展的问题,要求各单位制定学科科研战略规划,清华自动化系的学科建设工作在这样的大环境下也开始慢慢恢复与展开。清华自动化系成立于1970年,是国内第一个自动化系,郑维敏是其主要创建者之一。早在五十年代初期,清华大学就设置了工业企业电气化等一批与自动化学科有关的专业,到1970年5月,清华将与自动化学科有关的专业合并,组建了自动化系。在此后多年的发展过程中,清华大学自动化系在包括郑维敏教授在内的广大师生的不断开拓创新和努力下,在教学和科研上取得了一个又一个可喜的进展,为中国培养了一大批自动化专业的优秀人才，并逐渐培育并具备了强大的科学研究实力，先后承担了数百项国家级重大科研项目，在控制理论、复杂制造系统建模与调度优化、过程控制、系统工程、系统仿真与虚拟制造、现代物流与电子商务、管理与决策系统、网络化系统的建模分析优化、复杂系统的描述与控制、生物信息学、信息处理、人工智能、导航与控制、运动控制与电力电子技术等多个领域进行广泛的研究。清华自动化系也最终成为了中国自动化科学与技术的重要研究和开发基地、培养自动化领域各层次高级人才的摇篮，为中国的现代化建设做出了重大贡献。

但在1978年，清华大学自动化系的成立还不足十年，其人员仍是由众多研究方向不一的教师拼凑而成，包括工业企业电气化教研组、电子学教研组（原工业电子学教研组）、可控硅元件及装置车间、电机系相关机关与单位，以及热工量测及自动控制教研组等。郑维敏作为自动化系的学术带头人之一，继续担任工业自动化教研组（原工业企业电气化教研组）主任，承担起引领自动化系这支人员构成风格各异的队伍走上正轨的重要任务。因此，当郑维敏面临清华大学自动化系关于学科恢复与学科发展的问题时，他以其敏锐的眼光适时果断地提出自动化系应该紧跟国际上出现的新学科，扩大控制对象，研究各类大系统，应该加快建立系统工程学科，把"系统工程"作为今后自动化系一个重要的学科发展方向。

二十世纪七十年代，系统理论的发展呈现出以下特点：系统论、控制论、信息论、运筹学、系统工程、电子计算机与现代通信技术等新兴学科表现出相互渗透、紧密结合的趋势；同时耗散结构论、协同学、突变论、模糊系统理论等新的科学理论不断涌现，从多方面丰富发展了系统理论的相关内容。当时，清华自动化系的主要研究领域为机械系统运动自动控制，研究领域相对狭窄，这在一定程度上限制了自动化系的发展，因此，郑维敏针对当时自动化系的情况提出了扩大控制研究对象的想法，即将研究对象由之前大家比较关注的工业控制对象，如机械工程、热力工程等，扩展到范围更大、更为广义的系统对象，如城市、环境系统、经济系统、能源系统、生物系统、社会系统等。郑维敏关于"系统工程"的观点非常明确，他认为系统工程的核心是信息与决策，而后来出现的管理科学工程学科的发展方向非常符合郑维敏的认知，一部分是信息科学，另一部分是决策科学。

1978年，郑维敏将"系统工程"的想法付诸实践，开办了清华大学系统工程学科，清华自动化系由此正式设立"系统工程"专业。1979年10月，北京召开系统工程学术讨论会，在会上，发展系统工程的观点得到了很多领导的认可与支持，这为后来系统工程的发展取得了稳定的政策支持；1979年末，郑维敏作为教育部组织的"系统工程考察团"成员参加了第十八届IEEE控制与决策年会，并在美国、日本进行了为期一个月的考察。通过考察，郑维敏对系统工程的国际前沿发展有了更为深入的了解，这也为清华自动化系发展系统工程学科奠定了更为坚实的基础。1980年，清华大学系统工程研究室成立，这是国内首批批准的五个系统工程博士学位点之一（其他四所院校分别是上海交大、西安交大、大连工学院[①]、华中工学院[②]）。郑维敏兼任研究室主任，其他教师还包括夏绍玮、杨家本、赵纯均、郭仲伟和王永县等。自动化系成立系统工程研究室的目的很明确，就是要将自动化系的研究对象扩大到诸如社会系统等更为广泛的系统，以工程实践牵头，带动学科发展。

郑维敏一直认为招收和培养尽可能多的优秀学生是一个学科得以长久持续发展的重要基础，因此在系统工程研究室成立后不久，他便组织教研室人员全面系统地梳理系统工程的各类研究问题与学科分支，积极筹建教学小组，组织相关专家研讨教学培养方案，并在清华大学全校范围内进行大力宣传，普及系统工程的相关概念与理论，为招生打下良好的基础。之后，郑维敏开始组织教师针对系统工程学科进行

图3-1 首次来华的Larson（左三）与郑维敏（左一）等合影

---

① 大连工学院1949年建校，1988年更名为大连理工大学。
② 华中工学院1952年建校，2000年更名为华中科技大学。

相关课程的设立，如"线性规划"、"动态规划"、"运筹学"、"随机过程"、"系统工程概论"、"决策分析"、"对策论"等，部分系统工程研究领域的经典课程更是保留至今、影响深远。与此同时，郑维敏还不断对教师进行培训，并邀请国际知名教授到学校进行讲学，介绍系统工程的最新研究动态与发展方向。他曾经邀请美国斯坦福大学的 Larson[①] 教授讲授"动态规划"课程，还曾邀请加拿大滑铁卢大学系统工程系的 Hipel[②] 教授讲授"冲突分析"课程。

在不断壮大系内的师资队伍的同时，为了弥补系内开课不足的问题，郑维敏还积极邀请包括数学系在内的许多其他院系的教授来给学生们讲课，这在一定程度上更为系统地丰富与完善了学生的课程培养体系。由于系统工程专业的许多课程是新设立的，这些课程在当时并没有配套的教材与学习资料，因此，为了给学生提供一套完整、深入、系统的专业课程资料，郑维敏又开始投身于相关教材的编写工作，如他曾完成了《系统及控制》等内部教材的编写工作。同时，鉴于当时国内的系统工程研究水平较低的实际情况，郑维敏除了自己编写教材外，还四处搜寻国外的优秀教材，并组织教研室英文较好的老师对这些教材进行翻译，如他曾指导陈伟基、王永县和杨家本翻译 Larson 教授编写的经典教材《动态规划原理》，并亲自进行校对。

在进行课程建设与教材编写的同时，郑维敏还大力推动清华大学系统工程学科学位点的建设。1981 年 11 月 30 日，国务院学位委员会以增刊的形式发布公报，公布了经国务院批准的我国首批博士和硕士学位授予单位和

图 3-2　郑维敏（前排左三）欢迎 Hipel（前排左二）来华

---

① Robert Larson，1973 年至 1988 年任斯坦福大学教授，1982 年当选 IEEE 主席。
② Keith W. Hipel，加拿大滑铁卢大学教授，2013 年当选为加拿大皇家学会科学院院长。

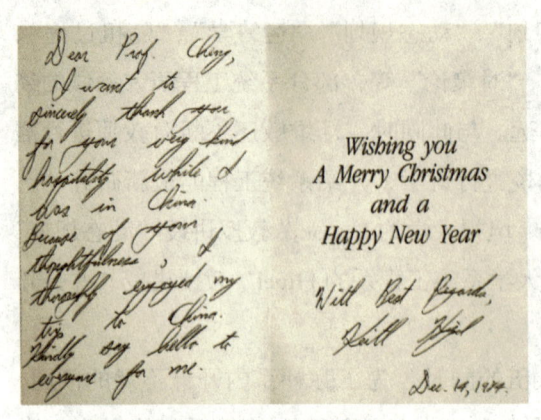

图 3-3　Hipel 写给郑维敏的圣诞节贺卡

导师的名单，郑维敏位列其中，成为我国首批博士生指导教师之一。1982 年，他开始正式招收系统工程专业的博士生，之后又参与建设了我国首批系统工程博士后流动站。

郑维敏注重理论联系实际，他一直鼓励自己的博士生积极参与到系统工程各个方面的研究中去，从实际问题出发，挖掘自己感兴趣的研究方向。同时他总是尽全力对博士生的研究工作进行指导与帮助，集合教研室资源尽可能多地为同学们提供科研所需的设备与资料，还通过各种关系帮助他们联系必要的调研单位与相关领域的专家。这一时期，郑维敏博士生的研究领域涵盖了系统工程的方方面面，既有决策分析、复杂问题优化等传统理论的研究，也有生物育种、水库调度等微观角度的专业问题，还有经济、金融等宏观社会发展的实际问题。1985 年 1 月，郑维敏指导的第一位博士生周小川[①]毕业并获得博士学位，周小川是我国第一位系统工程博士，也是管理门类的（1997 年清华大学系统工程博士点转为管理科学与工程一级学科）第一位博士，他之后担任了中国人民银行行长，并当选政协第十二届全国委员会副主席。

1982 年至 1990 年间，郑维敏共培养出周小川、宋逢明、宋安澜、郑列列、詹一辉、蔡小强、陈剑、王浩、罗国俊、李英杰、石永恒、王柏青等十二名博士生，是这段时间内清华大学培养博士生最多的教授之一，也是当时全国系统工程学科培养博士生最多的教授，为我国系统工程领域培养和输送了大批高级人才。他带出的许多博士生在国内外多个领域取得了杰出成绩，其中不乏后来成为中国工程院院士的高才，也不乏受国外著名大学或研究机构邀请讲学或参与研究工作的专家；有的成为新学科的学术

---

① 周小川（1948- ），江苏宜兴人。2008 被任命为中国人民银行行长，2013 年当选全国政协副主席。

带头人，还有的成为跨国公司和大企业的掌舵者，他们在国家发展的各个岗位上都做出了贡献。这个培养和造就人才的过程，也是与中国改革开放的时代大背景分不开的。1978年十一届三中全会后，清华大学在工科方面，新建了大量新学科，并向综合性大学进发，重建了1952年"院系调整"时期取消的理学院、法学院和人文学院。随着中国经济的快速发展，许多以前被忽视的学科都变得重要起来，国家不单单只是需要工程师，还更需要其他方面的综合性人才。因此，郑维敏把人才的培养，与清华大学的学科发展结合起来，与时代大背景联系起来。

郑维敏认为，要培养优秀的学生，首先需要建设优质的教师队伍。因此，他不仅重视学生的培养，同时也非常注重加强年轻教师队伍的建设，从而更好地锻炼与培养他们理论联系实际的能力以及与世界水平接轨的研究能力。在加强师资队伍建设方面，郑维敏主要做了三方面的工作：一是加强培养年轻教师的实践能力，二是重视提升年轻教师的理论水平，三是积极组织年轻教师进行学术交流。

在加强培养年轻教师的实践能力方面，郑维敏致力于为教研室成员寻找贴合实际的研究问题与学习交流的机会，并组织大家开展各项研究活动。郑维敏在研究工作中注重理论联系实际，强调科学技术应尽快转化为生产力，以便更好地为社会服务。因此在系统工程研究室成立后的几年里，他带领系统工程研究室的成员从企业生产与经营、环境治理、能源规划、经济金融等多个研究角度出发，先后和全国各地的政府、企事业单位、科研院所合作，承接了金堆城露天钼矿优化开发、宝钢计算机网络设计、黄浦江污染治理、山西煤炭资源规划、"2000年中国"、水稻育种等多个跨学科的研究课题与项目。这些课题与项目让年轻的研究人员有更多的机会接触到实践中存在的困

图3-4 郑维敏（左四）组织系统工程专业师生进行学术讨论

难与问题，将自己的研究运用于实际问题，并从实际问题中发掘出更多的研究课题，极大地提高了他们理论联系实际的能力。同时，郑维敏还积极加强与国际研究团队的合作，如在上海黄浦江项目（这也是我国在"文化大革命"后与美国大学展开合作研究的第一批项目之一）中，郑维敏的团队就与来自美国密歇根大学 Kan Chen 教授的研究团队合作，在完成项目的同时，Kan Chen[①] 教授的研究团队给郑维敏的团队带来了许多新的研究想法，注入了许多新的研究理念，这大大地提升了系统工程研究室研究队伍的整体水平与发展速度。

在提升年轻教师的理论水平方面，郑维敏则主要做了以下四个方面的工作。第一，注重研究方法布局上的多样化。当时，教研室在郑维敏的带领下，形成了动态规划、投入产出分析、线性及非线性规划、最优控制、多目标规划、冲突分析、对策论、系统动力学等多种方法全面并存的研究格局。第二，主动到国外寻找优秀的教授来华讲学。如 1982 年，郑维敏就邀请了 Hipel 教授就"水资源管理和多目标构模"、"随机构模"等方面来华进行了相关的学术报告和学术座谈。第三，积极为年轻教师创造出国进修的机会。研究室成立以后，郑维敏就一直争取各种机会把年轻教师送到国外一流大学、相关领域的公司和研究所进行交流，当年的很多科研骨干如崔子行、王桂增、陶森、任守渠都得到了去美国系统控制公司进修的机会，这种机会在当时是非常珍贵与难得的。第四，鼓励年轻教师积极尝试新事物。当时计算机系统刚开始流行，郑维敏就鼓励大家将现有研究与计算机系统结合起来，形成决策支持系统。

在积极组织年轻教师进行学术交流方面，郑维敏不仅重视教研室内部的交流，还积极寻求机会加强教研室成员与国内外学者的联系。在教研室内部，郑维敏每周都会召开讨论班，组织年轻教师、研究生进行学术讨论。在对外交流方面，他每年都会向国家、教育部争取资源，在国内举办学术会议，或者为教研室成员走出国门参加国际学术会议争取机会，尽可能多地让他们与国内外学者有更多的机会在一起交流讨论。1980 年秋，

---

① Kan Chen（陈干，1927- ），广东乳源人，美国密歇根大学教授。

教研室成员就在教育部的组织下，组团赴法国图卢斯参加世界第一届大系统（Large Scale System）国际会议，极大地扩展了国际视野。1980年11月18日，中国系统工程学会成立，郑维敏当选常务理事兼任国际学术交流委员会主任。之后，郑维敏依托该平台，积极组织国内外学术交流，成功举办了多届系统工程国际会议，为国内学者创造了许多与国外学者交流的机会，这对于推动我国系统工程学科的发展无疑具有重要的意义。

从后来相关学科的发展来看，系统工程研究室为清华乃至中国培养了一支优秀的系统工程骨干队伍与一大批学术精英，这些人中的许多人后来都在各自的研究领域成为了学科带头人。在郑维敏等老一辈学者当年的精心培育下，"系统工程之树"如今已是百花齐放、硕果累累，他们努力与付出为系统工程的发展做出了重要贡献。

郑维敏不仅致力于高校系统工程的学科建设，同时对于系统工程在社会层面的推广与普及也不遗余力。1980年10月，中央电视台与中国科协、中国系统工程学会、中国自动化学会、中国航空学会、中国铁道学会等多家单位举办了《系统工程普及讲座》节目，该节目共四十五讲，讲课团队由钱学森、许国志、郑维敏、顾基发、王寿云、吴沧浦、王毓云、陶家渠、朱松春、张沁文、田丰、裘宗沪、应玫茜、涂序彦、吴秋峰、王正中、梅磊等17位国内知名专家构成，节目在中央电视台一经播出，便产生了强烈的反响，后来根据该电视讲座整理而成的《系统工程普及讲座汇编》电视教材也受到了民众的大力欢迎，发行量高达十六万册。电视培训在当时还是一种比较稀有且非常新颖的培训方式，这样的讲座既为普通民众提供了聆听专家讲课的机会，同时也扩大了受众范围。这对于系统工程的社会推广起到了非常重要的作用。这次讲座在社会上产生的影响极大，同时也受到了中国科协和国家有关部门领导的高度重视与赞许。

郑维敏等老一辈学者的努力，不仅推动了系统工程学科的相关研究，对后来兴起的管理科学与工程学科的发展也做出了重要贡献。二十世纪八十年代前后，快速发展的中国经济，迫切需要大量的经济类和管理类人才。管理科学与工程开始在国内兴起，系统工程学科作为与其相关性较强的学科，对于推动管理科学与工程学科的发展起到了关键性的作用。1979

年，清华大学开始着手管理科学与工程学科的建设，设立了经济管理工程系。其实，早在1926年，清华大学就已成立经济学系，直至1952年，受国家政策影响进行"院系调整"，清华经济学系从清华撤离，并入到了其他院校。到了1979年，在改革开放的形势下，清华大学设立了经济管理工程系。1984年，应国家经济建设发展需要，清华经济管理工程系扩建为清华大学经济管理学院。经济管理学院以"创造知识，培育领袖，贡献中国，影响世界"为使命，致力于在人才培养、科学研究、社会影响、国际交流等方面保持国内领先水平，发展目标直指世界一流经济管理学院。1987年，郑维敏响应清华大学发展的需要与安排，来到刚刚成立的清华经济管理学院，同时还带来了一批优秀的研究人员和研究生，他们将系统工程的思想应用于经济与金融领域，开始研究柔性决策、企业管理、资本市场等新的发展难题，也更加反映时代的需求，这在极大程度上推动了清华大学管理科学与工程学科的发展。郑维敏在清华大学经济管理学院的创院时期作为拓荒开垦者之一为学科建设和发展做出了突出贡献，使早期的经管学院，特别是其中的管理科学与工程学科，在国内同行中享有盛誉。到如今，清华大学经管学院设有经济、技术创新、现代管理、中国企业、财政税收、中国保险与风险管理、领导力、医疗管理、中国金融、中国与世界经济、中国产业发展、国际经济等涵盖极为广泛的研究中心和基地。其中，现代管理研究中心和技术创新研究中心是国家教育部人文社科重点研究基地，同时也是国家哲学社会科学创新基地。回顾清华大学经管学院的成长历程，无论是学院最早成立的博士点、博士后流动站、评选出的重点学科，还是今天经管学院取得的成绩和得到的社会认可，都离不开郑维敏和他那一代前辈同事们的奋斗与贡献。

自清华大学系统工程学科成立伊始，郑维敏就始终强调系统工程的研究是问题导向式的研究，在研究中要注重理论联系实际，尽快将科学技术转化为生产力。他坚决反对做学问"从文献到文献、从资料到资料"，反对原样照搬照抄前人的理论，反对在前人已有的那些成果里反复捣腾组合。他要求他的研究团队多学习、多钻研、多思考、多吸收，学会比较、分析、推陈出新，学会解决实际问题，团结鼓励课题组一班研究人员走先辈没有走过的新路、理先辈没有理清的线索，填先辈没有填补的空白，力争在研究上有所突破，有所创新，做出成绩。他特别强调科研人员要善于从实践中发现并提炼科学问题，将研究做到实际中去，直接为国家建设、社会发展服务。一直以来，清华大学系统工程学科及管理科学与工程学科的发展都一直紧跟国际脚步，走在国内前列，并形成了自身发展的鲜明特色：实践导向、基础厚重、时代特色、学科交叉。这些都离不开郑维敏和他的研究团队在开创学科和进行研究时所秉承的理论联系实际的理念，以及他们对该理念的不断践行、坚持与完善。

聚焦科技前沿，拓展模糊控制理论

创办系统工程专业后不久，郑维敏就开始在学科方向上积极布局，其中一个重要的方向就是模糊控制。二十世纪七十年代末，正值我国改革开放初期，高校科学研究也面临着新的局面。当时，模糊控制的研究在国内尚属空白，在国际上也处于萌芽状态。模糊控制是一种从属于智能控制范畴的计算机数字控制技术，以模糊集合论、模糊语言变量和模糊逻辑推理为理论基础的非线性控制。模糊控制有一个最大的特点就是，它既有系统化的理论体系，又有丰富的实际应用基础，所以自诞生之日起就倍受关注，并且在日后发展迅速，逐渐在许多国家得到深入的研究和广泛的推广应用。郑维敏认准这个时机，决定将模糊理论引入到控制系统中。他带领教研组的青年教师编写教材，办讲座，进行试验研究，并努力将模糊数学与模糊控制方法应用于实际。郑维敏凭借其与时俱进的学术思想，在国内首创模糊控制研究，对模糊控制在中国的发展做出了重要的贡献。

所谓模糊控制，就是对难以用已有规律描述的复杂系统，采用自然语言（如大、中、小）加以叙述，借助定性的、不精确的及模糊的条件语句来表达。模糊控制是基于语言的一种智能控制，在传统的自动控制中，控制器的综合设计需知道被控对象的数学模型，但是在实际中，由于系统的影响因素很多，往往很难找出精确的数学模型。在这种情况下，模糊控制的诞生就显得意义重大，因为模糊控制不要求掌握受控对象的精确数学模型。

在传统的控制领域里，影响控制优劣的关键在于控制系统动态模式是否精确，通常情况下，系统动态的信息越详细就越能达到精确控制的目的。可是，复杂的系统却由于变量太多，通常很难正确地描述系统的动态，工程师们只好千方百计想办法简化系统动态模型，以达到控制系统的目的，可效果总是不尽如人意。很显然，尽管传统的控制理论对于一些容易描述的简单系统具有强有力的控制能力，可对于那些复杂的或者很难精确描述的系统却力不从心。于是，以模糊数学来处理这些控制问题，便成为科学家们跃跃欲试的新途径。1965年，美国控制理论学者Zadeh[①]教授首次提出模糊集合论（Fuzzy Sets），认为世界上有一些事件或事物难以用界限分明的经典集合来描述，而用模糊集合来描述更为适宜，模糊数学从此诞生。1973年Zadeh又给出了模糊控制的定义及相关定理。1974年，英国人E. H. Mamdani首次根据模糊控制语句组成模糊控制器，并在锅炉和蒸汽机的控制中加以应用并获得成功，由此，模糊控制得以问世。

"模糊"是人们感知和表达事物的重要特征。人们在感知万物、获取知识、判断推理甚至实施决策的时候，最初都是"模糊"的。与"清晰"相比，"模糊"拥有更大的信息容量、更丰富的内涵，"模糊"也更符合对客观世界的感知。郑维敏曾这样介绍模糊性的概念：在客观世界中有着两种不同性质的不确定性——随机性与模糊性，例如"明年的生产率提高约一成的概率为90%"，这一叙述是不确定的，其中"概率为90%"表示随机性，"约一成"表示模糊性，即随机性表示事件发生的不确定性；而模糊性则表示事件含义或内容的不确定性。数学是严密与精确的，然而精确的数学理论与客观的现实世界存在着一定的距离。郑维敏认为，客观世界中有许多复杂及综合的控制对象是很难用数学去精确描述的，它们没有精确的数学模型，但人们却可以很好地控制它们，并且形成了一套可以用语

---

① Lotfi A. Zadeh（1921- ），美国加州大学伯克利分校教授，被誉为模糊理论之父。

言表达出来的控制规律。如驾驶汽车，人们并不需要知道控制汽车的数学方程式，却能很好地驾驭它，并且还能用语言教会别人开车。现实生活中许多复杂的系统，如工程系统、综合管理及控制系统，人工智能及人机系统、经济及社会系统，等等，也多是如此。

模糊控制是一种智能控制。例如 1976 年，日本大阪大学田中实验室对一个机器人进行了模糊控制实验研究，成功指引机器人到达目的地。成功的应用实例让郑维敏强烈地意识到模糊控制的巨大实用价值与应用前景，于是他决定加快将模糊控制理论应用于系统工程与自动控制系统的步伐。二十世纪七十年代末，郑维敏通过北京师范大学的汪培庄教授联系到 Zadeh 教授，邀请他到清华大学作了关于模糊理论的报告；1981 年春，他又邀请到日本东京大学模糊控制领域的知名学者菅野道夫到清华大学作了关于模糊集理论及应用的学术报告。在当时，邀请外国专家来华讲学还是不太容易的事情。郑维敏组织的这些讲座使教研室的青年教师们及时地接触到了当时模糊控制领域的一些国际学术前沿，为后来教研室开展模糊控制的研究奠定了良好的基础。之后，郑维敏开始着手组织了工业自动化教研组的一些青年教师（包括任守榘、徐文立、吴秋峰、崔子行等），与研究生们一起开展模糊集合、模糊数学在自动化与自动控制中应用的研究，组建了一支针对模糊控制理论实际应用的研究团队。

由于模糊控制在当时对于很多人而言还是一个比较新鲜的概念，因此对于模糊控制研究团队的建设，首先需要从普及做起。郑维敏在给教师讲授"现代控制理论"课的过程中，加入了模糊控制的内容，并通过发表《模糊集理论的应用及模糊控制器的设计》一文介绍模糊集理论的基本概念，他在文章中概括介绍了模糊集理论的应用，提出了模糊控制器的设计方法及其在可编顺序控制器上实现的方法，并对模糊控制器的参数适应性机制作了探讨。郑维敏通过这些工作，让研究团队的成员对模糊控制的概念有了初步的了解，同时让他们意识到，对于一些控制对象复杂并难以用精确数学描述的系统而言，模糊集理论具有巨大的潜在应用价值。

"扫盲"工作结束后，接下来要做的就是模糊控制研究团队学术研究水平的提升。首先从阅读文献开始，郑维敏要求团队成员每周都要针对所读文献讨论两三次，并在讨论中认真地介绍自己的所读、所做、所想，同时他根据大家讨论的内容提出有启发性的问题去引导大家进一步研究。在研究团队通过文献阅读有了初步的想法之后，郑维敏就开始带领大家做实验研究，刚开始几乎是重复别人的工作：做别人做过的 PID 模糊控制 [在工程实际中，应用最为广泛的调节器控制规律为比例（proportion）、积分（integration）、微分（differentiation）控制，简称 PID 控制] 系统仿真，套用别人的模糊控制语句，达到别人达到的性能指标。但是很快，郑维敏就要求大家不能仅仅满足于重现别人的工作，或只是在个别指标上稍稍超过别人，他鼓励大家创新，要创造出自己的东西。于是研究团队成员便开始集思广益，对模糊控制器的结构、精确量的模糊化、模糊控制算法、模糊判决等环节逐一进行讨论，以寻求其中的创新点，从而提出改进模糊 PID 控制的各种想法。郑维敏很重视大家提出的想法，有些想法尽管很不成熟，但只要在郑维敏看来有新意的想法，他都会带领大家去尝试。

当时，清华大学自动化系的科研环境比较艰苦，只有一台清华自制的"DJS130 小型"计算机可以做自动控制系统仿真方面的研究。"DJS130 小型"计算机的输入设备是比较落后的穿孔纸带，性能也比较差，其性能比现在性能最差的平板电脑还要相差很多，并且在当时要使用计算机的话还要在机房排队上机。就在是在这样简陋的条件下，郑维敏带领模糊控制研究团队做出了有自己特点的模糊控制系统，并实现了对其结构、性能、鲁棒性等的深入研究。模糊控制的工作原理为：把由各种传感器测出的精确量转换成为适于模糊运算的模糊量，然后将这些量在模糊控制器中加以运算，最后再将运算结果中的模糊量转换为精确量，以便对各执行器进行具体的操作控制。八十年代初期，郑维敏和他的研究团队在模糊控制方面的研究工作包括几个方面：首先在理论上主要解决了三个问题：即（1）模糊控制器的数学表达式；（2）模糊关系方程式的完整解法；（3）构建模糊自适应控制环。其次，郑维敏非常重视模糊控制器的组成和参数的具体设定，从而完成了以下三项具体的工作：即（1）模糊控制算法的设计；（2）模糊子集的确定，变量论域的确定和隶属函数的安排；（3）模糊判断方法的设计。

就这样，郑维敏带着研究团队做出了当时国内领先的研究成果，一些成果在三十年后仍有学者在引用。但郑维敏并不仅仅满足于理论研究,他迫切地希望能够将研究成果尽快应用于生产实践,从而在真正意义上使模糊控制为社会生产提供服务。事实上,在模糊控制应用于实践方面,郑维敏也确实做出了成果,并得到了多方的肯定与认可。

模糊控制的应用范围很广,其最适用的领域是非线性、时变、难于定义的系统。通过对控制器的再设计使控制系统具有对环境变化的自适应能力,减小偏差,这种技术便是自适应控制技术。郑维敏等看到了当时生产对自适应控制系统的迫切需求,于是他们便将目光聚焦了自适应控制的研究,把模糊控制理论成果应用于混凝土搅拌楼,设计出了模型参考模糊自适应控制系统,并研制出了样机。郑维敏等设计的"模型参考模糊自适应控制系统"中含有一个动态参考模型。这种"模型参考模糊自适应控制系统",通过比较被控过程输出和参考模型输出的偏差来进行控制调整。对此郑维敏等提出了一种模糊算法,并将其应用到自适应系统的设计中,解决了一般设计方法的不足。其研究表明:基于模糊集的自适应系统可以实现微处理机联机实时控制,且具有反应快、易操作的特点,解决了混凝土搅拌楼闭环质量控制的问题。该项研究成果同时也为欠缺精确数学模型的被控对象提供了设计和实现自适应控制的一道良方[11]。

同时,郑维敏等还意识到,模糊控制的一个优势是它可以反映人类智慧的智能控制,而人类的智慧往往是用语言而非数学模型或者方程式表述的。例如:在一些大型设备的故障诊断,有些专家很有经验,而这些经验多数是以人的语言表述的,很适合用模糊语句来构建。因此,郑维敏便决定着手将模糊控制应用于故障诊断中,他带领研究团队成员,与济南铁路局开展了"东风4内燃机车"的故障诊断系统研究,他们建立了一个故障诊断原型系统,并在机车现场运行中通过了检验,取得了非常不错的效果,从而创新发展了模糊推理诊断的算法。之后,郑维敏等还与清华大学校医院及北京中医方面的专家合作,开展了中医急腹症模糊诊断的研究;同时还指导研究生将"模糊集合"应用于农业系统,进行了模糊聚类分析、模糊综合评判等研究,取得很好的实际应用效果,相关成果还得到了广泛的推广应用。后来,在青霉素发酵的过程控制,聚合釜的化工过程控制等实际问题中，教研组中其他教师和研究生也成功应用了各自研制的模糊控制系统，并取得了良好的效果。这些科技研究成果在当时均处于国内领先水平，而在获奖或论文发表时，郑维敏却总是甘愿做年轻人前进的人梯，把研究成果更多归于年轻人。吴秋峰谈道：

>　　郑先生总是把自己的名字放在后面，甚至不愿署名，说工作是你们做的，我只参加讨论，不必署名[①]。

　　在对模糊控制有了一定的研究成果后，郑维敏便开始在全国范围内广泛地推进模糊控制的研究及应用。二十世纪八十年代初，中国自动化学会应用分委员会在广州召开学术讨论会，郑维敏应邀在会上介绍了模糊集合及其在自动化与自动控制中的应用，同时郑维敏研究团队的青年教师也在他的鼓励下，在会场上介绍自己的相关研究工作。后来，北京电视台邀请郑维敏及其研究团队办一期模糊集合与模糊控制的电视专题讲座。郑维敏在做了开头部分后，便放手让青年教师去讲，他指导他们制订讲义讲稿、进行试讲，严格把关每一个环节，最终该电视专题讲座取得了很好的社会反响。这次讲座是我国较早介绍模糊集与模糊控制的电视教学讲座，后来也成为了很多人了解模糊集合及其应用的启蒙课程。在郑维敏的努力下，模糊控制研究开始在全国得以推广，同时也正是在他的带动下，形成了一只自主创新、勇于拼搏的模糊控制骨干人才队伍，这些都为模糊控制后来在中国的发展奠定了良好的基础。

　　从模糊集合的学习，到模糊控制系统的研究，再到模糊控制的实际应用，郑维敏带领一批又一批的青年教师和研究生扎实工作，取得了开创性的研究成果，为我国模糊数学及模糊控制的发展做出了先驱性的贡献。模糊控制在开始时并不被许多人理解，而如今模糊控制已成为自动控制领域一个非常活跃而又硕果累累的组成部分。模糊控制的典型应用已经涉及了人们生产和生活的方方面面，其中包括家用电器设备中的洗衣机、空

---

① 吴秋峰访谈，2013 年 7 月 29 日，北京。资料存于采集工程数据库。

调、微波炉、吸尘器、照相机和摄录机等；在工业控制领域，涉及水净化处理、发酵过程、化学反应釜、水泥窑炉等多个方面；在专用系统和其他方面，广泛应用于地铁靠站停车、汽车驾驶、电梯、自动扶梯、蒸汽引擎以及机器人等。这些都离不开当年郑维敏力排众议倡导模糊控制的坚强努力。目前，我国模糊控制发展迅速，并且在该领域已跻身国际一流行列，这些成就与郑维敏敏锐的学术前瞻性与对青年骨干人才的用心培养是分不开的。

填补研究空白，推动决策分析实践

做决策是人类的主要任务之一。在二十世纪三十年代和四十年代，高速发展的社会经济和科学技术，使社会活动变得日益复杂，影响面也日益广阔，人们对于决策科学化问题也就日渐重视。二十世纪五十年代后期，自然科学和社会科学的进步，带动了电子计算机和现代通讯技术迅速普及，也促进了决策科学的日渐成熟。二十世纪六七十年代，运筹学、系统工程、数理统计等的发展促进了一些定量化科学决策方法的产生，并且这些方法在一些实际应用中取得很大的成功，这进一步激发了人们对科学决策方法的研究热情。然而，1973 年，随着越南战争结束，美军由于战略决策失误导致的战争失败使人们开始客观地看待科学决策方法。决策问题有结构化问题、非结构化问题以及病态结构化问题之分：结构化问题的决策过程相对简单，一般对某一决策过程的环境及规则，能用确定的模型或语言描述，以适当的方法产生决策方案，并能从多种方案中选择最优的决策；而非结构化、病态结构化问题的决策过程则相对复杂，其决策过程和决策方法没有固定的规律可以遵循，没有固定的决策规则和通用模型可依，是决策者的主观行为对各阶段的决策效果有相当影响的决策问题。人们意识到对于结构化问题，科学决策方法比较有效；然而对于非结构化、病态结构化的决策问题，科学决策方法就显现出极大的局限性。而在现实生活中，大多数重要的决策问题都属于非结构化、病态结构化的复杂决策问题，因此人们开始思考借助计算机技术，将各类知识集成在一起来做出"更好"的决策，决策支持系统由此开始受到广泛重视。二十世纪七八十年代，人工智能（AI：Artificial Intelligence）有了全新的发展，其领域涵盖专家系统、智能机器人、智能控制、智能系统等，人工智能的特点就是需要利用大量人的启发式知识，于是逐渐形成了一门新的学科——知识工程。知识工程的产生为决策支持系统的研究提供了重要的理论基础，知识工程包括知识的获得、表达和处理，思维模型，近似推理方法，启发学和创造学等基本内容，是数学、人工智能、信息决策科学、计算机科学和其他相关专业科学（如经济管理科学、认知科学、心理学）等多学科大范围边缘渗透的产物，研究对象既包括客观的事物（研究问题及其背景环境），也包括主观的个体（人——决策者，领域专家等），它是主观和客观的全面统一，必须用系统的、统一的观点去研究。在当时，知识工程与决策支持系统在中国乃至世界范围内，都是一个非常新颖的课题，这一问题虽然应用价值很高，但缺乏理论基础，且研究难度较高，因此在国内很少有人涉足。

在这样的背景下，郑维敏根据实践经验提出：决策科学化的关键是对信息的获取、识别和处理，并由此为人们的决策提供科学性的支持，而多种多样的知识和经验与形成决策和决策科学有着极为密切的联系。1984年，郑维敏开始倡导数据库与知识库结合的新理念，同时进行了大量的研究[12]。他特别研究了带知识库的决策支持系统。他不赞同"知识库、方法库、模型库"的提法，而认为它们都是知识库。知识库研究的重点对象是"软"优化、知识工程和人机交互：所谓软优化，就是在可塑的柔性环境下的建模、推理、优化和决策；所谓知识工程，即是重点研究对知识图、知识信息的利用，用自然语言表达的不确定性推理以及多信息源集结等；所谓人机交互，即是研究人所提供的零散信息与机器提供的引导信息之间的交互，以及在交互过程中产生智能。郑维敏通过相关研究，在知识工程、决策支持系统与柔性决策等领域均取得了一些标志性的研究成果，极大地推动了我国复杂决策分析的研究。

在知识工程方面，郑维敏主要开展了知识集结和信息集结的方法研究，以及知识图等方面的研究工作。由于相关领域的专家在长期的实践活动中积累的知识有很多都是难以用语言描述出来的，因此，建立知识库系统遇到的一个瓶颈问题就是知识的获取，这在气象预测领域尤为突出。而提高气象预测水平的一条重要途径是集成多方面的知识和信息进行预测，因此郑维敏开始着重考察气象领域中知识和信息集成的相关问题，以期找到知识集结和信息集结的优良方法。1967 年 Dempster 与 Shafer 提出了 DS 证据理论[1]，这种理论便于处理不确定信息，有获得比贝叶斯概率论更弱的条件的特征。基于 DS 证据理论，郑维敏指导他的博士生宋逢明[2]研究了如何从可能性零散信息中获取不确定性预测的问题，同时考察了几种用不精确概率语言表达的可能性零散知识的类型，讨论了最大未知性准则和一种表达不确定性知识的方法——知识图。知识图具有易于收集有关不确定性信息的优点，可以应用于会商预测中。郑维敏等通过改进知识图表达知识的方法，使知识图具有表达气象预测中经常遇到的多种不确定性问题的功能，进而提出了多种不确定性传播的模型和算法。之后，他们针对定量预测模型组和半定量预测证据的合成问题，讨论了语言变量辨别框架和定义在其上的不确定性，以及语言变量辨别框架上的不确定型证据的合成，提出了一种表达定量预测模型的不确定性的方法，并且从 Dempster 的证据合成公式中得出了定量预测模型组和不确定的半定量预测证据的合成规则。在取得一定的理论研究成果之后，郑维敏便开始着手将这些成果应用于实践。他首先将研究成果应用到了两个具体的气象预测问题中：一个是中国大陆上多雨带分布的预测问题，另外一个是六个台风路径预测模型的集成问题。这两个应用实例的实验结果均表明预测水平有较大改进，且预测方法优于传统的预测集成方法。事实上，这些研究成果不仅在气象预测领域有良好的应用前景，同时在一定程度上解决了知识集成和信息集成中

---

[1] DS 证据理论：1967 年，Dempster 首先提出证据理论，后由 Shafer 进一步推广，发展成一种不精确推理理论。

[2] 宋逢明，（1946— ），上海人，曾任清华大学经济管理学院金融系主任、博士生导师，中国建设银行独立董事。

遇到的一些问题，具有较强的推广性。

在决策支持系统方面，郑维敏则致力于开发带专家知识库决策支持系统（EXDASS：Expert Knowledge-based Decision Analysis and Support System，相关内容会在本书第四章第五节详细介绍），而开发 EXDASS 的前提便是对非统计信息、不确定性分析等内容进行研究。郑维敏认为正确地估算风险的影响是必不可少的。任何一个经济系统在发展的过程中它的外部环境和内部机制中都可能存在很多潜在的不确定性因素，并直接影响其预期结果。一些经典的统计决策分析理论常常应用概率论和数理统计的工具来处理风险问题，而且，对于风险（Risk）和不确定性（Uncertainty）这两个概念的划分也是基于各种可能出现的结果的概率分布：若是这些概率分布是已知的，那就谓之风险，否则就叫不确定性。这种定义方法其实是不完善的，人们通过对现实生活中决策问题的认识意识到了这种定义的局限之处。错综变化的世界是一个充满随机性的世界，大量的偶发因素造成了因果关系的破裂。概率论就是针对此类现象的方法论，其应用原理就是从随机性中找到并把握广义的因果关系，即统计规律。概率论应用广泛，在许多领域都取得了重要成果，但在决策科学领域，仅仅通过统计的手段开展研究往往达不到要求，有时甚至在本质上就不适合，这是因为在现实生活中有很多的决策问题并非是能够大批量反复出现的偶发事件。因此，对于大部分的实际问题来说，概率平均意义上的最优决策是不可用的，特别是在此类问题涉及重大利害关系的情况下，基于统计的价值判断往往缺乏说服力，而且，有些问题甚至根本就没有统计规律可循。鉴于此，郑维敏开始在他的决策科学研究中探寻这些不确定性事件在非统计意义上的因果关系。通常情况下，所有的不确定性事件虽然其因果链是断裂的，可还是能够发现少量有因果关系的信息的。郑维敏认为决策分析的关键是要尽可能通过各种可找到的信息去掌握这些零散的因果关系。决策需要依靠大量信息，但信息中不仅有统计信息，还会有很多非统计信息，而在这些信息之中，有关专家的知识和经验是特别宝贵的信息。一些有经验的专家常常可以运用自己的知识对那些带有很大不确定性的复杂事件做出非常精准的判断，这在现实生活中是屡见不鲜的。因此，利用专家知识提供的非统计信息来支持带有不确定性的决策问题成为郑维敏研究工作的关键。郑维敏带领其研究团队开始对专家知识提供的非统计信息进行全方面的研究,并通过研究提出了"可能性证据"的概念,即用可能性证据描述专家知识的合理性。之后,郑维敏等建立了可能性证据推理的逻辑框架,提出了更具普适性的后验分析法,阐述了可能性证据理论在实际中如何解决不确定型问题[13]。可能性证据理论在实际应用中有计算复杂性大的问题,针对这个问题,郑维敏在他们后来开发的 EXDASS 系统上采用了仿真计算的办法,成功开发出了应用于投资风险分析的 SPS(Simulation Program of Support Function)仿真计算软件。

不确定性分析是开发带专家知识库决策支持系统的一个重要研究内容。通常情况下,通过传统的统计方法处理不确定性,常常因为数据不足或问题本身无法从统计意义上做出价值判断而失败,所以需要依靠其他的非统计信息的支持,而其中最宝贵的信息资源就是有关专家的知识和经验。然而,不同领域的专家却常常都是根据个人的领域知识做出判断的,但决策问题的不确定性却是多方面因素的综合影响产生的。所以,需要对各种有关的专家知识进行正确的表示、存储、复制、修改、分析和推理合成,以此形成决策支持的手段。于是郑维敏便指导他的博士生宋逢明等研究开发出 EXDASS 系统。可能性证据理论作为描述不确定性的数学理论,比较巧妙地把可能性理论和证据理论统一起来,和其他描述人的思维活动的数学形式(如模糊数学)也有很好的兼容性,但要对这一问题进行系统准确地分析,却不是一件容易的事情。针对决策过程的不确定性,郑维敏等花了多年时间,研究关于不确定数学规划及其解的性质,建立了用语言描述的模糊信息与证据信息之间的转换关系,解决了用自然语言描述专家知识的数学表达问题、决策者与计算机交换信息的交互式决策支持系统的接口问题,并为建立决策支持系统的核心算法提供了理论基础。不确定规划的主要问题是参数的不确定性,为了让研究更具有现实指导意义,避免模型过于复杂脱离实际,郑维敏主要考虑了参数范围已知、准确值未知的情形。解决问题的办法是通过人机交互将人的经验和判断引入决策过程:首先求出问题的积极解(最好情况)和保守解(最保险情况),然后让决策者在目标和风险之间进行折中,再通过人机交互得到关于目标的满意解。郑维敏指导博士生宋安澜①提出的不确定性分析推理系统有以下几大特点:第一,其工作方式是人机合作而非人机分离,用户与系统之间是通过人机交互的动态过程来获取令人信服的结论的;第二,研究专家能够用自然语言传达自己的意见,系统能够将专家知识组织起来进行加工推理,还能协调与问题关联的多方面专家的意见,所以格外适合会议决策;第三,系统还具备自我学习的能力,能够持续丰富自己存储的内容,而且还能与基于产生式规则的专家知识库相联接,从而使宝贵的专家知识得以存储和复制[14]。

之后,围绕着后来研制出的 EXDASS 决策支持系统,郑维敏和他的学生们还研究了带不确定因素的多人多目标决策分析。多目标决策分析的关键问题是如何正确反映决策者的偏好,在多人多目标的情形下,这一问题就显得更为复杂。为了攻克这一难题,郑维敏等人经过长期地讨论、交流和钻研,终于研究出一种用于多目标交互式多目标决策方法——MALG。这是一种双向引导的方法,它以决策者比较容易接受的交互方式运行。在人机交互中,决策者用目标希望水平对系统进行引导,而系统则以"当前最优解"和目标置换率对决策者进行引导。通过人机交互,不断把决策者的偏好融入问题的解中,直到得到满意解。

同时,郑维敏还带领他的学生完成了一个名为"Au"的带知识库的动态系统自动仿真程序块的开发。在数字仿真中,有两个比较重要的问题:一是算法的选择,二是对仿真中异常现象的处理。在算法选择方面,当时流行的多种仿真算法都有不同的局限性。传统的仿真软件通常使用的是固定算法,这种算法一经选定,往往就会从头到尾进行仿真,要是选择不当,很容易造成仿真效率和可靠性的降低。但不同问题对仿真的要求实际上是各不相同的,被仿真系统的特性往往也是不清晰甚至是可变化的,所以算法难以通过精确简明的数学公式进行表达,常常需要依靠人的经验和人对系统的了解。仿真中异常现象的处理则是数字仿真需要解决的又一个

---

① 宋安澜(1957-),杭州人,软银中国创业投资有限公司合伙人。

关键问题，仿真中常常冒出一些非正常现象，比如突跳型间断点，或因为某些原因使计算过程变得很长，机器无法完成，遇到这种情况，通常的做法是凭借个人经验和对系统的定性了解来进行推断和处理，缺乏应有的科学性。总而言之，他们面对的问题为：问题太过复杂，人们还不能完全了解其特性，很难通过建立精确数学模型的方法加以解决。针对上述难题，郑维敏等人认为可以在仿真软件中引入一个新的非精确模型，即知识库。他们还根据数字仿真中出现的问题，在研制仿真和模型处理软件包过程中置入了一个小型知识库，这个知识库包含了一些经验规则。基于知识库，郑维敏等又开发了多种仿真算法，形成了一个自动仿真模块 Au。Au 程序块可分成工作模式和学习模式两种。在工作模式中，系统可以基于知识和算法完成系统判断、算法选择与切换等等任务；在学习模式中，知识库可以根据人工教授和例题学习两种方式实现知识库的更新。带知识库的仿真软件有效整合了定性和定量的方法，解决了传统算法难以解决的难题。

此外，郑维敏于 1988 年进一步提出柔性决策这一概念，并开始对柔性决策进行研究。二十世纪八十年代，随着改革开放的不断深入，我国开始从计划经济向市场经济转型。在此之前，国家计划经济的重点偏向于工业发展和技术革新，很少涉及社会系统和经济市场。市场经济开始以后，国家的快速发展暴露出我国社会经济方面研究的缺失，这方面的研究人才在当时的中国尤其不足。在这样的社会大背景下，一些原本研究工程方面的学者开始把技术经济、系统工程引入市场经济的研究中。对于社会市场和经济规划的研究，在当时首先要解决的就是我国有限资源的分配问题。系统工程是一种方法论，要求以系统的观念去处理问题，工程系统的决策通常是理性的"硬决策"，而市场经济和资源分配的研究，牵涉到人的行为与决策，与工程方面的"硬"研究有本质的区别。因此郑维敏针对此状况首先提出了符合客观决策问题的"柔性决策"概念，将原本理性的"硬决策"和"软决策"结合起来。所谓柔性决策即包含四个特征的决策问题：（1）决策者有限理性；（2）决策者偏好多用语言变量描述；（3）约束条件柔性；（4）决策目标柔性。郑维敏带领他的博士生运用 MAX-MIN 方法、集包含方法、交互式方法和区间分析方法等，论述了关于柔性决策的理论和应用，为当时市场经济和资源分配的研究提供了决策分析的新思路。

在研究过程中，为了使研究成果具有普适性，郑维敏常常要求其指导的博士生要多了解实际问题，注重理论联系实际。同时，郑维敏要求学生们的研究要具有独创性。他的治学态度很严谨，任何敷衍了事的研究结果在他那里都是行不通的。据曾参与柔性决策研究的博士生石永恒①回忆，为解决多目标柔性决策问题，郑维敏给出了几篇与 MAX-MIN 有关的文献，指导其从社会公平、均等和谐的角度去寻求突破，并提出了很高的目标要求。为此，他连走路、睡觉都在思考研究方向和研究问题。正是在郑维敏的严格要求下，他们摸索出了交互式的 MAX-MIN 方法，提出了多目标柔性决策的调整原理。在柔性决策环境下，郑维敏指导石永恒等研究出的交互式 MAX-MIN 决策方法。这种方法突出人际交互，通过不断迭代给出满意解，且具有许多突出优点，例如：决策者能够随时调整对目标的要求来比较不同条件下的计算结果；所需调整的参数意义明确，对决策者的决策过程来说也很直观简单，可操作性强；决策过程允许决策者定性地表达自己的主观愿望[15]。

除了 MAX-MIN 决策法，郑维敏等还提出来柔性决策的集包含法，该方法允许约束方程和目标函数中的一些参数在一定范围内进行调整。集包含法又可以和 MAX-MIN 法结合使用解决带参数变化的多目标决策问题。在此基础上，郑维敏等突破了当时已有文献的局限性，将研究结果进一步推广到了资源分配和多人对策问题。资源分配问题是一种重要的多目标柔性决策问题，包含一个上级决策者和多个下级决策者，一般采用大系统分解协调技术进行资源分配。郑维敏主张把大系统分解协调方法与激励控制方法结合起来，将原本单人多目标的决策扩展到多人单目标的决策。之后，他结合当时国家经济发展规划的现实需要，从我国国情出发，将研究成果应用于资源分配的具体问题上，提出了"承包机制"的激励策略。该策略是鼓励下级向上级汇报真实信息的策略，克服了已有方法的缺陷，对解决我国的资源分配问题具有重要的意义[16]。

---

① 石永恒（1963— ），河北人，清华大学经济管理学院副教授。

1987年5月至7月，郑维敏带领团队赴福建、江西两省革命老区贫困县周宁县和修水县协助进行扶贫规划，这其中就涉及了大量的柔性决策问题。于是，郑维敏带领他的学生和研究团队将柔性决策研究的相关成果应用于两县扶贫方案的制定中，有效地提升了两地的生产力，为帮助两地人民实现脱贫致富做出了贡献。

郑维敏在二十世纪八九十年代，先后开展了可能性证据理论、不确定数学规划、组合优化等典型问题的研究，并成功将相关研究成果运用到了天气预报、资源分配、农业系统、投资决策等具体的决策领域。他在知识工程、决策支持系统与柔性决策等领域潜心研究，为推动我国复杂决策分析的研究做出了突出的贡献。

破解建模难题，创新统计决策方法

模型构建是系统工程研究的重要组成部分。如何充分挖掘出数据和人们经验中蕴含的信息，建立合适的模型是开展进一步分析与控制的关键。八十年代，郑维敏开始对一些关于统计模型选择与阶次估计的老问题进行重新思考。首先是在理论方法上，他指导詹一辉等博士生开展小样本建模的统计决策方法研究，针对数据预测分析、统计模型判别等问题展开了大量研究，逐步深化了理论成果；之后，他又以实际问题为切入点，与国家气象中心资料室合作开展了关于气候预测多信息集结的方法研究，进一步完善了理论成果，取得了丰硕的成果。

郑维敏强调："数据到底告诉了我们什么？"这是在统计模型判别中最常见的一个问题，因为人们从不同的角度去描述同一组数据所提供的信息，往往会得到完全不同的结果。因此，针对具体问题选择合适的信息度量就显得极其重要。我们知道，样本量越大，统计模型一般也会越准确，但现实中存在许多"小样本"的情况，比如经济系统、社会系统、气象系统等，在这种情况下要想进行科学、长期的统计分析和预测，应用传统的统计方法是很难奏效的，因此亟待寻找新方法进行建模。郑维敏及其团队致力于解决样本统计信息量小而导致建模精度下降这一主要矛盾，思考如何提高统计信息的利用率并辅以适当的先验信息，以提高建模精度，确保建模的有效性和科学性，这在实践中具有非常重要的意义。

这一阶段，郑维敏指导博士生詹一辉探讨了利用第Ⅱ-型似然函数的模型判别问题，并将核心理论成果写进了论文《第Ⅱ-型似然方法：模型判别和检验》《第Ⅱ-型似然方法：模型类选择与 AR 阶次估计》，以及 *Monitoring Forecasting Models with Dominant Prior Knowledge* 中。

1992 年，郑维敏与詹一辉发表了论文《第Ⅱ-型似然方法：模型判别和检验》，这是他们在小样本建模中关心的第一个问题，即如何度量数据所含的关于模型评价的信息。该论文的核心观点是度量数据的信息不应违背似然原则。郑维敏和詹一辉认为：模型判别问题是依据观测数据提供的信息来判定给定的模型是否合乎要求。传统的经验是考察某个检验统计量，在某种意义下的拟合误差或差异泛函，该统计量越大，结论往往越不利于接近模型真值。传统的模型判别问题为了有效把握估计值的准确性，通常采用显著性水平来衡量。该显著性度量要求分离性假设，即由于真实模型参数是未知的，在衡量显著性时不是直接评价，而是使用某种估计方法进行评价。可是在未知系统的控制问题中，采用这个假设的理由就不充分了。郑维敏与詹一辉指出：采用分离性假设是缺乏公正的，因为 P 值[①]作为数据所提供的显著性度量不符合似然原则。所以他们提出采用合作的"平均模型方法"避免预先假定分离性。他们探讨了数据显著性信息度量的第Ⅱ-型似然

图 3-5　郑维敏（右）和詹一辉讨论问题（1988 年）

[①] P 值（P value）：为当原假设为真时所得到的样本观察结果或更极端结果出现的概率。如果 P 值很小，说明原假设情况的发生的概率很小，而如果出现了，根据小概率原理，就有理由拒绝原假设，P 值越小，拒绝原假设的理由越充分。

函数方法，并且给出了 Bayesian（贝叶斯）的验后方法作为比较。虽然传统的基于观测到的显著性水平的数据信息度量可能被认为是否定原模型假设的强证据，但从第 Ⅱ - 型似然函数给出的数据信息来看却并非必然如此。第 Ⅱ - 型似然方法度量比 Bayesian 的验后信息度量具有一定的优势，在一定程度上克服了 Bayesian 度量中先验概率的选择的随机性问题，且更具鲁棒性。

紧接着，郑维敏及其团队进一步提出了用数据确定系统结构、阶次的全新思想和方法，并由此创建了小样本建模的统计决策理论。郑维敏等认为，模型或模型类选择的基本问题在于如何评价两个给定模型或模型类中哪一个更好地解释了观测数据。常规的极大似然方法实质上是寻求对观测数据"最可能解释"这一想法的具体实现。此前，许多学者注意到竞争模型方法的弱点，并提出过许多补救方法，试图解决模型与模型类的不平等性，比如 AIC[①] 准则。尽管 AIC 准则被广泛采用，但是它存在致命的缺陷：AIC 准则会在即使在样本信息充分时仍然得不到维数的正确估计，在小样本情形下也不能给出维数的良好估计。针对此，郑维敏等提出了第 Ⅱ - 型似然方法去估计模型类参数。1993 年，郑维敏与詹一辉又发表了论文《第 Ⅱ - 型似然方法：模型类选择与 AR 阶次估计》，这是他们在小样本建模中关心的第二大问题，即如何进行有关统计模型的类选择和 AR 阶次的估计问题。此前，虽然人们早已意识到模型类参数如参数维数、阶次等与模型参数是不平等的，但由此出发去构造模型选择准则与阶次估计方法的工作却并不多见。郑维敏等给出模型类选择与 AR 阶次估计的第 Ⅱ - 型极大似然方法，明显考虑到了类参数与参数的不平等性，并建立了 AR 阶次估计的一致性。在评价给定样本量下估计方法的优劣时，一般是采用估计器的经验分布的集中程度（方差）与命中率，命中率高而集中的方法显然可靠性比较高。郑维敏及詹一辉将两种估计器方法应用于长度分别为 $N=20$，30，40，50，60，70，80，100 和 120 的样本各五十组，结果发现第 Ⅱ - 型极大似然方法约比 AIC 法可靠性高 20%，同时经验估计方差小于 AIC 方法。

---

① AIC 信息准则（Akaike Information Criterion），是用于权衡所估计模型的复杂度和此模型拟合数据的优良性的一种标准。

在小样本的情形，蒙特卡洛模拟表明第Ⅱ-型极大似然方法在可靠性上优于 AIC 方法。郑维敏等在研究小样本建模问题中，要克服"小样本"带来的困难，其主要方法便是把专家经验引入到建模过程中去，由此在阶次确定以及参数辨识等方面提高建模的效果，所以其工作核心在于如何引入专家经验，以及如何表示和处理专家经验，因此，第Ⅱ-型极大似然方法也可以直观地解释为"合作模型"法，有效地克服了竞争模型参与模型类选择时损失信息的问题。

1989 年 6 月，在取得了小样本建模的核心理论成果之后，郑维敏带领系统工程研究室成员，联合国家气象中心气候资料室，开展了气候预测多信息集结方法的研究，他们将其理论成果应用到气象预测中，进一步推动对统计模型判别的理论研究。该课题由郑维敏直接指导完成，课题组成员包括王永县、詹一辉等研究人员。

当时，气候变化问题对人类社会和世界经济发展的重要影响已经被越来越多的人所认识，并且逐步成为各国政府重点关注的全球性问题。人们关心如何检测、诊断、评价和预测未来的气候变化及其可能对人类活动产生的影响，其中的核心问题便是气候预测。气候预测对生态效益、资源利用以及投资分配等重大决策问题都有着直接的影响。一个国家的经济计划，如农业经济计划，往往需要考虑未来的气候变化等基本情况。因此，为国家经济发展战略提供气候预测报告，哪怕仅仅是提供天气变化趋势报告，都有着至关重要的意义。

当时的技术发展，无论是在气候预测方面，还是在模式识别、人工智能等方面都有了很大的进展，如何把这些技术结合起来使气候预测有所突破是课题组亟待解决的关键问题。郑维敏等认为，气候预测能否业务化的关键在于提供一整套足够精确的方法实现从气候模式预测到要素场预测的转变。需要解决的问题首先是在什么条件下气候模式可以投入实际使用，然后是环流场与要素场之间关系的半结构化甚至非结构化问题。关于降水预测，针对降水序列的数据特点，课题组重点考虑如何减小数据计算量、如何划分不同的降水区域、如何利用降水序列的周期克服周期不规则性、如何解决序列散度大、如何充分利用降水序列间的相关性等问题。课题组利用多元统计方法和随机时序分析,对降水数据进行分析处理,进而建立了降水预测模型,同时通过平均环流场相似特征下要素场的分布关系,建立环流场与要素场之间的预测模式,并结合时间序列预测、专家经验等知识,用多信息集结方法综合上述推理结果,建立精度尽可能高的集结预报模式。此外,课题组还针对研究问题开展进行了可行性论证,这为今后继续开展气候预测的研究和探索打下了坚实的基础。

总的来说,小样本建模在当时是一个具有重大现实意义而又极富挑战性的难题,郑维敏指导博士生开创性地提出基于先验知识的确定系统结构、阶次的新思想和新解法,建立了相应的小样本建模的统计决策方法,为破解这一困扰学术界多年的难题做出了极其重要的贡献。

融合生物技术,开展学科跨界合作

1986年,郑维敏创建并组织开展了"水稻良种培育遗传过程的系统分析和控制研究"的课题,通过跨学科的合作研究,获得了一套系统的理论及方法。这是系统工程与生物科学及水稻作物育种相互交叉的具有开拓性的应用基础研究,对于探索生物系统工程的新理论、新方法,促进水稻育种向科学化、工程化方向发展,进而提高育种效率,具有很大的现实意义。

中国被称为是世界上最大的水稻生产国和水稻消费国。中国的水稻年种植面积超过了全球水稻种植面积的五分之一,水稻产量占世界稻米总产量的三分之一。稻谷年均总产量居世界第一;当时,中国拥有十二亿人口,虽然中国的土地面积在世界排名第三,但人均耕地面积却仅仅只有0.1公顷,不到全球人均耕地面积的二分之一。中国要用仅占世界9%的耕地,养活占世界22%的人口。在二十世纪五六十年代,中国的水稻产量极低,平均每亩不足三百公斤,粮食问题让几乎所有的中国人都经受了饥荒的折磨,三年自然灾害更加重了国人对于饥饿的恐惧感。九十年代,美国经济学家布朗向世界发问"二十一世纪谁来养活中国",使得中国的粮食问题受到了世界的关注。尽管历届国家领导人多次强调要重视粮食生产，但人口不断增长导致更大的粮食需求，而工业化和城市化的发展，却使耕地面积不断减少，造成更大的供给困难。面对这些情况，学术界关于加强科研攻关和技术推广、提高单位面积耕地产能的呼声日渐高涨。

回顾中国的水稻育种研究发展史，曾经发生过两次具有划时代意义的重大突破：第一次是二十世纪五十年代末六十年代初开始的水稻矮化育种，其主要特点是通过降低水稻的株高，提高水稻的抗倒伏性，从而提升水稻收获产量。第二次是二十世纪七十年代开始的水稻育种研究，通过杂交优势的利用，大幅度提高了我国水稻的平均亩产量，使我国的水稻生产基本上达到了世界先进水平。水稻育种研究的重大突破，给我国水稻生产带来了革命性的变化，深刻改变了我国水稻生产的育种方式、种植结构、栽培技术以及管理模式。作为提高粮食产量的重要措施之一，水稻品种改良在当时的农业生产中被普遍推广和应用。而在众多的品种改良方法中，有性杂交育种是基础，也是最重要和最有效的育种方法，在生产实践中取得了巨大的成果。然而，要想通过杂交实验培育出性状优秀的新品种，在当时却并不是一件容易的事，往往需要花费科研人员数年的时间和心血。在当时，由于受整体经济水平不高的制约，我国农业科研经费甚至达不到发展中国家的平均水平，农业科技成果的转化率也大大低于世界先进水平。在人力、物力和试验条件有限的情况下，如何在实验田里高效快速地完成配种选育过程并实现技术推广，成为一个亟待解决的重要问题。

八十年代中期，已年过花甲的郑维敏壮心未已。经过多年对系统工程的研究，加上对中国农业问题的关注和对国外学术前沿的了解，他意识到系统工程作为一套研究方法，不仅可以用在黄浦江污染治理、北京化工厂、宏观经济等工业、环境、经济、社会项目上，同样也可以在农业研究领域发挥其作用。于是，郑维敏组织清华的科研力量，并通过多方联系找到中国农科院的研究人员，商量从育种的角度出发，将以往系统工程研究应用于生物育种，运用系统工程整体思考的办法，探讨杂交育种选育的课题。经过一段时间夜以继日的前期调研和实验准备，郑维敏正式组织发起了"水稻良种培育遗传过程的系统分析和控制"这一新鲜课题的研究。该研究课题的主要工作包括：对有效因子（基因）概念加以合理地扩展，使之能更全面地反映各种基因型作用，以此建立了有效因子模型及有效因子种类及数目辨识方法。在有效因子模型的基础上，建立全新的杂交育种过程的遗传分布模型。当时，运用模型来研究育种过程，是一种全新的尝试。多代选择过程的仿真结果表明，郑维敏等所构建的模型与育种专家们的一般经验是相符合的。基于这一理论研究，针对水稻等作物遗传过程这类多目标、多层次、基于组合选择的随机过程，郑维敏团队有创见性地提出一套建模与控制的理论框架。

关于育种过程，可以粗略地分为以下几个环节：制订育种目标、搜集观察原始材料、分析亲本实行组合选配、亲本间杂交、后代选育、鉴定和区试等，但这一过程的周期往往很长，培育一个稳定的新品种至少需要五六年时间。正确选择亲本并予以合理组配，是杂交育种成败的关键。因此，在实践中，育种专家对亲本材料的搜集和分析非常重视。但由于亲本材料相对较多，限于实验条件，育种专家在实际中对亲本遗传特性的掌握并不全面。这是因为用来描述作物特征的性状有很多，比如株高、穗长、粒重等，育种专家一方面要尽可能地增加杂交的组合数，全面描述作物形状，另一方面还要在庞大的杂交种群中寻找各个性状都很优秀的个体，效率低下是亟待解决的问题。因此，如何解决组合数量与群体大小的矛盾、制定控制方案、提高育种效率、缩短育种周期成为解决问题的关键。考虑到基因和环境的影响，郑维敏等认为杂交育种可以看成是一个多目标、多阶段、相互关联、充满矛盾和不确定因素的复杂的组合控制过程，需要对杂交选育过程进行严格控制，在不同阶段对杂交组合进行择优和淘汰。要攻克这一难题，就必须深入田间地头进行考察，研究植物性状生长的过程。为此，郑维敏要求清华的研究人员积极向育种专家学习，他们与合作单位中国农科院的育种专家一起开展广泛的育种试验。在试验田里，他们常常顶着北京夏天的炎炎烈日，坚守在一片片的庄稼地里，反复实验、观察、对比、讨论。

郑维敏等的这项研究吸引了河北农垦所的注意。1987年，一直希望能够在科学育种上有所突破的河北农垦所找到郑维敏，提出开展合作研究，利用优化方法来辅助进行水稻良种培育。一向大力倡导和支持合作科研、知识共享的郑维敏爽快地加入了这项研究。在随后的这一年夏天，郑维敏亲自带领清华师生前往位于河北省唐海县的河北农垦所开展合作研究工作。尽管当地农村的食宿条件与北京差距很大，但这些物质生活方面的艰难并没有对研究人员的士气造成丝毫影响，合作研究始终进展顺利。为了让研究成果在唐海本地得到更好的应用和普及，郑维敏总是惦记着如何尽量给当地的科研人员多做些培训和讲座，让清华学府里的科学知识更多的"飞入寻常百姓家"。

图 3-6　顾基发代许国志院士宣读水稻良种培育遗传过程研究鉴定意见（1991 年）

通过与地方农科所和育种专家们的合作交流，以及在田间地头进行的长期大量的杂交实验，郑维敏及其团队更加深信：在育种过程中引入系统工程的理论和方法，对于改进育种工作方法、提高育种效率是非常必要的。生物遗传过程可以表示成动态组合模型，通过建立有效因子模型以及有效因子种类和数目的识别方法，可以很好地描述遗传过程，优于传统的 Castle-Wright 公式和 Tan 模型（数量遗传性状有效因子数计算传统模型）。针对育种问题的特殊性，他还指导团队人员深入实验田，联合有关人员进行数据调查，通过大量精心设计的试验和理论分析，在有效因子模型的基础上，建立了作物杂交育种过程的遗传分布模型及作物育种遗传过程系统分析和控制理论框架。多代选择过程的仿真结果表明该模型与育种专家的一般经验是吻合的，从而为育种人员在计算机上进行多代选择仿真奠定了坚实的基础。

由于杂交育种是一个很复杂的组合过程，且指导育种的遗传学原理当时还远不够完善，因此，在实践中更多的是依赖育种专家的经验和技巧，虽然这种依赖在一定程度上造成了育种工作的盲目性，但是，优秀的育种专家的"经验之谈"显然在其育种实践中发挥着重要的作用。那么，应该如何充分利用这些专家们的宝贵经验来提高整体育种的水平？这是郑维敏和他的团队密切关注并且重点考虑的问题。

为了弥补清华大学的科研人员自身知识的不足，更好地解决上述问题，郑维敏想方设法联系

图3-7 郑维敏（右四）在唐海县试验田考察（1990年）

全国各地的农科院的专家，把清华研究团队里的成员送到专家们那里去学习、培训、研修。郑维敏指导的博士生陈剑就曾经多次造访北京、福建、浙江、江苏等地多所大学或省农科院，分别向包括马育华[①]、张树榛[②]、郭平仲[③]等多位生物育种、统计等方面的学界泰斗拜师学艺。郑维敏想尽办法为他的学生和年轻研究员提供科研所需的各种条件，让他们能够长期潜心与育种专家们一起进行科研，向专家们学习补充研究所需的生物知识。在长时间的科研和学习中，这些被郑维敏委以重任的学生和年轻研究员们不负众望，抓住每一个机会，认真帮助育种专家总结他们的宝贵实践经验。经过广泛搜集和深入研究，郑维敏和他的研究团队成功地建立了杂交育种数据库，该库可以有效地协助育种专家对亲本资料进行保存、查询、统计、分类和计算，同时还增加了许多新的功能，如建模、预测、仿真、控制和优化等。

此外，他们还引入了专家系统和知识工程技术，通过进一步研究和实验，开发出了一套适应育种工作需求的"水稻育种咨询计算系

图3-8 《科技日报》（1991年7月17日）关于水稻良种培育遗传过程的系统分析与控制的报道

---

① 马育华（1912-1996），大豆遗传育种学家和农业教育家。
② 张树榛（1926- ），小麦遗传育种学家，农业教育家。
③ 郭平仲，数量遗传学家。

统"。这样建成的专家知识库,使人脑中尚未被系统整理的知识得到了系统的梳理、深化和完善,对后来的其他育种人员也可起到借鉴和参考作用。为了使该系统开发少走弯路,在系统研制过程中,郑维敏还专门邀请著名水稻育种专家黄耀祥①先生来清华访问,向黄耀祥先生介绍这个开发系统的目标、功能以及使用和操作程序。在征求育种专家意见的基础上,郑维敏进一步要求大家完善系统,确保系统既符合科学原理,又能直观表达过程和结果,同时操作方便。

水稻育种资讯计算系统主要参照以下三种预测杂交后代性状表现的方法:第一种是以专家经验为基础的预测方法,它依赖已有的专家经验知识建立知识库和推理机制,并对杂交后代进行预测。第二种是神经元网络模型,它根据实测数据自学习得出网络权系数,从而建立和充实专家系统中的规则,以达到预测的目的。第三种是基于遗传学原理建立的数学模型,与传统方法对比,这种方法可以更全面、详细、准确地预测出杂交后代的性状分布。新系统具备杂交组合选配、遗传模型建立、后代表现预测、选择过程仿真等多种功能,可以有效协助育种专家收集杂交数据、分析育种过程。

通过水稻育种研究,郑维敏和他的团队拓展了一个全新的科研领域,很好地将系统工程的方法应用到生物研究中,实现了育种过程中的定量计算和经验推理的结合,这对于系统工程和生物工程的理论和方法的发展都有重要意义。因此,该研究课题得到了鉴定委员会专家们的高度评价。专家们一致认为:该项研究对于探索系统工程在生物系统中的应用,促进在育种学科中应用定量计算与经验推理相结合的分析模式,丰富和发展生物系统的控制理论和系统工程理论及方法都具有十分重大的科学价值。从研究的内容及取得的成果看,该研究在国内外拓宽了一个新的研究领域。其研究成果达到了国际先进水平。郑维敏团队的这一研究成果后来发表在国内外十多种学术期刊及多次国际性学术会议上,并在1994年获得了"国家教委科技进步奖二等奖",引起了国内外专家学者的重视。

---

① 黄耀祥(1916-2004),广东省开平人,中国工程院院士,水稻遗传育种及其应用基础理论研究专家。

突破传统瓶颈，致力组合优化研究

人们在进行各种决策时，一个自然的要求就是希望能够找到实现某种意义上最优的决策方案，最优化技术正是在这样的背景下产生的。最优化技术作为应用数学的一个分支，通过运用数学方法研究各种系统的优化问题及解决方案，为决策者提供科学决策的依据。具体来说，针对所研究的系统，求得一个合理运用人、财、物的最佳方案，发挥和提高系统的功能及效益，最终使被研究系统的运行达到某种意义上的最优。最优化技术根据问题的特点可以分成不同的类型，比如线性规划、非线性规划、整数规划等。组合（最）优化问题是最优化问题的一类。现实中有许多优化问题可以归类为组合优化问题（例如生产系统中的生产排序问题），这类问题大多属于典型的 NP- 难题（这牵涉到计算复杂性问题，根据对一个问题的计算量大小，可分两种问题：P 问题和 NP 问题。通俗的讲，P 问题的计算量会随着问题规模的增大呈多项式规律增长，对应的算法称多项式算法；而 NP 问题的计算量会随着问题规模的增大而飞快增大呈指数规律增长，对应的算法称非多项式算法），求解往往非常困难。然而，许多实际问题都属于这一类：一方面其结构很复杂，不存在唯一最优解；另一方面需要考虑计算时间，如优化过程收敛到问题的最优解（即使是局部最优解）的速度很慢。因此，研究人员常常不得不陷入缩短计算时间和舍弃解的质量的矛盾权衡取舍当中。为解决这类问题，一种思路就是设计启发式算法。但是，在很长一段时间内，该类问题无论是在理论上还是在实际应用中，都未能找到令人十分满意的求解方法，关于此类问题的研究一度陷入瓶颈。

八十年代初，郑维敏结合实际中的许多具体问题指导学生对复杂优化问题开展深入研究。他们结合实际，不断尝试，周全论证，系统研究算法的理论问题，并提出了求解此类问题的新算法，在一定程度上突破和超越了历史的局限，丰富了组合优化问题已有的理论体系。首先，郑维敏指导研究团队针对组合优化中的一类问题——同序 Flow Shop 排序问题进行探究，Flow Shop 排序问题可简化地描述为：n 个工件均按同样的工艺顺序经过 m 个机床的工件排序问题，其主要目标之一是寻找使全部工件完工时间为最小的工件排序。针对 Flow Shop 排序问题，人们提出了诸如混合线性整数规划、分支定界法等精确算法。由于 Flow Shop 排序问题属于 NP-完备类问题，传统的这些方法难以实现对大规模问题在要求的时间完成计算任务。为解决实际问题，郑维敏等参考统计力学理论中有关模拟退火的物理过程，在前人的基础上，将模拟退火法引入到优化问题上，改进并提出了全新的启发式算法。

模拟退火算法（Simulated Annealing, SA）是基于统计物理发展起来的一种新的优化技术。最早的思想是由 N. Metropolis 等人于 1953 年提出。1983 年，S. Kirkpatrick 等成功地将退火思想引入到组合优化领域。它是基于蒙特卡洛迭代求解策略的一种随机寻优算法，其出发点是基于物理中固体物质的退火过程与一般组合优化问题之间的相似性，基本原理为：将热力学的理论结合到统计学上，将寻优的空间内每一点想象成系统的一个状态；状态的能量就是它本身的内能，而搜寻空间内每一点（优化问题的每一个解）也像系统的一个状态一样带有"能量"，表示该点对优化问题目标函数的大小。算法以空间内任意一点为起始，每一步先选择一个"邻近状态"，然后再以一定概率从现在状态转移到"邻近状态"；这种技术常常被应用于大空间内搜索最优解。与其他启发式算法不同，郑维敏和他的博士生蔡小强[①]改进后的基于模拟退火过程的启发式算法并非是从问题本身的机理研究而构造出来的一种近似解法，而是按统计力学理论模拟退火过程，通过类比分析来解决这一难以攻克的组合优化问题。

郑维敏及其团队通过一系列的数据试验将该方法与其他方法进行了比较，结果证明这种算法的解有优化程度较高，收敛性好，占用计算机内存少，计算时间较短等优点。之后，郑维敏与北京市标准件二厂合作，将这种新算法应用到制定月生产调度计划之中，并得到了令人满意的结果。另外，郑维敏等提出的模拟退火寻优法在解决 Flow Shop 排序问题上也显示

---

① 蔡小强（1961- ），佛山人，香港中文大学（深圳校区）理工学院院长、国家"千人计划"专家。

出了特别的优越性，为解决组合最优化问题提出了一个新的求解途径和研究思路。后来，郑维敏团队还进一步发展和完善了模拟退火理论，尤其是在实际应用方面进行了更周全的论证。

随后，郑维敏又指导其团队针对0-1组合优化问题进行了深入研究，提出了一种0-1模拟退火算法（0-1 SA）。该算法作为随机搜索方法，具有逃离"陷阱"（局部最优点）的能力。0-1规划是决策变量仅取值0或1的一类特殊的整数规划。0-1变量能够数量化描述开与关、取与弃、有与无等现象所表现出的离散变量间的逻辑关系、顺序关系和互斥的约束条件。因此，0-1规划十分适合描述和解决线路设计、工厂选址、生产计划安排、旅行购物、背包问题、人员安排、代码选取、可靠性之类的人们日常关心的各种问题。实际上，凡是有界变量的整数规划都能够转化成0-1规划来处理。鉴于其广泛的应用价值，几十年来一直深受人们的重视。为此，郑维敏及其团队在建立算法数学模型的基础上，系统地研究了算法的理论问题。主要结果表现为算法以接近1的概率收敛于问题的全局最优解；在一定条件下，其计算时间复杂性为规模 n 的多项式。对于机床加工任务一类的排序问题，在一定条件下，算法能够在多项式时间内以接近1的概率找到次优解（接近于理论的全局最优解），这在当时对于协调和安排实际生产具有非常重要的指导意义。不仅如此，郑维敏及其团队还研究出了关于该算法的重要参数——最高和最低温度、降温和随机抽样等一系列理论结果，大大丰富了模拟退火算法的理论价值，提高了其在实际生产计划中的实用性和可操作性。

此外，郑维敏还指导学生针对电力系统发电机组开关机的最优组合问题，提出了一种求解此类问题的新模拟退火算法。电力系统的发电机组开关机问题是一个非线性混合0-1整数的大规模最优化问题。郑维敏及其团队提出的新算法以0-1 SA为主算法，将针对电力系统的特点构造的两个新算法作为辅助算法。他们将其应用到实际模型的计算中进行检验，并与其他方法的计算结果进行对比，惊喜地发现新算法能大幅度减少计算量。

除了Flow Shop排序问题和0-1规划，在随后的几年里，郑维敏还一直关注着组合优化其他方面问题的研究，这其中最典型的便是广义旅行商问题的求解算法。旅行商问题（Traveling Salesman Problem，TSP），是最基本的路线优化问题，该问题是在寻求单一旅行者由起点出发，通过所有给定的需求点（一次且仅一次）之后，最后再回到原点的最小路径成本。广义旅行商问题（Generalized Traveling Salesman Problem，GTSP）作为旅行商问题的一种推广，最早由Henry-Labordere、Saksena、Srivastava等人在二十世纪六十年代分别独立地提出，当时主要是应用于计算机上下文记录平衡和客户寻求服务的行程安排问题。随着时代的发展，越来越多的应用包括：覆盖游览问题、物流系统设计、随机车辆调度、弧路径规划问题、邮箱取信问题，服务代理，工业下料等都可以转化为广义旅行商问题。广义旅行商问题是一种松驰的、具有一般理论意义和明显应用背景的组合优化问题。首先它把一些著名的模型统一起来，例如"旅行商问题"是该模型的一个平凡子集；"多人旅行商问题"是其特例之一。同时，这一问题还与排序、网络设计等具有重要理论价值和明显应用情境的问题密切联系。郑维敏指导学生在综合研究了当时"广义旅行商问题"、"放映员问题"的研究进展和一些可转化的调度模型之后，发现这类问题的已有的最优求解算法严重制约和影响了该问题在实际中的应用。为解决这一瓶颈问题，团队经过多年的研究，提出了在最好情形下能够给出最优解的蒙特卡洛启发式新算法。类比当时流行的旧算法，新算法也允许在蒙特卡洛末端加上类似Tour-Exchange辅助技术来改善可行解。当结点线度约束较小时，两种算法的差别不大，但当结点线度约束较大时，新算法在求解效率上却高很多，蒙特卡洛的有效性尤为明显。因为此时旧算法计算TSP（Traveling Salesman Problem，旅行商问题）的个数多了，总体寻优就显得不好把握。相比之下，他们提出的新算法，却大大突破和超越了这一局限，从而进一步拓展了这类问题的研究深度，并丰富了组合优化问题已有的理论体系。

1990年，郑维敏及其团队的科研人员基于以往研究，提出了一种新的0-1规划的算法——旋转正交法。该方法利用正交拉丁方的思想，对整个取值空间进行全面的覆盖，再根据函数特征，利用"极差"的思想，对正交拉丁方进行变换，从而不断更新试验点，以至达到最优点或次优点。在这一问题上，郑维敏及其团队以正交法为基础，运用正交基的旋转变换，顺利取得了一套崭新的算法。他们从理论上证明了旋转正交法不仅具有实际研究和操作所希望具备的良好性质——正交性、无重复性，而且还具有一般统计方法所希望的估计无偏性和最小方差性。同时，他们还给出了计算复杂性的阶次，并且证明了该算法对非线性模型也同样适用。大量的算例表明：其效果相当甚至优于蒙特卡洛方法以及他们之前提出的模拟退火算法。

夯实理论基础，探索复杂系统本质

控制理论是探索动态系统特性调整的理论，反馈控制系统是基于反馈原理建立的自动控制系统，是人类对控制技术认识上的飞跃。自反馈控制研究在中国开展以来，郑维敏一直密切关注，并不断对比、参考国际相关研究，然后对其加以引进和改良。

1979年末，郑维敏前往美国考察，参加了IEEE第十八届控制与决策年会。这期间，MIT的信息及决策系统实验室吸引了郑维敏的注意。该实验室最早是伺服机械实验室，后来改名为信息及决策系统实验室，主要研究系统理论、通信网络及系统、各类应用系统如经济、能源、宇航等。同年，MIT的一份题为"运筹学在系统理论和应用中的作用"的报告让郑维敏意识到，运筹学只有作为现代系统理论的一部分，并与其他部分包括信息论、估值理论及最优控制理论相结合，才能用来解决大规模的物理及社会经济系统中的实际问题。经过梳理，他迅速将这一想法汇报给清华大学的领导，并进而指出：在信息不完整且存在延误的现实情况下，系统理论的传统理论工具——运筹学及控制理论，并不足以适用于了解决分散决策系统中的复杂信息结构问题，清华大学作为国内一流的院校，有必要迅速开展新的理论探索。为此，郑维敏及其团队以反馈控制理论的发展为研究主线，进行深入细致的分析和论证，总结自开展控制理论研究以来认识上和方法上的历程,并继续开展研究。

控制理论起源于工程及数学科学,后来被逐渐应用在许多社会科学中,如心理学、社会学、犯罪学、金融系统,其中反馈控制是自动控制的最主要形式。反馈控制系统基于反馈原理,所谓反馈原理,就是根据系统输出变化的信息来进行控制,即通过系统行为(输出)与期望行为之间的偏差来调整系统以获得预期的系统性能。反馈控制系统包括自动调节系统、伺服系统(随动系统)等,在工程上常把在运行中使输出量和期望值保持一致的反馈控制系统称为自动调节系统,而把用来精确地跟随或复现某种过程的反馈控制系统称为伺服系统或随动系统。反馈控制系统又分为正反馈控制和负反馈控制:反馈信息的作用与控制信息的作用方向相反,对控制部分的活动起制约或纠正作用的,称为负反馈;而反馈信息的作用与控制信息的作用方向相同,对控制部分的活动起增强作用的,称为正反馈。负反馈的研究最早可以追溯到 Maxwell[1],他在1868年发表了关于负反馈研究的相关论文,之后,Black[2] 在1927年提出了负反馈放大器的概念,并在三十年代开发了稳定的负反馈放大器。尽管负反馈理论发展迅速,并且在控制研究领域取得了极大的成功,但是也一直存在着许多局限性和潜在的问题。比如,客观世界,包括自然界和人文社会,都是发展演化的,事物的发展之间存在着增补和促进的作用,有的时候表现为进化、进步,有时则是退化、衰亡。这些客观现象,恰好与负反馈控制理论所描述的规律相反。

以往人们的目光主要集中在"负反馈"上,"正反馈"虽然也有不少应用,但人们对其的关注度并不高。八十年代起,Arthur[3] 对正反馈进行了一些研究,之后,正反馈开始受到重视,特别是在网络时代,正反馈的概念就显得更具实践意义。于是,郑维敏开始将目光聚焦于正反馈的研究,经过多年的观察和研究,他指出:相比负反馈的抑制作用,正反馈具有增

---

[1] James Clerk Maxwell(1831-1879),英国著名物理与数学家,在物理学领域成就卓越。
[2] Harold Stephen Black(1898-1983),美国电气工程师。
[3] William Brian Arthur(1946-),美国数学家,经济学家,是最早系统研究锁定原理的学者之一。

补的作用。他指出，这种正反馈发展的过程在自然界和经济社会中比比皆是。例如：生物进化或衰亡，河流和山脉的形成、各种植物形态的形成、传染病的传播等，无一不是一种正反馈的过程；良种培育以及一些物理及化学过程都有正反馈在起作用；人类社会的进步、经济发展、人才培养等，也都是普遍存在的正反馈过程。

基于这些观察，郑维敏构建了正反馈系统模型，并分别从生物系统种群发展、作物育种迭代等角度采用具体实例进行了论证。为了能够更加简明扼要地向年轻科研人员、博士生讲解这一理论，他将复杂的正反馈过程形象地比喻成"揉面过程"，变量反馈迭代有如"把面杆薄再拉长，在中间折叠，再拉长，再折叠，如此反复"。如此深入浅出的论证和讲解，让当时的同事和学生们至今记忆犹新。

郑维敏认为，正反馈系统理论可以有效描述系统的发展规律和变化趋势，其具备稳

图 3-9 郑维敏著《正反馈》

定、收敛的良好特性，有利于研究人员分别从简单与复杂、随机与确定、量变与质变（相变）、进化与优化等角度全面深入地开展更多的理论问题研究。同时，因为正反馈研究难度大，比如正反馈系统理论包含非线性理论、迭代函数理论、复变函数迭代理论，且又和分形几何、混沌有密切的关联，所以需要通过计算机实验来进行研究。为了鼓励大家积极开展这方面的研究计算工作，郑维敏多次向年轻的科研人员们强调探讨正反馈系统对研究控制理论所具有的重要性及创新意义，促使他们在正反馈系统的理论研究上取得了重大的进步。

随着现代社会科技的发展，信息的增长，物质的流动，正反馈机制越来越受到学者们的重视。在正反馈系统理论研究的基础上，郑维敏开始尝试将这套理论运用到现实的社会、经济等问题的研究中去。基于微观市场，郑维敏指导博士生对经济演化过程中的正反馈机制进行了研究，讨论了企业行为目标和垄断竞争等问题。尽管他们采用的研究方法并不算特

别,但却将正反馈系统这样的控制理论运用到了市场问题当中,这在当时的中国还是一个非常具有前瞻性、想象力和创造性的尝试,对于正在市场经济建设中摸索前行的中国具有特殊的理论价值和现实意义。

市场经济中的竞争必然会导致优胜劣汰的正反馈效应,正反馈机制早已在生物进化理论、化学动力学等领域有过大量的研究。郑维敏等在已有研究的基础之上,进一步发现正反馈在经济社会系统中的一个突出表现就是能够使资源朝着有利的方向聚焦,也就是产生垄断。在市场中,完全竞争可以高效配置资源,而垄断则相反。这一思想的提出,在当时是非常先进的。基于此,郑维敏认为对垄断产生的过程、垄断与竞争的关系等问题进行更为细致的研究是十分必要的,但受限于当时国内经济学研究工具和方法的不足,该项研究工作一度被搁置。

尽管如此,郑维敏始终没有放弃在这一问题上的持续钻研。通过长期观察、与科研人员反复讨论、总结,郑维敏及其团队指出了传统理论和现实市场之间的矛盾,即传统理论研究假设有很多不符合现实情况,如:(1)传统理论认为市场中有众多的买方和卖方,而现实市场中买卖双方数量较少,达不到"众多"的程度;(2)传统理论只考虑产品价格,而现实情况不能只考虑产品价格,还应考虑产品质量、服务、品牌等因素;(3)传统理论忽略行业壁垒,而现实情况要考虑生产要素流动不完全,需要考虑行业壁垒;(4)传统理论认为人是完全理性的,而现实情况中厂商和消费者行为是不完全理性的;(5)传统理论假设信息完全,而现实情况中信息往往是不完全的。为了解决这些传统主流经济学无法处理和回答的问题,郑维敏指导博士生贲金锋[①]反复建模推导,最终通过建立一套正反馈的机制模型,分析并揭示出了市场经济的"正反馈循环"规律:在市场竞争中,当产品差异程度很小时会引发企业之间的激烈竞争,而竞争的结果由顾客行为和宏观市场之间的反馈过程决定,即"路径依赖"(Path Dependence),最终导致垄断;而技术创新、服务升级等又可以开辟新市场,打破垄断。他们的这一研究精准地解释了垄断的动态演化过程。运用控制理论的思想,从控制系统的视角,郑维敏等得出了一些重要结论:在

---

① 贲金锋(1970-),工银国际融通资本董事总经理兼首席运营官。

完全垄断的情况下，上述经济学的结论都没有意义；自由的竞争环境可以使市场极大丰富，满足顾客需求；为了规避竞争风险，企业应选择产品差异化路线，在细分市场上获得利润，并注重创新、服务、品牌等要素。

然而，郑维敏及其团队并没有止步于此，他把物理学中的重归一理论（Renormalization）借鉴到市场机制的研究中来，类比物理学中系统处在相变点的时候会变得极度不稳定，即使很小的扰动都可能会使它朝着完全不同的方向演变，郑维敏等认为企业获得竞争优势的关键在于识别自身的"相变点"，并加以控制和引导，从而促使市场朝向对自己有利的方向发展。通过这一研究，郑维敏及其团队从理论上证明了市场营销中的"赠送"与"低价倾销"都是符合此目的的"干扰手段"。而且，在该项研究中，郑维敏及其团队还进一步为后来的学者指明了相关研究课题的可拓展性。比如，这些研究成果不仅适用于微观经济，还可用于宏观经济，指导地区经济建设。事实证明，这些经由后来的学者们开展起来的扩展工作，不仅大大丰富了该项研究的理论体系，拓宽了其应用范围，而且也从侧面证明和提升了郑维敏研究工作所蕴含的巨大的学术价值和影响力。

此后，为了持续不断地推动该项研究，郑维敏还曾经多次在国际会议上发表相关的演讲。例如：在1996年IEEE系统、人与控制论国际大会上发表"Evolutionary Dynamics of Systems"的主题报告，对参会的近六百名代表及更多关注该项研究的学者产生了积极的影响。

第四章
与时俱进心系经济发展

因地制宜，优化钼矿开发

郑维敏认为学科的发展不应仅仅局限于理论上的普及与创新，更应注重把学科理论知识应用于工程实践，让学科在实践中求发展。因此，他在清华大学系统工程学科创立后不久，便提出了"以工程带动学科发展，用实践锻炼研究队伍"的观点。在他的指导下，系统工程研究室承接了冶金部的"金堆城露天钼矿数学模型及最优开发计划研究"项目。熟悉陕西的人大都知道，秦岭大山中有一个著名的中国钼业之都——华县金堆城。这个昔日鲜为人知的穷乡僻壤，如今已今非昔比，其钼矿生产规模亚洲第一、世界第三，拥有完整产业链和产品结构的国际化、现代化的钼业产地。金堆城钼矿年出口创汇 6.25 亿美元，累计产值过百亿元，产品远销欧、美、亚、非等世界各地。在我们感谢祖国地大物博的矿产恩赐、回顾半个世纪以来创业者们奋斗历程的时候，不能不提到当初为金堆城钼矿设计最优开采方案的功臣——郑维敏等。在"金堆城露天钼矿数学模型及最优开发计划研究"项目中，郑维敏带领研究室成员杨家本、王永县等以陕西金堆城露天钼矿最优开发为背景，立项研究"应用地质统计学建立矿床模型"和"用电子计算机确立露天矿开采境界设计"，分两步完成了金堆城露天钼矿的优化开发计划。该项目是系统工程研究室成立初期所承接的项目，通过该项目，郑维敏把研究室的年轻教师与研究生推到了工程第一线，让他们在实践中获得历练，这极大地提高了研究室成员的科研水平。该项目的完成有两个关键步骤：第一步是采用地质统计学的估值理论，对未知区域进行估值；第二步是应用多阶段正向动态规划技术，制定出整个露天钼矿的最优开发计划。

在进行金堆城钼矿开发计划优化设计时，首先要做的便是对金堆城钼矿的品位进行估值，这就需要建立钼矿的矿床模型。郑维敏等提出用一个三维矩阵数组表示该矿床模型，矿层编号由上至下逐渐增大，最上层的基层大多为空气及废石等无开采价值的区域。数组中的每一个单元对应一个单个的矿岩块段，块段的高度为开采作业的最小台阶高度，块段的长度和宽度则需根据模型的精确程度与实际情况的操作方便程度具体设定。于是，郑维敏带领研究室成员对金堆城钼矿进行了大量调研与综合分析，在此基础上，研究团队最终将矿床模型的单个矿岩块段的尺寸定为：50米 × 50米 × 15米。

矿床模型由三维矩阵数组表示，矩阵数组中每一个单元存储的便是钼矿对应块段的矿石品位数据，或者是某种类型标志（当钼矿对应块段不是矿石，而是废石、空气或最终开采境界三者之一时，该块段用类型标志表示）。矿床最终境界为矿床底平面、最终边坡及开采深度所构成的空间几何形状，其大小决定着矿床的可采矿量、剥离岩石量、露天矿生产能力和开采年限等。矿床最终境界的确定需考虑矿山的经济模型，郑维敏等根据矿山开采过程中允许的最大边坡角度和最大赢利可能，采用了一种倒圆锥法对矿床进行圈定，很好地完成了矿床最终境界的确定工作。同时，为了估算出所有钼矿对应块段的矿石品位数据，郑维敏等首先采用优化有限钻探法测量出部分矿床含钼的品位数据，由此建立矿床地质数据库，筛选出矿体内钻孔样品的数据并对其进行组合；之后，他们根据组合样本的统计分布特征，应用地质统计学的估值理论，估算出所有钼矿对应块段的矿石品位数据。

郑维敏等认为，地质统计学估值理论的基础是区域化变量理论，主要工具是变异函数，这种估值理论很适宜对既具有随机性、又具有结构性的变量进行统计学研究。利用地质统计学估值理论对钼矿进行估算，能充分考虑钼矿品位的空间变异性和品位强度在空间的分布特征，使估算结果更符合地质规律，置信度更高。在郑维敏的指导下，研究室相关成员应用该理论建立了品位参数变异规律的数学模型，同时采用加权多项式回归等方法自动拟合求得所有矿床单元的钼品位估值，从而得到了整个矿床的含钼品位数学模型，使得地质统计学估值理论在实践中得到了很好的应用。

露天钼矿开采进度计划的优化设计是矿山系统工程研究中的一个重点。矿山的数学模型、经济模型与矿山的开采进度计划优化设计，一起构成了矿山开发可行性研究的主要内容。在矿山投产后，开采进度计划则是对矿山生产实行科学管理的重要依据之一。因此，是否对一个矿山开发工程进行优化设计，将极大程度地影响到该矿山开发的经济效果。

露天矿开发的传统方法是从上到下逐层开采，这种方法容易操作，但资金回收率很低，经济效果比较差。因此，人们开始尝试采用优先开发的方法对露天矿进行开采，优先开发的目标是尽量最大限度地减少流动资金，即优先开发品位高的矿床块，以最高的速率偿还投资成本，以期在露天矿开发工程结束时实现总赢利净现值最大。优先开发的方法经济效果良好，但不易操作，在开发过程中会受到空间等多种因素的制约。于是郑维敏等经过研究，提出采用改进的正向动态规划对金堆城钼矿进行优化开发设计。

动态规划方法是一种分析多阶段决策过程的方法，于二十世纪五十年代由美国学者Bellman[①]提出。它的基本思想是在每一个决策阶段中，根据当前的状态，选择最恰当的决策，以期在总体上达到最优的目标。动态规划方法的核心是Bellman的最优化原理，利用Bellman的最优化原理，人

---

① Richard E. Bellman（1920-1984），美国数学家，提出动态规划方法。

们可以把一个多阶段的优化决策过程转化为多个单阶段的优化问题，以每一个阶段的结束为下一个阶段的开始，通过一个连续的递推过程进行求解。如果反过来推导，以每阶段终点为起点，逐级向前递推，直到初始点，以此求得全过程的最优结果和最优状态轨线，这种优化方法被称之为反向动态规划法。反向动态规划法在多阶段决策问题中得到了广泛的应用。但是，在现实生活中也存在另一类多阶段决策问题，这些决策问题的初始状态固定，而终端状态却是自由的。比如矿山的分阶段开采进度计划问题，在保证总目标值最优的条件下，最后阶段的最后一个块段在何处开采是没法预先限定的。在此情况下，就很难再利用反向动态规划法进行决策，因而一种从始端开始、逐级向终端方向递推的正向动态规划便应运而生。

正向动态规划法适合于初始状态被规定，同时最终状态的选择具有灵活性的情况，并且在利用此方法进行优化时，如果原最优轨线发生了偏移，新的最优轨线可以被立即建立。由此可见，正向动态规划法对于露天矿开采的进度计划问题有一定的适用性，因此郑维敏等决定以正向动态规划法为基础，对金堆城露天钼矿的开采进行进度计划的优化设计。矿山开采进度计划问题的另一个难点在于解决计算的复杂性问题，一个矿床模型一般由数万至数百万个矿岩块段组成，每一个块段的采掘与否都可以看成一个取值为1或0的二进制整数变量的求解问题，因此一个矿床模型就有数万至数百万个变量。同时，在矿山分阶段开采的动态规划模型中，每一个变量都是决策空间中的一个元素，因此开采进度计划的每一个阶段中都有成千上万个决策变量，对于前一个阶段的任一状态，由这些决策量都能推出下一个阶段成千上万个新的状态。随着阶段变量的增加，状态量数成指数地增加，这同样使得实际计算无法进行下去。于是郑维敏等针对金堆城钼矿的实际情况，在设计过程中提出了单周期扩张的直接比较寻优方法，并编制了自动进度采掘计划的相关计算机程序，该方法的主要思路如下：将该问题设置为一个优化问题，其目标函数是使整个开发工程的赢利净现值总和为最大，约束条件则包括边坡角度约束、采掘次序约束、铲班约束、矿石吨位约束、精矿量约束等多个约束。其中目标函数赢利净现值总和的计算方式为：设共有 m 个周期（年），将各个周期当年所得利润均按照当时的年利率（0.8）折算到第一年，得到该周期的利润净现值，然后再对所得的 m 个周期的利润净现值求和，即为整个开发工程的赢利净现值总和。此外，为了进一步简化问题的规模，研究团队将每一个单周期的求解过程再按约束条件的类型分为三级处理。第一级处理包括边坡角度约束和采掘次序约束的优先约束；第二级处理包括铲班约束，矿石量约束和精矿量约束在内的资源能力约束；第三级处理运行约束，即除去优先约束和资源能力约束以外的一切其他约束。优先约束在求解过程中从始至终都要被满足；在与优先约束与资源能力约束不相违背的情况下，运行约束尽量给予满足。

经过不断的努力与尝试，郑维敏带领研究团队最终通过计算得出了以下预期结果：（1）矿床模型提供的矿岩块段共为 $30 \times 32 \times 28 = 26880$ 个；矿山必须年产不低于 1000 万吨的矿石；每年供应总数为 $330 \times 2 = 660$ 个的矿石电铲台班；每年精矿量折合价值上限 29680 万元，下限 7917 万元；每个矿岩块段的铲班数 $S(i, j, k)$ 和吨位数 $t(i, j, k)$ 可认为是常数；作业区域层一般包含四层台阶，最多不超过六层。（2）第一个周期的矿石序列解首先发生在 9，10，11 三层上，总净价值是 14168 万元，也就是当前被暴露的钼矿石层中最富的三层，而其他区域层上的几个预备解均低于 14168 万元，矿床模型的构建符合为争取总赢利净现值最大而先采富矿后采贫矿这一指导思想。（3）第二周期矿石序列解发生在 10，11，12，13 四层上，总净价值为 13392 万元，其作业台阶是在第一周期采掘后，当前被暴露的钼矿石层中最富的四层。（4）第三个周期的进度计划转回到 7，8，9 三层进行采掘，该周期矿石总净价 9317 万元，比前两个周期低不少，但仍然是当前最好的解，而且此时也只有先采掘这三层，矿坑才能在满足边坡角度的约束下向纵深扩展，去进一步采掘富矿。（5）继续观察后面七个周期序列解，发现它们同样符合先采富矿后采贫矿的原则。

金堆城钼矿于 1955 年被普查发现，1958 年转入详细勘探，1959 年该钼矿建立了可日处理 500 吨矿石的小型采矿厂，1970 年日采选矿石 500 吨的一期工程正式投产。当 1980 年初郑维敏带领研究团队到该矿调研时，该钼矿基本都是采用传统常规的方法进行开采，效益较低。这一现实情况使郑维敏决定带领研究团队对金堆城钼矿的开采进行研究与探索，他们采用地质统计学估值理论对金堆城钼矿的品位进行估值，同时采用多阶段正向动态规划的方法制定整个露天矿的最优开发计划。当时由于研究人员缺乏经验，露天采矿矿床面积又非常大，划分样本、探测以及开发都非常困难，郑维敏就首先从研究团队的培训抓起，他从基础理论讲起，并多次带领研究团队到现场进行实地调研。最终，在郑维敏的指导下，研究团队克服各种客观和主观困难，完成了对金堆城钼矿第三期工程开采进度计划的优化设计，按时按质完成了项目，并取得了满意的结果。该项目中"应用地质统计学建立矿床模型"和"用电子计算机确立露天矿开采境界设计"两个子项目最终得到了相关部门和领导的赞赏，并于1981年通过有色金属总公司鉴定，获得了该公司的科技进步奖。

郑维敏"理论联系实际"思想始终指导着研究室成员不断将所学应用于实践，并在实践中不断反思，在反思中不断创新。系统工程研究室自成立之日起，始终在郑维敏的带领下积极投身于工程实践，这不仅锻炼了研究队伍，更促进了整个研究室的教学与科研水平的不断提高。

统筹规划，治理黄浦污染

系统科学体系的理论基础是系统论，技术基础是运筹学，它在工程应用层面上就是系统工程。清华大学系统工程研究室成立之后，郑维敏就非常明确地指出：系统工程就是要搞工程，系统工程的理论研究如果不能应用在具体工程项目上，研究就脱离了实际基础与现实意义。因此他总是鼓励大家积极投身于工程实践，并于1981年带领系统工程研究室承接了上海黄浦江污染治理项目。

在二十世纪八十年代，上海一度被称为中国最大的"癌症村"，而之所以有这个可怕的别称，全是因为上海的"母亲河"黄浦江被严重污染所致。新中国成立前，由于当时的工业生产规模不是很大，上海黄浦江的污染并不算严重。据《上海勘察设计志》记载，上海在新中国成立前曾经建有北区污水厂、东区污水厂和西区污水厂等三座城市污水处理厂，这三座城市污水处理厂分别于 1923 年、1926 年和 1927 年建成投产，日处理污水总量达 3.45 万立方米。1950 年至 1960 年十年间，上海又相继建成投产了多处污水处理工程，并对以前的老污水厂进行了改、扩建，大大提高了城市污水处理的能力。但与此同时，上海市区的废污水排放量也在持续不断地增加，污水处理能力的提升远跟不上污水排放的增加速度，据统计，到二十世纪七十年代，上海的废污水排放量高达每日三百万吨，这使得黄浦江的水质开始受到污染。到了 1978 年，快速发展壮大的工业生产使上海的废污水排放量成倍增加，造成了黄浦江中下游段水质的严重恶化，据当时的情形描述：上海几百万人的生活污水和市区几乎所有的工业废水每日每夜源源不断直接排放到黄浦江里，而与此同时，人们却又把黄浦江作为唯一的生活水源。人们当时都用"黑臭"一词来形容黄浦江的水，上海人对黄浦江水的观察判断大多是以黄浦江有多少天的"黑臭"作为标志的。据报载：在 1960 年以后，上海黄浦江"黑臭"的时间持续越来越长，1963 年夏季黄浦江市区段出现水体黑臭现象的持续时间为二十二天；1970 年以

图 4-1　黄浦江项目组部分成员合影（前排左二为郑维敏。1981 年）

后，每年出现黑臭的时间约为四十七天，1980年以后约为一百四十六天，到了1990年，黑臭时间竟然高达二百多天。据说当时上海市区的生活用水取水口在黄浦江下游段，生活用水中含有超过三十种的致癌物质，即使把水烧开，开水中也仍然残留可疑的致癌物。这种现象直接导致上海的癌症尤其是消化道癌症的发病率远高于全中国平均水平。上海市每次召开"人代会"，人民群众反映最强烈的一个重要议题就是环境污染的问题。就是在这样的情况下，1981年，"黄浦江治污"作为中美建交后第一批合作的五个项目之一，被正式提上议事日程。

黄浦江污染治理不仅仅是一条简单江河的治理问题，它涉及整个上海市两千万人口区域的水环境治理问题，其中包含水文地理、水质水力、社会环境、经济效益等很多方面的复杂因素，是一个综合性的大系统问题。同时，污水处理系统又是一个比较广泛的概念，它不仅涉及污水收集、处理厂群、污水输送管网和排放水体，还涉及水质要求、工厂自行处理和污染源控制、综合治理等诸多因素及其它们之间的协调平衡关系。当时，上海也有很多大学有污水治理方面的研究人才，但是考虑到研究团队要具备系统工程、土木水利、社会经济多方面的综合专业知识与研究能力，最终上海市政府经过层层筛选，选定由郑维敏和他所带领的清华团队立项承接"上海市黄浦江污染治理规划研究"这一重要课题。

当时，国内外的一些实践经验都表明，要使一条被严重污染的河流恢复生态平衡，其主要手段是依靠系统工程，即通过建造以污水处理厂为中心的污水处理工程系统等来实现。然而，这种大型工程系统的建立往往需要投入巨额的资金与时间成本。对于这类工期长、投资大的工程系统，一般采用系统分析的方法来综合考量、科学规划，以求节省工程投资、减少土地占用和能源消耗、加快工程进度，提高系统的有效性和可靠性。据当时的预测分析，同常规排放口设计方法相比，应用系统分析进行污水处理系统规划可以节省10%左右的基建投资和运行费用，这对于当时经济不发达、基本建设资源匮乏、但又亟须解决水污染问题的中国来说，犹如救命良方。然而，当时在世界范围内，应用系统分析的方法进行污水治理的经验很少，在中国更是没有先例。

郑维敏接到课题后，便开始对研究课题进行规划，他不仅在校内集中清华自己的科研力量和在校外紧密依靠上海市环保局，同时还努力将该课题扩展成为国际合作项目。当时，郑维敏联系到了该领域的专家——美国密歇根大学的华裔教授陈干，之后以陈干教授为首的美方研究小组联合向美国国家科学基金会（NSF）提出申请并顺利得到了该基金会的立项批准和经费支持，从而中美双方正式确立了合作关系。当时的中国开放程度还不是很高，从1919年（"五四运动"之后）到1978年（"改革开放"之前）之间将近六十年的时间里，国内学术界对于国际社会科学领域研究成果的了解几乎为空白。虽然许多学者都非常渴望能够开展国际科研活动，但多年的政治运动、社会动荡切断了国内学者与国外的联系，使得国际性的学术交流变得障碍重重、举步维艰。改革开放之后，教学科研慢慢步入正轨，中国学术界展现出前所未有的对"对外开放"的强烈渴望，迫切需要引入国外的先进技术与研究成果，在这样的社会大背景下，郑维敏适应国家发展的大趋势，充分利用自己多年的学术积累与学术资源，率先同美国开展国际合作，将国外的先进思想和技术以具体项目的方式引入国内，这在当时是非常有开创性与前瞻性的。

在最终确定与美国密歇根大学的合作之后，郑维敏集中了系统工程研究室内外的八名教师和多名研究生，成立了三个组：水质水利模型组、厂群规划组和决策分析组。美国密歇根大学方面分成了两个组：水质水利模型组和决策分析组。双方就该项目涉及的各个学科领域的问题在上海和芝加哥举办了多场研讨会。最终，研究团队双方一致认为水质水力模型是解决江水污染的基础，同时指出黄浦江上下游苏州河和定山湖的水文影响、上海市政府在治理污染问题上的政策态度和社会经济等诸多因素对改善江水污染也起着不可忽视的作用。

郑维敏非常强调黄浦江污染治理问题的研究基础是黄浦江的水质模型和水力模型，而国内学术界在这方面的研究几乎是空白。于是，郑维敏与美方联系，请对方提供了一个一般情况下的水质水力模型，之后双方针对具体实施细节进行了商讨，并由清华的研究人员结合黄浦江的实际情况予以改进，共同研发出了适合黄浦江实际情况的"黄浦江水质水力模型"。黄浦江并不长，只有八十公里，它的上游是淀山湖，淀山湖的上游是太湖，而太湖的出口在长江口。建立黄浦江水质水力模型的难点在于：黄浦江易受天文影响，潮汐现象很厉害，河水涨潮落潮会引起污染河段的回荡，反反复复，导致河水不能顺畅地流入大海。同时研究人员还要充分考虑极限因素，他们简单地将这个极限因素称作"三合一"，其中的"三"是指：一要考虑洪水，长江发洪水时，就要把江水往黄浦江里推；二要考虑台风，台风袭来也会影响黄浦江水流；三要考虑天文大潮。当洪水、台风、大潮三个作用同时发生时，就是所谓的"三合一"极限因素，这对于黄浦江水流影响是很大的。由此可见，黄浦江水质水力模型作为整个项目研究的基础，构建难度非常高。郑维敏对于该子课题的研究和进展十分重视，他经常奔走于各个研究小组之间，协调并指导大家的研究工作，鼓励大家结合实际不断探索创新，极大地推动了项目的进展。

同时，郑维敏等认为黄浦江污染治理的另一核心问题在于建设污水处理厂。上海原来也有污水处理厂，但是规模小、数量少，远远不能满足根治上海市黄浦江污染治理的需求，所以需要增建一系列的污水处理厂。但是建设污水处理厂应该建在哪儿，建厂规模多大，污染物处理量又应达到多少——这一系列的问题都是科研人员亟须攻克的难题。如果污水处理厂建在市郊，管道费用低，但土地成本高，而且对市区的大气环境有不利影响；如果建在海边，污水处理厂对市区的大气环境影响小，土地费用会降低，但管道成本又太高。郑维敏对厂群设置这一涉及多方面问题的研究非常重视，强调要深入实际，所提方案要切实可行，既要实现环保目标，又要尽可能提高经济效益。厂群规划组的调研工作量与计算工作量都相当大，当时郑维敏对大家提出了很高的要求，他要求大家要综合考虑水文、环境、社会、经济多个要素，尽可能多的提出可行方案，同时对这些可行方案进行优化分析，排除劣解，保留非劣解（这是一个多目标决策问题的术语：在对具有多目标的多个方案进行比较选优时，如果有个方案A，在所有方案中没有任何一个方案的所有目标都好于A，则称A为有效解或非劣解；反之，如果在所有方案中存在任何一个方案的所有目标都好于A，则称 A 为劣解），最终提交给决策分析组进行决策分析。同时，由于上海市民喝的水也取自黄浦江，所以厂群规划组还要根据黄浦江沿江的水质情况，对自来水厂取水口位置进行设计，最终该小组提出了取水口上移的方案，以使自来水厂取水口尽量远离污水口。后来的研究结果证明，郑维敏对于厂群规划组的高要求是非常具有远见的。

之后，水质水利模型组与厂群规划组将模型和优化结果提交给决策分析组，由决策分析组进行系统的决策分析。决策分析则是摆在郑维敏面前的最后一道关键性的难题，他要求决策分析组成员首先要确定系统目标，然后对系统方案进行决策分析，最终给决策者提供一个科学并且令决策者满意的决策方案。对于这项工作，郑维敏强调要听取决策者的意见，尤其要听取他们对黄浦江污染治理系统的目标确定以及对多目标之间价值权衡偏好的意见。同时，他还一再强调系统分析人员要明确自身的定位，他们的工作是辅助决策者进行系统分析，而不能代替决策者进行决策。黄浦江区域水环境污染治理问题显然是一个多目标的决策问题，当时研究人员考虑了三个主要目标——经济影响、环境影响、社会影响，这三个主要目标分解到决策问题的底层细节后一共产生了十二个子目标。在调研过程中，郑维敏带领研究团队多次访问了上海市城市规划院的领导，上海环保局局长，以及上海市主管城市规划、环境治理的副市长，听取他们对城市长远发展的设想、对黄浦江污水治理的定位、对水污染治理的决心以及对投资能力的估计等，同时还询问了他们对这些价值权衡的态度。这些工作做起来非常复杂，也比较困难，但事实证明这些努力对系统目标的确定、指标体系的量化分析、直到最终找到系统的满意解，都是十分重要的。"上海市黄浦江污染治理规划研究课题"最终顺利结题，并取得了多项重要成果，该

图 4-2　汪道涵接见黄浦江项目组部分成员合影（后排左五为汪道涵，右二为郑维敏。1982 年）

项目给上海市环保局提交了黄浦江水质水力模型、黄浦江污染治理系统决策分析报告、经过优化分析和决策分析的污水处理厂厂群规划方案及自来水厂取水口位置上移的建议方案。当时，清华大学和密歇根大学的研究人员由于黄浦江治污项目还受到了时任上海市市长汪道涵①的接见，相关的研究成果也得到了汪道涵和其他上海市领导的肯定与好评。后来上海市在制定黄浦江污染治理规划及污染治理具体工程实施过程中，采纳了不少清华大学的意见。同时，黄浦江污染治理的经验还被推广至全中国，比如后来治理淮河流域水污染时，就有人提出黄浦江的治污经验值得借鉴。不仅如此，这项工作的研究成果在世界范围内也得到了关注，部分规划方案得到了世界银行的资助，该项目的美方部分参与学者后来还作为世界银行的顾问，参与到了相关方案的具体实施中。

黄浦江治污项目至今已有三十余年了。现在说起来似乎是非常简单的事情，但在当时实际操作时却充满了复杂和矛盾，因为很多社会、经济、环境的问题是难以量化和进行正确判断与决策的。在科技发展"跨学科、一体化"的发展大方向下，"社会—经济—环境"系统的研究也应将其领域扩展到包括信息系统及决策者在内的大系统，同时利用系统的观点和工程的方法对它们之间的关系进行探究。当时研究过程中所涉及的复杂系统，即综合考虑水利、水质、社会、经济等多问题的大系统，至今仍是一个热门的研究领域。郑维敏作为这个多学科交叉课题的负责人，在对课题研究的规划与整体布局的统筹中展现出了极强的领导力与极为严谨的学术魅力。郑维敏对课题研究思路的设计正确且具有前瞻性，同时在指导团队成员完成工作时，也将他的学术知识与敏锐思想毫无保留传授给团队成员，正因如此，他能带领整个研究团队取得了实质性与开创性的重要成果。[31]

黄浦江治污项目要求科研人员具备综合多学科多专业知识的能力，因此，这一课题的完成极大地锻炼了系统工程研究室成员的科研能力，同时也提高了研究室整体的科研水平。研究过程中，郑维敏严谨求实的工作作风给研究团队成员树立了榜样，大家每每回忆此事，最多提及的总是他对

---

① 汪道涵（1915–2005），安徽嘉山县（今明光市）人。曾任中共上海市委书记、上海市市长、海峡两岸关系协会会长。

工作的认真：认真地做项目论证，认真地做模型假设，认真地做优化计算，认真地做专家意见汇总统计分析；对于郑维敏而言，事情不分大小，只要是对研究工作有益的，他都会认真对待。同时，郑维敏思想敏锐，富有创新精神，在改革开放之初便能够准确把握形势并开展国际合作，注重国内外学术研究的交流。不仅如此，郑维敏在生活中待人宽厚、淡泊名利、平易近人，据参与过黄浦江治污项目的研究人员回忆，在科研之余他总是会给予大家很多生活上的关心以及经济上的帮助。"其身正，不令则行"，郑维敏在黄浦江治污项目中所展现出来的学术魅力与人格魅力对参与过该项目的研究人员产生了非常深远的影响，在他们后来的教书科研生涯中起到了很好的指引作用。

献计国策，投身经济改革

在新中国建立至改革开放前的一段历史时期内，中国原样复制原苏联的计划经济体制模式，不断弱化甚至要消灭商品货币关系与市场机制，这种做法严重制约了中国社会生产力的发展和人民生活水平的提高。改革开放以后，随着经济与社会的发展，计划经济体制开始暴露出越来越多的弊端，当时，中国政府和国内学术界普遍认为计划经济体制模式僵化，中国的经济体制亟待改进。计划经济体制一方面大大制约了生产力的发展，导致社会主义的优越性得不到充分发挥，另一方面则造成了政企职责不分、条块分割，国家权力过分集中，忽视市场经济规律等诸多社会和经济问题。计划经济体制的弊端集中表现为所有者缺位（国有资本由谁负责不确定，国有企业破产没有人承担责任）、激励约束机制失灵，价格对经济没有指示性，由此，导致劳动者积极性降低、市场资源得不到有效合理的配置，最终结果是经济得不到发展。十一届三中全会以后，中央政府决定把全党的工作重点转到经济建设上来，并从根本上确立了经济体制改革计划，这些计划包括扩大企业自主权、自觉运用价值规律、建立有效市场、发展社会主义市场经济、实行政企分权以及进一步对外开放等一系列的改革内容与措施。

然而，随着经济体制改革被正式提上日程，许多问题也接踵而来：改革措施是否可行？这些措施会产生什么样的结果？如何实现经济计划、管理、预测以及决策的科学化与现代化？如何确定经济发展的战略目标？如何实行经济结构调整、经济体制改革以及新技术革命？诸如此类的问题对经济理论工作者提出了前所未有的要求与挑战。为适应经济体制改革的需求，国内的经济理论工作者开始寻求新的方法助力社会主义现代化建设，由此经济数量关系的研究在我国应运而生。之前，通常运用经济数学的方法对经济问题进行研究，即用数学分析建立经济模型分析经济问题，相比于经济数学方法，经济数量关系研究则更侧重于投入产出的分析，分析方法更为多样，涉及范围也更为广泛。改革开放以后，各种经济数量关系分析方法如雨后春笋般不断涌现：诸如经济系统分析、经济计量分析、最优规划分析、费用效益分析、电子计算机模拟分析等多种分析方法，在当时都得到了广泛的关注和研究，其应用范围遍及宏观经济领域和微观经济领域，涉及工业、农业、商业等国民经济的各个生产经营部门，生产、分配、交换、消费等社会再生产的众多环节，以及能源、价格等经济生活的各个方面。当时，经济数量关系研究的广泛应用与蓬勃发展对我国经济体制改革起到了重要的推动作用。

二十世纪七八十年代，利用一般经济学理论指导国民经济大系统问题在实际操作中困难重重。最初，经济学界提出了数理经济学理论，这种理论在增量分析方面非常有效，并能直接指导应用性数学模型的建立，因而成为经济学多变量分析的基础。但数理经济学理论在可计算性方面存在着很大的局限，这使其难以进行大规模的综合分析，同时该理论对于其在非市场经济条件下的适用性也相对缺乏论证。二十世纪八十年代初，适于计算的一般均衡模型（CGE）出现，这使得数理经济学的部分内容开始与多部门投入产出关系相结合，经济模型在可计算性方面有了明显的进展。之后，随着计量经济学的出现与发展，定量分析开始建立在牢固的经济行为与统计规律之上，这使得经济模型在辨识与仿真方面有了重大的突破。但计量经济学模型在当时对经济系统的部分重要内容，如宏观经济与微观经济的优化决策、均衡问题等，也难以进行完善的描述。另一方面，有些学者尝试运用运筹学模型解决经济问题，但对于国民经济这样的大系统，一般运筹学模型很难提供全面实用的成熟理论支持。尽管运筹学中的数学规划模型在改进或辅助计划工作、描述宏观与微观的优化决策等方面比较有效，但由于现实情况中很多对优化目标与优化条件的描述难以符合现成的规划模型框架，于是便导致了运筹学模型对经济系统的描述常常为了配合规划模型的形式要求而出现严重失实的情况。第二次世界大战后，现代管理的思想有了很大发展，其重要特征是：首先，人们从一开始就把一个企业、一个部门、地区或国家的经济看成是一个系统；其次，人们尝试用控制论去管理这个系统；再次，人们开始关注信息的重要性。全新的现代管理思想在经济管理中的应用，极大地推动了经济科学的发展。二十世纪八十年代以后，中国自然科学和社会科学的工作者们针对"系统工程"问题、"社会工程"问题以及如何应用系统论的思想和方法研究我国经济体制改革的问题展开了深入的探讨。当时，作为国内系统工程学科的主流学者，郑维敏提出要把运筹学、控制理论与大系统理论结合起来应用于实际经济问题。他认为，社会经济系统属于多级的高阶控制系统，该系统是多级控制，其并非直接控制社会经济过程，而是通过控制下级来实现间接控制。社会经济系统通常具有多级、分解、协调、优化、控制等多种性能，这些性能的共同特点是充分运用价格杠杆的作用，将中央系统的集中决策同各子系统的分散决策结合在一起。所以，怎样建成适合我国国情发展的、集多级、分解、协调、优化、控制等多种性能于一身的社会经济系统模型，成为当时人们深切关注的一个重要课题。

1982年，郑维敏开始招收博士生。在当时国内进行经济体制改革的时代背景下，周小川作为郑维敏的第一个博士生，开始在他的指导下对宏观经济决策问题开展研究。当时学术界对于实际经济问题的研究普遍存在着方法单一、技术薄弱等问题，郑维敏与周小川针对这些问题进行了多次讨论，最终认为：各种技术方法之间的相互补充才是改进某一方法论缺陷的重要途径。于是，他们从国民经济系统的实际问题出发，结合递推规划、分解协调、多模型组合等多种方法，建立了宏观经济多部门大系统模型，为解决宏观经济决策问题进行了一系列应用性系统分析，得出一系列具有实际参考意义的论证意见与政策建议。同时，他们还以国际金融市场（严格地说，是外汇市场）为主要对象，建立了可对四种主要国际性货币间汇率的运动进行模拟与预测的动力学模型，并利用计算机模拟及所建立的汇率模型对国际货币基金组织提供的数据进行了计算，得到了一些很有价值的分析结论。在 1982 年到 1985 年间，郑维敏指导周小川苦心钻研，结合系统工程为经济问题的研究提出了一系列新的工程技术与方法，并在各个方面不同程度上进行了推陈出新，他们的研究成果对推动中国经济改革起到了重要的作用。

一个发展良好的经济体制应该具备一个相对稳定的经济系统，因此，郑维敏指导周小川首先针对动态大系统的稳定性进行了深入的探究。自 1965 年起，学术界对动态大系统的稳定性研究采用的方法普遍为：把复杂的大系统分解为若干个相对独立而又相互关联耦合（某两个事物之间如果存在一种相互作用、相互影响的关系，那么这种关系就称"耦合关系"）的子系统，然后分析各子系统的稳定性，并按照子系统之间存在的关联结构获取一些用来反映子系统之间关联强度的适当参数，通过这些参数把这些子系统连接起来，最终找出整个大系统的稳定性条件。这种方法在处理线性大系统时比较适用，但对不具有上述关联结构的非线性大系统或强耦合大系统，该方法就显示出了极大的局限性。因此，为解决这一实际难题，郑维敏和周小川提出了一种新的分析方法——平衡结构法。平衡结构是描述子系统对平衡点扰动作用间相互关系的一种大系统内在结构，系统的许多动力学性态信息可以通过对相对静态的平衡结构进行分析而得到。平衡结构法不要求处理对象具有线性耦合的形

图 4-3　郑维敏等向有关部门提交的部分研究报告

式，因此可用来处理强耦合、非关联的非线性动态大系统。郑维敏和周小川利用平衡结构的这些性质，分别考察了两个子系统组成的大系统、多个子系统组成的大系统以及二维自治系统，得到了一系列有关系统稳定性条件以及极限环存在性条件的新结果。这些研究成果对于经济系统的探究具有很好的适用性：如将经济系统中相互竞争的个体之间的关系看作是子系统对平衡点的相互作用，利用平衡结构就可以对经济系统中的竞争过程进行探究；此外，利用平衡结构还可以对经济系统的动态非均衡状态进行探究，当市场出现剧烈动荡时，传统的市场均衡理论难以对其进行解释，此时利用平衡结构就可以对动荡市场现象的本质进行探究。总的来说，郑维敏和周小川提出的平衡结构法在动态大系统的稳定性分析中可操作性强，同时具有广阔的实际应用前景。

此外，要想从理论上探究一个经济系统，首先要构建这个经济系统的宏观经济模型。因此，在完成对经济系统的稳定性分析之后，郑维敏开始指导周小川对宏观经济模型进行探究。他们从宏观角度出发，针对二十世纪八十年代我国的经济体制，先后进行了如下工作：将大系统分解与综合技术应用于建模和求解两方面，构造了面向国民经济问题的大系统分解框架；采用最优化技术与最优境界的概念，利用敏感性分析与最优境界比较法进行政策变动分析，提出了整套政策设计准则；将最优化模型与仿真模型结合在同一个大系统模型之中，建立了仿真递推校正的优化模型以及大规模优化问题分解的递推规划（RP：Recursive Programming）模型等。在这些研究中，他们基于所构建的宏观经济模型，对国民经济中诸多亟须改革的重大经济问题进行了方案求解、方案试验以及推理分析，范围涉及经济结构演变、财政金融政策、价格调整与价格机制、外贸政策与进出口结构、计划体制改革以及配套性政策体系信息设计等。通过这些研究，他们取得了很多具有实用价值的研究成果：如针对产品价格问题，他们充分结合政治经济学中马克思的生产价格理论，利用系统工程的研究方法得到了政府不应该将"人工生产价格"作为改革目标的结论，这一结论在后来的实践中也得到了证实。在改革开放初期，郑维敏和周小川基于宏观经济模型不断研究探索，得到了很多政策性的研究成果，这些成果在很大程度上为解决当时国民经济中的现实问题提供了理论依据，得到了政府及相关机构的高度重视与诸多采纳。

之后，郑维敏和周小川除了针对国内经济市场进行研究，还将研究视野扩展到了国际。他们以国际金融市场为主要对象，在现代汇率经济理论的基础上建立了可对四种主要国际性货币（美元、日元、英镑和西德马克）间汇率的运动进行模拟和预测的动力学模型，并利用计算机对建立的汇率模型和国际货币基金组织提供的数据进行了计算，得到了一些有非常价值的分析结论。二十世纪八十年代，郑维敏和周小川等人从系统工程的全新角度对国民经济问题进行了深入的探究，他们以更加工程化的理念去描述并解决实际经济问题，在一定程度上避免一些传统经济学观念的束缚，为解决当时中国经济改革的实际困难提供了相对完整的理论支持。他们的研究成果虽然在当时还存在着一些缺陷与不足，也曾受到了一些经济学界学者的挑战，但毋庸置疑的是，他们的研究对于当时正处在经济体制转型初期的中国来说，具有重要的现实意义与历史意义。

高瞻远瞩，探索分布控制

随着科技的发展，"工厂自动化"的概念被提出，最初的"自动化工厂"的雏形，是以一台大型中心计算机为核心控制的一些机器的组合体。该"中心控制模式"的自动化成本很高，并缺乏灵活性，对于小批量多产品的中小型企业的工厂自动化并不合适。随着电子技术的迅猛发展，个人PC机、单片机的日新月异，人们开始考虑如何将计算机控制更智能化地应用于社会生产，于是分级分布控制系统逐渐受到青睐。计算机分级分布控制系统是一种较为完善的生产流程控制管理系统，它是基于计算机监督控制系统、直接数字控制系统和计算机多级控制系统发展起来的。分级分布式控制系统把微机处理机分布式地安装在测量装置与控制执行机构附近，使控制功能尽可能分散，而管理功能则相对集中，其基本思想是分散控制、集中操作、分级管理、配置灵活以及组态方便。

二十世纪八十年代，郑维敏在国内首先开展对分级分布控制的理论研究。他密切联系生产实际，于 1984 年至 1987 年结合国内具体情况，负责研制出了一种中小型工厂企业专用的小规模通用型分级分布式计算机控制系统，并将其命名为 MASCOT。之后，他将其成功应用于北京有机化工厂 DT-603 精馏塔的控制中，使其节约了能源，提高了生产效率，该项目后来还获得了北京市科技进步奖。郑维敏在此期间还编著了《分级分布控制》教材。

小型分级分布式计算机控制系统 MASCOT

改革开放以后，生产实践的快速发展对生产控制手段提出了更高的要求。随着微机技术和信息处理技术的迅速发展，成本低而又兼具灵活性的分级分布控制系统得到了广泛的关注与应用。为响应国家生产需求，清华大学结合我国国情，集中了以郑维敏为首的师资力量开始开展对小规模、低成本、实用化、通用化的小型分级分布式计算机控制系统的研究，很快便研制出了 MASCOT I 型。MASCOT I 型系统投入生产应用后不久便取得了显著的经济效益，后来又在 I 型系统的基础上进一步开发了功能更强、更具灵活性、更方便用户使用的 MASCOT II 型系统。

MASCOT 系统由监控站和过程控制站两级系统组成，监控站包括监控机和通信接口机，过程控制站则包括过程控制机和过程接口。监控站和若干个过程控制站通过总线型通信网络互联，实时性强、可靠性高。其中监控机选用国产 BCM-IIIA 微型计算机，配有十二英寸绿屏 CRT（Cathode Ray Tube，是一种使用阴极射线管的显示器），两台八寸软盘驱动器，打印机和操作键盘。通信接口机和过程控制机则选配了国产 STD 总线型工业微机。监控站的主要功能是对生产过程实施集中监视和控制，并对各站进行系统组态（"组态"的含义是"配置"、"设定"、"设置"等意思，是指用户通过类似"搭积木"的简单方式来完成自己所需要的软件功能，而不需要编写计算机程序）；而过程控制站的主要功能则是用于生产过程的数据采集和直接数字控制。监控站与过程控制站之间,以及各过程控制站之间,都可以通过通信系统随时交换信息、协调工作。

二十世纪七十年代中期,电子技术快速发展,国外许多国家在此基础上研制出了多种采用分布式结构的计算机控制系统,这些控制系统在投入使用后取得了良好的经济效果。一般而言,分布式计算机控制系统便于安装与二次开发,实用性与通用性均较强,并且有助于提高产品产量与质量、节约能源、加强生产管理以及提高控制可靠性。当时,分级分布技术在国外已非常盛行,在国内虽有引进项目,但多数研发仍处在萌芽阶段。基于此,郑维敏开始考虑如何在我国发展并研制分布式微机控制系统。他带领学生王东辰、管晓宏[1]、马旭东[2]和曾勇[3]等直面挑战,开始对分级分布控制系统进行探索,他们结合我国国情,经过研究后发现:规模小,成本低,有汉字提示,对用户技术水平要求低,同时又能避免用户重复性劳动的控制系统在我国极具推广价值。因此,郑维敏等开始以此为方向进行探究,在这样的形势下,郑维敏带领团队经过苦心钻研,成功研制了小型分级分布式计算机控制系统MASCOT,并将其应用于实际系统中,最终取得了良好的经济效果。

MASCOT 的全部设备均为国内自主研制,它不仅具备先进性、实用性与可靠性等优点,并且性价比远高于进口同类产品。除此之外,MASCOT 配有较为完善的控制系统软件,这在一定程度上方便了用户的进一步应用与开发,非常适用于广大中小型企业的生产过程控制。总的来说,郑维敏等研制出的 MASCOT 功能强大、实用性强,这在当时对推动与普及微

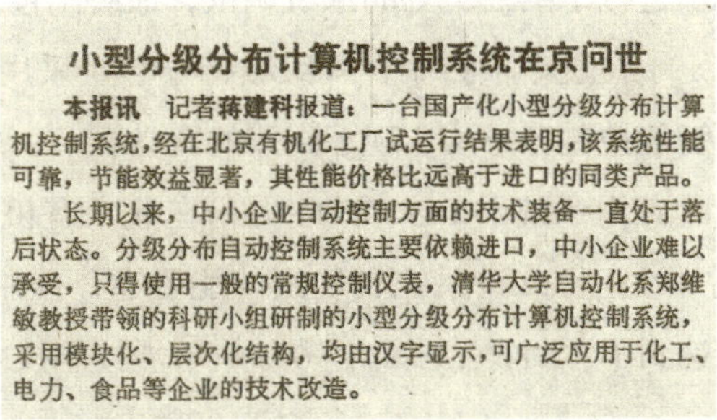

小型分级分布计算机控制系统在京问世

本报讯 记者蒋建科报道:一台国产化小型分级分布计算机控制系统,经在北京有机化工厂试运行结果表明,该系统性能可靠,节能效益显著,其性能价格比远高于进口的同类产品。

长期以来,中小企业自动控制方面的技术装备一直处于落后状态。分级分布自动控制系统主要依赖进口,中小企业难以承受,只得使用一般的常规控制仪表,清华大学自动化系郑维敏教授带领的科研小组研制的小型分级分布计算机控制系统,采用模块化、层次化结构,均由汉字显示,可广泛应用于化工、电力、食品等企业的技术改造。

图 4-4 《人民日报》(1988 年 6 月 7 号)关于小型分级分布计算机系统 MASCOT 的报道

---

[1] 管晓宏(1956-),西安交通大学电子信息工程学院院长,长江学者特聘教授,IEEE Fellow。

[2] 马旭东(1962-),东南大学教授、智能机器人与运动控制研究所副所长、计算机硬件应用实验中心主任。

[3] 曾勇(1963-),电子科技大学教授、博士生导师、校长。

型计算机在我国企业技术改造层面的应用起到了重要的作用。MASCOT的功能综合体现在：具有良好的人机接口，系统组态功能优良，自动/手动无扰切换、通信系统可靠性高、实时性强，过程控制站具有自治性质和二次开发软件完备等。同时，MASCOT的分布式结构使其可以以单机或者多个控制站组成各种规模的应用系统，易于配置，具有很强的灵活性。因此，MASCOT可以对温度、压力、液位、流量、比率等各种反馈进行控制，在化工、石油、电力、冶金、造纸、医药、食品等领域得到了非常广泛的应用。

之后，郑维敏等开始考虑如何将MASCOT应用于实际生产。1986年底，清华大学与北京有机化工厂双方协商同意，将MASCOT系统应用于北京有机化工厂回收工段DT-603塔，实现节能控制。在这个项目中，郑维敏的工作由"台前"转到了"幕后"，他主要进行技术指导，其他的工作则放手让他的学生们去做，给予他们足够的发挥空间，从而使他们能在项目中得到更多的锻炼。该项目主要由他指导的已毕业留校任教的研究生隋迎秋[1]组织马旭东和曾勇两名研究生一起完成，马旭东负责系统、控制方向、编程以及组态方面的工作，曾勇则负责节能、控制方面的一些数据管理和模型工作。他们先在实验室里做了一年左右的实验开发，之后车间里进行了两三个月的系统调试，最终出色地完成了该项目的全部工作。

在这个项目中，郑维敏指导学生采用了压力修正、前馈补偿、采样型智能控制等方法实现了回流的自动调节，成功改造了精馏塔甲醇回收过程。此应用系统于1987年11月份在北京有机化工厂正式投入使用。经过几个月的运行，该系统表现出性能可靠，控制方案经济效果显著，使用方便，达到了"回收工段DT-603塔节能控制技术协议书"的要求。隋迎秋谈道：

> 郑先生做的分级分布，是自动化系历史上非常具有战略眼光的事情。[2]

---

[1] 隋迎秋（1948- ），哈尔滨人，同方鼎欣科技股份有限公司董事长。
[2] 隋迎秋访谈，2013年5月15日，北京。资料存于采集工程数据库。

应用MASCOT系统的DT-603精馏塔是一种实现混合物分离的装置，常用于石化企业的生产过程，它是一种典型的多变量过程控制系统。郑维敏等认为，塔顶和塔釜（塔釜是一种化工厂的设备，一般是做分离用，根据物料沸点不同分离原料）产品的质量以及纯度是精馏塔精馏控制的重要指标，其次是产量（效率）和能耗指标。精馏过程存在多种平衡，动态特性十分复杂，影响操作的因素很多。从控制角度看，精馏塔是一个多参数输入和输出的对象。塔内通道多，对控制指令响应缓慢，进料既影响传热又影响传质，在保证物料、能量、汽液平衡的同时控制塔顶和塔釜的产品质量，属于非线性多变量对象的控制问题，这类控制问题一直是过程控制研究的一大难题。已有的方法主要采用直线成分检测和多变量复杂控制的技术，但这种技术成本高、抗扰性能差、能耗大，产品质量不稳定，因此很难实施推广。北京化工厂回收工段主要对生产过程中产生的废液进行回收处理，以回收废液中的醋酸和甲醇等生产原料。由于回收工段使用的精馏塔比较多，因此消耗的蒸汽量也比较大，每天消耗蒸汽大约八九百吨，约占全厂消耗蒸汽总量的三分之一左右。在当时能源紧张，蒸汽提价的情况下，改变原来的定回流控制手段与方法，在保证产品质量的前提下，采取先进的技术对精馏塔进行优化控制，以降低回流量，节省蒸汽、降低消耗，是十分重要且极具现实意义的。北京化工厂曾于1983年对DT-603塔进行过节能控制可行性研究，其调研结果是：在DT-603塔进行节能控制是完全可能的。但是，由于当时提出的控制所用的计算机需要进口，投资额较大，所以未能进行。1986年，在北京化工总公司科研处的介绍下，北京化工厂与清华大学自动化系进行了商谈，决定采用清华大学研制的国产化小型两级分布控制系统对北京化工厂回收工段的DT-603塔进行优化控制，开展节约控制工作。该系统投资金额（大约只需五六万元），性价比高，为北京化工厂实现节能控制目标带来了新的希望。

1986年10月31日至11月2日，北京化工厂在DT-603塔系进行了高、中、低三种不同负荷条件下的现场试验，试验的内容是在保证塔顶蒸馏出合格甲醇的前提下，减小回流化（即降低回流量），并在同负荷条件下，分别对回流量和蒸汽用量进行计量分析。通过实际考核，北京化工厂认为通过降低回流比来节约蒸汽、进行优化控制，是可行的。之后，郑维敏等开始将分级分布控制系统 MASCOT 正式应用于北京有机化工厂回收工段 DT-603 塔节能控制，研制过程主要经历了三个阶段[①]。第一阶段（1986年11月至1987年7月）：完成整个分级分布控制系统的研发。具体来讲，包括由 BCM-ⅢA 型微型计算机作为监控机，由 STD 工业控制机作为通信接口机的监控站，以及由 STD 工业控制机作为过程控制机的过程控制站的研制。同时，实现站间以总线拓补结构互联的通用化与实用化，其中包括 STD 工业控制机标准总线通信模板的研制，D/A 标准信号转换模板的研制及系统故障诊断及过程变量异常声、光报警模板的研制；各种过程接口模板的调试及开发，监控站和过程控制站人机接口功能的进一步研制。第二阶段（1987年7月至9月）：测试 DT603 塔主要控制对象的时间常数，确定控制方案的，以及调试用户应用程序。第三阶段（1987年11月初至1988年5月）：现场安装及调试，对整个系统进行试运行。项目最终取得成功，并为北京化工厂带来了良好的经济效益。

郑维敏团队在整个项目进行过程中遇到过许多实际困难，这些困难主要体现在两方面。第一，现场实验。委托方是一个化工企业，做实验非常麻烦，为了不影响正常生产，实验要提前两周申请、报批，只能在指定的时间段进行实验，实验的同时还不能够影响到产品的生产质量；由于这些限制，项目在应用之前马旭东和曾勇仅做过两次实验。第二，系统监控。化工厂原有的控制系统是一个简单的仪表控制系统，需要实时对系统进行监控，马旭东和曾勇对这个系统实行了为期一周的监控，为了进行实时观测和认真分析总结，他们二人曾连续三天三夜没有睡好觉。

但尽管困难重重，郑维敏及其项目团队还是攻坚克难，并在项目实行过程中不断推陈出新，完成了对 DT-603 塔的节能控制改造。DT-603 塔改造的核心目的是：在保证产品质量的前提下，减少回流、降低能耗，进而有效节约能源。DT-603 塔的原仪表控制系统构造比较简单，系统中各回路均采用单回路定值控制，这种控制结构通常会为了确保产品质量、减

---

① 郑维敏：小型分级分布计算机控制系统 MASCOT 及其 DT-603 精馏塔应用系统研制报告。清华大学，1988年。

轻操作者的负担，进而人为地加大回流量。过大的回流量虽然可以减少扰动对塔压、塔温的影响，但却需要消耗额外的热量（平均多耗蒸汽15%—30%）来对其进行维持；同时这种做法容易造成产品纯度过高（高于99%，远超过高于97%的工艺要求），这在很大程度上增加了单位产品的原料成本，进而产生了严重的浪费。因此，针对此情况，郑维敏等提出应当尽快引进新的控制系统——计算机控制系统，来代替原有的仪表控制系统，从而实现节能节资，提高经济效益。之后，项目团队开始对DT-603精馏塔进行实地考察与分析，他们经过研究后发现：DT 603塔节能控制的关键在于能否保证塔顶温度的高度稳定性，但是由于塔顶温度的特性极为复杂，具有严重的非线性，因此在实际操作中利用回流控制顶温的稳定性非常困难。针对此，郑维敏指导学生展开思路、大胆尝试，最终经过讨论与分析，他们决定采用一种"采样智能控制"的手段来保证顶温稳定性。该控制手段的具体做法是：根据DT-603塔的特性，每隔一定的周期对塔顶进行采样以判断顶温的现状和变化趋势，之后再依据顶温状态采用不同的控制模式修正回流设定值，进而保证顶温的稳定性。这种控制手段由于允许被控对象在较长时间内处于开环状态并对其被控效果进行观测，因此可以实现依据观测结果决定控制规律修正量的智能控制，这在很大程度上减少控制系统对被控对象模型的依赖性以及对外部环境的敏感性，具有良好的控制特性，最终在实际应用中也取得了良好的效果。

北京化工厂在《回收工段DT-603塔节能控制总结——清华大学国产分级分布控制系统MASCOT在我厂的应用》（以下简称《应用》）项目鉴定材料中对节能控制方案的确定描述道[①]：

> 为了建立起DT-603塔系统的数学模型，我们和清华大学的师生，于1987年元月在我厂DT-603塔的生产现场用仪表控制操作，进行了实际调节控制的熟悉了解和数据收集，同时我们也提供了大量的历史生产数据。

---

① 北京有机化工厂:《回收工段DT-603塔节能控制总结——清华大学国产分级分布控制系统MASCOT在我厂的应用》。1988年。

1987年5月,我们和清华大学的师生,对建立起来的数学模型在DT-603塔的实际运行中,查找参数。

1987年10月,在该微机系统进行试运行的期间,我们和清华大学的师生,进行了系统的动态试验,并用相关分析法。用二进制最长周期序列(M序列)作为输入信号,对系统进行了脉冲响应测试。

通过上述模型建立、参数查找、系统的动态试验和脉冲响应测试,基本上确定了DT-603塔系统模型及大概参数,确定了DT-603塔节能控制的控制方案。

总的来说,郑维敏等主要采用了下列方法对DT-603精馏塔的控制性能进行了改善:(1)进料流量对再沸器的前馈控制结合中温反馈控制(FFC+FBC),改善中温环特性;(2)塔顶温度控制;(3)基于压力变化的温度补偿;(4)进料流量的特性改善。通过这些工作,郑维敏等成功实现了将分级分布控制系统应用于生产实践,极大地推动了分级分布控制系统的国产化。北京化工厂在《应用》项目鉴定材料曾对项目做出如下评价:

> 利用分级分布控制系统进行过程自动化控制,可以大大提高过程自动化控制的可靠性。它已经在计算机自动控制系统中逐步代替了集中控制的手段。但是,由于目前我国没有自己的商品化分级分布控制系统,主要依赖进口,这样一是需要有大量的外汇,二是由于价格较贵,投资较大,所以在很大程度上限制了这种新型控制系统在我国自动化控制方面的普及和推广。尤其是中、小企业,往往不能在需要的控制项目上使用计算机进行过程控制,而只能使用一般的常规控制仪表。清华大学自动化系的师生们通过几年的努力,已经研制出了一种国产化分级分布控制系统MASCOT,并于1987年11月开始正式在我厂回收工段DT-603塔节能项目中进行试验运行,通过五个月的试验运行,我们认为该系统的运行是比较可靠的,其节能效果也是很明显的,它对国产化分级分布控制系统的推广具有一定的现实意义。

郑维敏团队研究的分级分布系统于 1987 年 11 月 1 日在 DT-603 塔系正式投入试验运行，运行结果可靠、节能效果明显，为北京化工厂带来了良好的经济效果。北京化工厂的车间里面本来是有两套控制系统（至少含一套国外系统），加上后来郑维敏团队研制的控制系统，一共有三套系统，化工厂人员曾对三个系统进行过对比试验，试验结果证明郑维敏项目团队的系统调试出来的效果是最好的：该系统不仅可靠性高，控制精度也非常惊人；此外，该系统的组态语言应用起来非常方便，在现场仅一个人就可以实现对整个精馏塔的控制。郑维敏等成功将控制理论应用于生产实践，他们的研究成果为分级分布控制后来在国内的推广与普及奠定了坚实的基础。

整个项目于 1988 年完成鉴定，当年 6 月 7 日的《人民日报》第三版还刊登了对该项目的相关报道——《小型分级分布计算机控制系统在京问世》。报道对该项目是这样评价的[①]：

> 一台国产化小型分级分布计算机控制系统，经在北京有机化工厂试运行结果表明，该系统性能可靠，节能效益显著，其性能价格比远高于进口的同类产品。
>
> 长期以来，中小企业自动控制方面的技术装备一直处于落后状态。分级分布自动控制系统主要依赖进口，中小企业难以承受，只得使用一般的常规控制仪表，清华大学自动化系郑维敏教授带领的科研小组研制的小型分级分布计算机控制系统，采用模块化、层次化结构，均由汉字显示，可广泛应用于化工、电力、食品等企业的技术改造。

整个分级分布控制系统的成功研发及其在北京化工厂成功应用，与郑维敏正确的思想指导密不可分。他的指导思想主要体现在两个方面：第一，有明确的研究方向。郑维敏提出要自主研发中国的分级分布系统，并且是具有商业性的系统，他提出了"要能组态"的概念，即用户可以根据

---

① 《人民日报》，第三版，1988 年 6 月 7 日。

不同的对象对控制系统进行不同的配置，设定它的参数、构建它的系统，通过类似"搭积木"的简单方式就能完成对具有自己所需功能的系统的构建，最终郑维敏团队研发的分级分布控制系统也很好地实现了这一点。第二，对项目团队实行良好的管理。郑维敏每周都会安排一次讨论会，项目进行过程中每隔一周马旭东和曾勇等人就要跟郑维敏汇报一次，郑维敏会针对他们的回报给出一些建议，同时会对项目中的一些问题进行及时有效地指导。马旭东谈道：

> 对于项目来说，第一是郑先生给我们指导方向；第二个就是做系统的开发；第三个才是具体的应用。[①]

由于一些客观原因，郑维敏团队研发的分级分布控制系统并没有马上产品化及持续推广，但他们的研究成果为后来分级分布控制系统在国内的大力推广与应用奠定了坚实的理论基础。郑维敏一直认为技术科学的研究应该紧密围绕国家的重大需求目标，他从国家需求出发，以敏锐的科学眼光对分级分布控制进行开创性的探索，同时他十分强调实践观察、理论研究和数量分析的优势结合，以系统、严谨的方法来保证科研工作的高效性与研究结果的可靠性。正因为此，郑维敏在分级分布控制方面取得了显著的研究成果，这些成果极大地促进了我国分级分布控制系统的发展。

立足国情，开发决策系统

二十世纪八十年代中期，正值改革开放初期，当时社会生产力急需得到解放、人们急需获得足够的生产和生活资料。而实现这些目标需要大胆改革，改革需要有新思路。在这样的大环境下，郑维敏从系统工程的观点

---

① 马旭东访谈，2013 年 5 月 21 日，北京。资料存于采集工程数据库。

出发，提出要把社会这个大系统作为研究对象，将已有的决策系统和知识工程研究理论应用于解决实际问题中，例如能源系统的资源分配和合理使用、环境问题、农业生态平衡问题、经济效益和社会效益问题，等等。

二十世纪八九十年代，以郑维敏为首的一批学者完成了对 EXDASS 决策支持系统的开发，该系统可以对科学决策进行有效辅助，它巧妙地把数据库、知识库、模型库等结合起来，同时具有人机对话的功能，还能够把决策者在决策时所变现出来的智慧、远见卓识和主观判断等融合起来。EXDASS 决策支持系统除了在理论上进行了开拓性的创新，还综合运用了远程通讯、大屏幕显示、适时对话等许多当时先进的技术，非常适合进行会议协商型决策。

1988 年，机械工业部、电子工业部和兵器工业部合并成立机械工业委员会（以下简称机械委）。当时，中国的整体经济处于从微观控制到宏观管理转变的过程中，宏观管理需要对税收、政府投资、财政等问题进行统筹管理，但仅仅依靠中国当时的手工计算难以实现，因此机械委作为试点，成为我国最早引进 IBM 中型机的单位之一。虽然后来陆续又有一些单位引进了 IBM 计算机，但机械委是最早的一批，并且最早开始自主研发它的功能。后来，机械委依托 IBM 计算机成功开发出 EXDASS 决策支持系统，该系统出色地完成了机械委对改革决策工作的协助，在这其中，郑维敏功不可没。

当时，国内普遍使用的 IBM 计算机功能并不完善，没有汉字系统，人机交互功能很差，计算机本身的软件也不全，并且国内刚刚开始从手工计算转到计算机辅助的统计系统计算，对计算机的应用仅仅处于起步阶段，在这样的情况下，如何利用先进技术实现宏观管理成为了一个亟待解决的难题。二十世纪八十年代中后期，机械部要和 IBM 合作进行软件开发，当时刚从清华大学自动化系调到机械委信息中心的崔子行原是郑维敏的属下，他在接到任务后，多年的科研经验和直觉让他觉得应该将计算机的应用做的更深入，于是便找到郑维敏商量可否在相关方面做些研究。郑维敏指出，国家正处于转型时期，一定会经历一些非结构化或者半结构化的问题，他们可以用计算机管理信息系统去解决这些不规则、非结构化的问题，这个想法在当时非常前卫。用管理信息系统解决决策问题，在当时既缺乏实践机会，也没有技术条件可以实验，因此国内很少有人涉足。崔子行认识到这项研究的艰难，起初有些犹豫，但郑维敏用他的学术热情打动了他，郑维敏认为要做就要做世界领先的研究，只有这样才能真正为机械委的管理实践解决问题，并能推动整个管理决策研究前沿的发展。最终经过多方协商，郑维敏于1986年9月作为负责人正式开启了国家技术开发项目"机械工业经济管理决策支持系统（EXDASS）的研究开发"。

当时中国的计算机水平整体比较落后，IBM机器刚刚引进，大家对于计算机还非常陌生，郑维敏的想法在项目一开始就受到各方的质疑和挑战，管理系统能代替人来做决策，这个即使在今天看来也非常前卫的想法，在当时被大家认为简直是天方夜谭，因此项目在刚开始推动起来困难重重。后来在郑维敏和崔子行的不断努力下，这个项目最终得到了当时机械部副部长赵民生的支持，决定拨款十万元支持决策支持系统的开发。在那个时期，十万元的项目拨款不是小数，这对于郑维敏和崔子行来说，既令他们满心鼓舞，又使他们觉得责任重大，更坚定了他们做好这个项目的决心。随后，郑维敏带领他指导的三个博士研究生和一个硕士研究生，连同自动化系两位硕士研究生，一同开始了项目的研究。

首先，郑维敏提出了知识库的概念。当时，国内的管理系统比较落后，基本就是一个数据库，从数据库里调用信息做成一个固定格式的报表，实践中需要什么样的决策信息，就由人工去制作对应的统计报表，业务流程非常死板，并且重复性工作很多。基于此，郑维敏提出了知识库的概念，并进而倡导数据库与知识库相结合的理念。他认为在计算机里建立相应的知识库可以更有效地解决复杂的决策和控制问题，并使人机对话系统更加完备，因而对知识库进行研究极具现实意义。当时知识库的提法很多，但郑维敏在此基础上提出了关键性的模型库，模型库比较固定，包括各种各样的管理模型，更适合与数据库相结合。数据库由于其精细和严格的特点，被称作"硬数据库"；而知识库由于其宽泛和近似的特点，则被称作"软数据库"，只有"软硬结合"，才能优势互补。

因此，郑维敏认为知识库的存在并不应只是为说明如何利用知识和经验，而应在计算机里建立知识库，并使之与数据库相互作用，进而为决策者提供满意的决策结果。之后，郑维敏开始了他的另一个重要研究——方法库。方法库包含各种优化算法、推理以及专家知识，如政府机构的领导在管理方面有很多经验和想法。这些经验与想法经过方法库中的推理规则转变后，就可以形成一个知识库。知识库连接数据库，决策者在使用该系统进行决策时，计算机会调用数据库里的数据来支持专家知识，并通过知识库中的推理模型进行计算并得出结论，进而为决策者的决策提供理论支持。该系统通过人机界面将决策者包裹在了计算机管理系统里面，从而实现了用信息系统代替人来做决策的过程。该决策支持系统最后被机械委转化成了一套软件系统，具体的结构包含数据库、知识库、方法库和人机界面，拥有这样结构的系统即使到目前来看也是非常先进的。

当然，在 EXDASS 开发过程中，郑维敏等人也遇到过不少难题。如在开发和组织知识库时，如何正确处理支持不相容命题的知识之间的关系便是一个。郑维敏等人通过不断的研究与尝试，对分析独立知识对不相容命题的不确定性支持程度给出了一些准则。比如，对于不相容命题 A 与 B，知识库中的个别知识虽对命题 A 的支持程度很大但却不具有完全有把握的支持，而知识库中的每项知识虽对命题 B 的支持程度都很小但提供支持的知识项数却很多时，知识库便会忽略命题 A 而支持命题 B（类似于"众口铄金"）。因此，有的知识虽然微不足道，但当有大量独立的信息源都提供这类知识时，知识库就不能轻易拒绝它们。再如，对于某项命题 C，知识库中尽管只有一项知识给了它支持，但只要该支持是完全有把握的支持，知识库就可以拒绝其他没有得到同样支持的与 C 不相容的所有命题（类似于"一锤定音"）。郑维敏等人给出的这些准则，在知识库不断扩充变得越来越庞大时，将会产生非常实际的作用，从而可实现知识库对各种信息的有效分析。

EXDASS 实际上是一个原型（Prototype）系统，它作为一个基于专家知识的不确定性分析推理系统，可以为其他实用系统的开发提供一个工作

图 4-5　郑维敏在（1988 年）ICSSE 国际会议大会上做报告

框架。EXDASS 系统作为一个整体，其实用价值主要体现在以下三个方面。首先，该系统可以帮助政府寻找合理的改革政策方案：政府在采取各项价格、财政、税收、劳动工资、货币信贷等宏观调控的政策改革前，可以利用该系统进行模拟分析，以考察政策实施可能产生的经济社会效益。其次，该系统可以帮助政府进行行业结构分析和发展规划研究：由于系统可以比较真实地反映机电行业的纵向行业结构和横向联系，因此可以为政府进行行业结构分析和制定发展规划提供有力的决策支持；特别是在"长期投资分析子系统"和"动态滚动式投资规划模型"开发完成以后，该系统更是可以进一步为国家的发展研究提供方便有效的分析工具。再次，该系统可以帮助政府对国家重点建设项目的经济社会效益进行评估以及对相关综合配套进行分析：决策支持系统中的"建设项目投资评估子系统"可以实现项目"成本—效益"分析的自动化，分析过程既符合当时国家计委颁发的项目评估规范，又有比较先进的理论支持；同时该系统还可以结合行业结构和发展的研究，为综合配套的分析提供决策支持，以监控全行业经济运行的情况。

　　该系统当时在国内属首创，因而得到了政府领导和专家的高度评价，此外，郑维敏还曾在 1988 年的第一届系统科学与系统工程国际会议上作了题为 "EXDASS-A Knowledge-based Dynamic Interactive Decision Analysis and Support System" 的主题报告，向参会专家汇报了 EXDASS 的主要研究成果，得到了与会专家的赞赏。该项目的成功完成为后来相关决策支持系统的推广普及奠定了坚实的理论基础。

心系民生，优化水库调度

新中国成立以来，修水库一直是事关我国民生大事的命脉工程，是我国广泛采用的最主要的水利措施之一。在防洪区上游的河道的适当位置兴建能够调蓄洪水的综合利用型水库，利用水库的库容拦蓄洪水，削减进入下游河道的洪峰流量，以期达到减免洪水灾害的目的。水库的作用有很多，基本上包括：防洪、调洪、蓄水、发电、兴农、便民等多个方面，因此进行水库建设，不应仅仅只考虑防洪抗洪的作用，还需要充分考虑其他基本条件：一是理想的地表拦蓄条件，二是良好的地下水调蓄条件，三是优越的补给水源条件，四是适宜的自然与社会环境条件等。然而，从1958年开始，一直到二十世纪八十年代，我国许多地方兴建水库不是全局考虑，而只是按照临时所需目的来建造，比如：灌溉、防洪、发电或者航运。当时修水库并没有总体规划的概念，水库之间也缺乏一个优化调度，因此防洪和供水之间存在很大的矛盾。常常会出现这样一种奇怪的状况：水库为了防洪在来水之前就被放空，洪水过后却直接让水泄走，结果水库在防洪之后反而缺水。这种状况对发电、供水、航运都非常不利，因此，水库群的联合调度优化问题在当时成为一个国家非常重视的亟待解决的大问题，显然解决该问题具有重要的实际意义与极高的研究价值。

当时各界针对长江三峡水库的用途存在很大的争议，三峡水库的定位首先是防洪，其次是发电，再次是航运，最后是泥沙冲淤、生态调度等，后来还加上了南水北调这一作用。但是由于缺乏规划，其用途之间存在很大的矛盾，因此，长江三峡水库的综合利用成为一个亟待解决的难题。长江三峡水库的联合调度问题是一个典型多目标优化问题，三峡有一百〇三座大型水库，不同于一般教科书上的单水库多目标优化问题，三峡水库的联合调度既是多目标的，又是多阶段的，同时还是群决策、多决策主体的，并且兼具风险和不确定性。这样一来，问题的难度就大大增加了，因此如何进行优化调度就成为中国水利管理当时所急需解决的实际问题。针对这一情况，一向强调理论联系实际的郑维敏决定要攻克这一难题，于是立下了"三峡水库的综合利用"的研究课题，其内容为：研究水电、站群、优化补偿调节及三峡水库综合利用优化调度，决定通过系统工程的相关理论来综合协调这一水利难题。

当时，对于三峡水库这样的复杂联合调度问题，国内没有先例，国外也缺乏相对成熟的研究方法，因此解决起来困难重重。一般的研究比较偏向于采用随机调度的方法，随机调度运用随机动态规划来解决问题，但在实际操作中也存在很多困难。其中，最主要的就是动态规划问题各阶段上状态变量过多造成的维数灾难问题；其次还有来水概率分布预测问题：随机调度要求每一个水库都有一个来水的概率分布，我国天然净流的单库来水规律都服从皮尔森三型分布，可是郑维敏等却在理论上证明了两个皮尔森三型分布的联合分布就不再服从皮尔森三型分布了，因此对于多个水库的联合来水概率分布预测在理论上缺乏支持；再次，整个问题的计算过程非常复杂，而那个年代计算机的计算能力又相对低下。这些问题使得这个即使在今天都很难解决的难题在当时更是困难重重。

图4-6 郑维敏受聘三峡工程综合经济评估项目聘书（1986年）

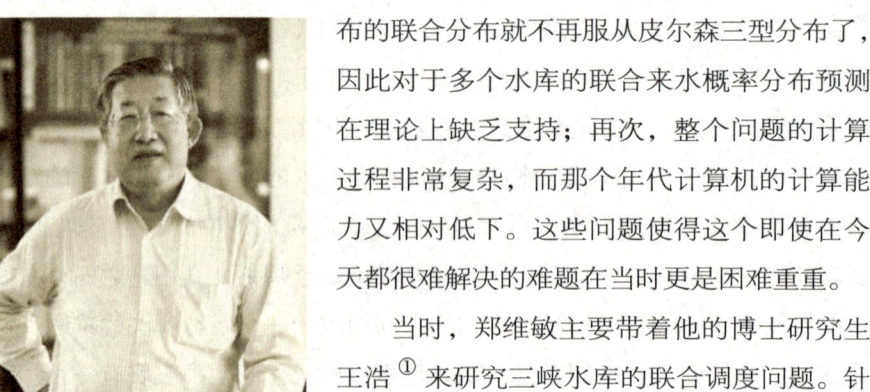

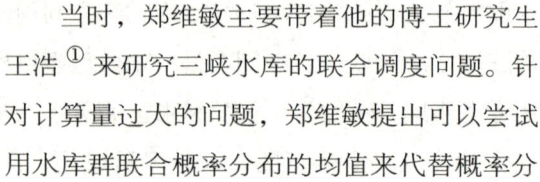

图4-7 王浩院士

当时，郑维敏主要带着他的博士研究生王浩[①]来研究三峡水库的联合调度问题。针对计算量过大的问题，郑维敏提出可以尝试用水库群联合概率分布的均值来代替概率分

---

① 王浩（1953- ），北京市人。水文水资源专家，2005年当选为中国工程院院士。曾任中国水科院水资源所所长、水科院科技委水利专业委员会副主任、水利部科学技术委员会委员等职。

布进行计算的想法，这样就可以把一个随机型规划转变成一个确定型规划，从而大大减少计算量。在他的这一思想指导下，王浩提出运用两阶段法，即当前阶段和预留阶段，该方法采用的便是确定型规划的计算方法。王浩在理论上证明了由此方法计算的长期调度期望效益不低于随机型规划，并可以向随机型规划无限逼近，从而证明了采用确定型规划进行计算的合理性。该方法可以用在上百个水库的联合调度表中，计算的时间也比较快。在当时，国际上最多也只能做到四十四个水库的确定型调度，而郑维敏与王浩提出的方法却可以做到一百〇三个库，这在当时绝对是国际领先的。后来，他们的这一研究课题《三峡梯级水库群优化调度研究》在三峡工程的规划中发挥了重要的作用。据王浩院士回忆，当时郑维敏对于他的研究给了很多指导和帮助。读博士的前期，收集资料对王浩而言很困难，郑维敏就通过各种途径帮助他进行资料收集。后来，王浩被卡在了水库群的复杂计算问题上，完全不知从何下手，郑维敏就指导他从皮尔森三型概率分布（水库来水概率分布）的联合分布开始算起，后来他们证明出两个皮尔森三型分布的卷积不再服从皮尔森三型分布，因此想要求出水库群的联合分布比较困难；而做随机调度的前提便是已知水库群的联合分布，因此，用纯随机的方法进行调度优化显然不太现实，于是在郑维敏的启发下，王浩开始尝试用确定型等价的方法进行计算，并提出了两阶段法，从而很好地解决了计算复杂性这一难题。

　　当时进行系统优化的研究方法多种多样，郑维敏将这些研究方法概括分为两类：一类是问题导向型，另一类是方法导向型。郑维敏认为问题导向型的方法比较贴合实际，能够把实际问题吃透，因此他比较偏向采用问题导向型的方法解决系统优化问题。针对水库群优化调度问题，郑维敏通过问题导向的方法将多目标问题分解为单目标问题、将多决策主体问题转化为两阶段问题，从而在保证方法合理的前提下，精简了计算，使得解决水库群优化调度这一复杂难题成为可能。其中，针对多目标问题，郑维敏根据水库的任务、功能等，将问题分解为单目标问题：如在防洪这个时段，水库的主要目标就是防洪，其他目标则为次要目标，可以先不考虑；而到了非汛期，发电、航运、供水则可能成为主要目标，这时候再对这些目标进行研究。而针对多决策主体的问题，郑维敏则通过决策理想点，即决策者想要达到的理想目标点，将多决策主体转化为单决策主体，进而将具有单决策主体的多阶段问题归结为两阶段问题，并且在理论上证明了两阶段法能从优化理论上保证全局最优解。郑维敏这种"问题导向"的学术思想给王浩留下了深刻的印象，也为他的研究提供了很多有意义的启发。后来，郑维敏还指导王浩在水利系统工程方面做了一些其他研究，并取得了许多具有实用价值的研究成果，如：他们针对南水北调东、中线工程所进行的论证及其调水规模确定研究的相关成果，被南水北调工程总体规划和建设方案采纳；他们负责的全成本水价构成理论与计算方法，被应用于深圳对香港等供水水价的制定中，并得到了供需双方的认可。同时，在国家"八五"、"九五"的科技攻关项目中，也都有他们的理论成果展示。在王浩临近毕业的时候，郑维敏还曾专门找到他，并对他说道：

> 水利里头系统工程用的很多，希望你能够沿着这个方向，别放弃，做复杂水资源系统的系统分析，把水资源评价、水资源配置、水资源节约、水资源保护、水资源调度、水资源管理统统等用系统分析的手法，给它们整合到一起，形成一个水资源系统分析的这么一个大一些的格局。这样对学科的贡献也比较大。

博士毕业以后，王浩便开始沿着郑维敏指引的研究方向不断地努力与探索，先后承担了许多国家重点项目，获得了六个国家奖，并被评为中国工程院院士，成为中国最优秀的水文水资源专家之一。他长期奋斗在中国水文水资源研究的最前沿，先后主持完成了一大批国家重点科技攻关课题，参与了多项国家及地方的水资源论证规划项目，并取得了一系列突破性的重要成果，此外，撰写并出版和发表了大量优秀的学术论文和专著，形成了一整套切合中国水文水资源实际的理论体系，并在多个水资源重大项目的规划和实施过程中得到了实际验证和推广应用，为加快我国水资源学科的健康发展、建设资源节约型社会做出了不可或缺的贡献。后来，每当王浩谈及自己的博士生涯，都难以掩藏对郑维敏的感激之情。

聚焦稀土，实践管控一体

二十世纪九十年代初，郑维敏依其几十年积累的研究经验，提出将"管理控制一体化"应用于生产实践，他的这种思想实际上是分级分布控制的延伸。1990年至1992年，郑维敏指导研究开发小组为上海跃龙化工厂成功开发稀土萃取过程的计算机控制系统，从而在生产中真正实现"管理控制一体化"。

稀土作为"工业维生素"，其广泛的应用价值日益引起人们的重视。因为稀土能与其他材料组成性能各异、品种繁多的新型材料，同时还能极大地优化其他工业产品的质量和性能。尤其是能够大幅度提升用于军工产品所需的钢材、铝合金、镁合金、钛合金等特殊材料的战术性能。另外，稀土也是电子、激光、核工业、超导等诸多高科技的润滑剂。稀土不仅在经济社会发展中的用途日益广泛，而且在军事上的运用更是具有举足轻重的意义，所以近年来成为世界众多国家极力争取的战略材料。然而，稀土却又是不可再生的重要自然资源。中国、俄罗斯、美国、澳大利亚是世界上四大稀土拥有国（根据稀土拥有量，含矿及半成品、加工品排名），其中中国名列第一位。作为稀土资源比较丰富的国家之一，自二十世纪五十年代以来，中国的稀土行业取得了较大的发展，经过多年的努力，中国已经成为全球最主要的稀土生产、应用和出口大国。然而，当时国内的稀土萃取分离生产水平却十分落后，仍处于手工控制阶段，产品精度远远低于发达国家水平。为了实现我国的稀土萃取分离生产线的计算机自动控制，从1988年起，郑维敏等就开始着手进行可行性研究。同时，上海跃龙有限公司作为我国二十世纪五十年代第一批研究稀土萃取的科研单位，以及我国第一家生产稀土产品及进行产品深加工的专业企业，对如何高效经济的进行稀土分离生产非常关注，于是便委托郑维敏项目团队对其稀土分离生产线进行计算机自动控制设计。1990年初，清华大学与上海跃龙有限公司正式签订"稀土分离生产线的自动检测与控制系统的研究：设计和调试"

的科技协作合同书，开始了这一"管理控制一体化"的生产项目合作。项目合同的具体负责人分别是清华大学经管学院系统工程研究室的王永县老师和上海跃龙有限公司的王振华。清华大学项目组的成员包括郑维敏、王永县、马旭东、冯治鸿、李英杰及殷勇[①]等。整个项目在进行过程中得到上海跃龙化工厂的原总工程师汪文成的关心和帮助，汪文成是上海跃龙化工厂的老专家，该项目的启动也正是郑维敏与王文成这两位老专家沟通的结果。项目组全体人员经过两年半夜以继日的努力，最终于1992年完成了该项目的主要设计工作与调试工作。

稀土元素自十八世纪末期被人类陆续发现，当时，人们习惯于把不溶于水的固体氧化物称为土，所以，所谓稀土其实就是指含有稀土元素的氧化物。尽管稀土在全球的储量大得惊人，可由于其冶炼提纯难度很大，因此产量格外稀少，这也是其得名稀土的缘故。在元素周期表中，原子序数从57到71之间的十五种镧系元素和化学性质与之近似的钪（Sc）和钇（Y）共十七种元素构成了整个稀土元素家族，这些元素的氧化物都属于稀土元素氧化物。这十七种稀土元素根据其原子电子层结构和物理化学性质，可以分为轻稀土元素与重稀土元素两类。稀土元素虽然很晚才被人类认识与利用，但却对人类的发展具有举足轻重的作用，它们不仅在光、电、磁等功能材料中具有不可替代性，而且可以作为理想的催化剂，在功能材料和高新技术领域发挥重要作用，这也是美国、法国、日本等国家很早就把稀土元素列为战略元素的重要原因。早在二十世纪三十年代，美国就开始进行稀土的开发应用；法国虽然没有稀土资源，但是有一个工艺先进、产量巨大的稀土分离工厂，是欧洲当时唯一的稀土分离厂；日本的稀土资源则需要大量从国外进口，但其却有着高度发达的稀土工业技术。

单一稀土元素的提取和分离的化学工艺是非常复杂和困难的。原因主要有两个：一是稀土元素位于周期表的同一族，它们的化学结构和化学特性十分相似，通常紧密结合并且共生于相同的矿物中，分离提纯非常困难；二是稀土矿分解后所产生的混合稀土化合物中伴生的杂质元素比较多（如

---

① 殷勇（1970- ），2016年12月27日被任命为中国人民银行副行长。

铀、钍、铌、钽、钛、锆、铁、钙、硅、氟、磷等），所以在分离稀土元素的工艺流程中，不仅应该考虑这十几个化学性质极其相近的稀土元素之间的分离，更要考虑同稀土元素伴生的杂质元素之间的分离。然而，与之相对应的，稀土功能材料需要的却是高纯度的单一稀土元素，纯度要求从99%到99.9999%，如用于电视的红色荧光粉要求氧化铕的纯度大于四个9。因此如何优化稀土分离工艺流程从而高效经济地获得纯度合格的稀土元素，成为上海跃龙化工厂一个亟待解决的难题。

当时分离和提取稀土元素的主要方法是溶剂萃取法，萃取工艺则分为离心萃取与混合澄清器，上海跃龙化工厂的项目主要就是针对混合澄清器的工艺进行控制设计。稀土萃取的基本原理是利用稀土元素在萃取剂中的溶解度不同而实现各元素的分离与提纯。这一过程需要经过多级操作，且萃取结果不易观察，所需时间也比较长。当时对于稀土萃取的控制周期为两周到一个月，也就是说进行控制以后想观察控制结果至少要等到两周以后，有时候甚至要等一个月。因此，稀土萃取系统具有纯时滞性，且为惯性环节，即系统的输出在时间上有一定的滞后，且输出一开始并不与输入同步按比例变化，直到过渡过程结束，输出才能与输入保持比例。此外，在稀土萃取分离操作中，产品的纯度和收率是两个重要的指标，两者很难兼顾：高收率会降低产品质量，而高纯度又会降低设备利用率。对这样的系统进行控制设计在实际操作中困难重重，具体来说，郑维敏等在项目过程中主要遇到了以下问题：（1）产品纯度和收率之间存在矛盾。若同时要求产品的高纯度与高收率，就必须使得两组组分恰当地分离，即萃取槽的每一端产品中都不含或少含另一端的组分，在这种情况下萃取槽必须工作在临界状态，各输入量稍有扰动就会打破这种平衡。（2）保持临界状态生产困难重重。在没有自动控制的开环运行时，要想保持临界状态就必须提高检测仪器和执行机构的精度，而这是很难做到的，因为这样做不仅成本极高，而且在其可能达到的限度内仍难以满足高纯度产品的生产要求。（3）料液组分扰动问题很难解决。这是萃取分离操作中影响生产的主要原因，对于料液组分扰动，前馈方法（指通过观察情况、收集整理信息、掌握规律、预测趋势，正确预计未来可能出现的问题，提前采取措施，将可能发生的偏差消除在萌芽状态中）虽然可减小其影响，但还不足以完全消除其作用，因此急需寻求新的方法解决这个问题。（4）大惯性和纯时滞问题严重。萃取槽是一个有大延迟和大时间常数的惯性系统，这种特性非常不利于生产操作与自动控制，也拖慢了整个项目的进度，是一个亟待解决的问题。针对这些问题，郑维敏开始指导项目团队不断探索，各个击破。为更好地对项目中存在的问题进行深入的分析，项目团队决定采用建模仿真的手段对各种控制过程进行仿真模拟。对于溶剂萃取过程的仿真模拟，当时国内是空白状态，国外虽有一些研究，但是由于没有完整的报道所以基本无法参考和借鉴。因此项目团队只能自己摸索，他们用专门的软件在PC机上用C语言编程来进行模拟，刚开始时，建模仿真的实验时间特别长，后来经过不断改进，仿真时间显著缩短。之后便是利用仿真模型进行仿真实验，在这个过程中，项目团队成员要把基本的原理搞清楚，并通过仿真来确定控制方法、策略和一些参数，这是最耗时间也是最困难的工作。为了便于经常和郑维敏进行讨论，项目团队成员的这一部分工作基本是在北京完成的。后来项目在上海进行调试，在此过程中项目团队成员也是每隔一段时间就回北京向郑维敏汇报进展情况，及时进行沟通与反馈。

最终，项目团队经过不断讨论与探索，采用了一种成分在线检测的计算机闭环自动控制技术，并结合应用日本横河公司的 μXL 集散系统，成功实现了稀土萃取分离的自动控制。项目的控制方案具体如下：（1）反馈控制与前馈控制相结合。前馈控制是一种开环控制，结构相对简单，易于得到较快的响应，但对于多动源或不能检测的扰动则无能为力；反馈控制是闭环控制，对多扰动源及对象参数有摄动的系统最为适用，但控制的设计及整定较为复杂。在这里确定采取以反馈控制为主，辅之以料液组分的前馈控制，既能保证工况的稳定，又能加快对料液组分变化的控制调节，从而使整个生产过程满足设计要求。（2）反馈检测点及检测量的确定。萃取槽运行中具有大时间常数的惯性和纯时滞，而且出口产品是高纯度的，因此必须保证在系统运行的全部时间中，出口的产品都是合格的，所以萃取槽的反馈控制与一般常见的反馈控制不同，必须提前在萃取槽中间段的组分进行检测反馈。并且，经过仿真分析发现，反馈检测点的位置选取对系统控制质量有关，因此必须对每一种工艺分别研究并加以确定。（3）萃取操作量的控制原则。由于反馈环路的保证，调节阀动作不必过于频繁，当料液组分变化时，根据给定的前馈规律，对进料流量进行调整，同时用反馈回路调节萃取量和洗涤量。（4）控制规律的选定。在常规的反馈控制中，大多用 PID［比例（Proportion）、积分（Integration）、微分（Differentiation）］调节器，对于萃取槽的控制，经仿真研究得知使用 PI 调节器即可满足要求，不使用微分环节，这样一来既可以减少噪声的影响，又能使调节器容易整定，且系统运行时稳定性高。除此之外，为克服纯时滞的影响，郑维敏等又在系统中加入了 Smith 预估器，进一步改善了系统性能。

稀土生产线项目由郑维敏进行指导与统筹安排，他对项目团队各成员进行了明确的分工，并对项目进度进行了合理的安排，使得整个项目进展有条不紊、衔接有序：1992 年 10 月完成项目阶段总结，调试完毕新仿真模型，完成上海现场设计图纸；11 月调试完毕管理程序，安装完毕上海萃取车间大设备，着手安装上海仪表；12 月制订具体调试方案，完成全部组态软件和流程图草图，调试完毕上海仪表，安装完毕上海工段中计算机；1993 年 1 月初调完毕上海车间工段，并开始稀土充槽（手动），完成 μXL 机管理机的全部通讯，并调试完成 μXL 的全部软件和显示；2 月至 3 月中旬完成全部试车。整个项目在郑维敏的规划下顺利进行，最终按照计划达到了预期目标，并取得了令人满意的结果。

总的来说，项目团队经过长时间的认真研究与反复试验，最终成功实现了稀土萃取分离的自动控制。当清华大学将控制方案提供给上海跃龙化工厂时，得到了对方的高度赞赏。项目中溶剂萃取过程的自动控制系统和方法在实际生产中得到了很好的应用，该自动控制系统和方法能够很好地适用于恒定混合萃取比溶剂萃取体系溶剂萃取过程的自动控制，尤其适用于包含多级混合澄清室的萃取分离过程的自动控制。郑维敏项目团队构建的这种自动控制系统既能保证产品质量，又能及时响应影响产品质量的工艺条件，从而真正实现了实现上海跃龙化工厂稀土萃取分离生产线的计算机自动控制。

该项目不但在控制系统方面取得了很大的进展，而且也尝试在建设过程控制系统的同时，将管理与过程控制联系起来，实现"一体化"的思路。在稀土萃取分离生产线中引进计算机控制是整个项目的核心内容，项目中对于计算机控制的应用，一方面体现在"控制"：即由项目团队设计，采用日本横河公司 μXL 集散系统，实施酸溶半自动控制、配酸和氨皂过程的自动化操作，并与两台在线分析仪配合实现分组和轻稀土分离自动控制；另一方面体现在"管理"：即项目团队为生产线配备了一台管理计算机，以实现各工段的日常管理和单耗核算。而在更高层面上，项目团队则将"管理"与"控制"一体化，通过对生产过程进行控制以便更好地对生产进行管理，从而为上海跃龙化工厂真正带来经济效益。

管理控制一体化思想，是以生产过程控制系统为根基建立的方法论，主张通过对企业的生产管理、过程控制等信息的处理、分析、优化、整合、存储和发布，以现代化企业的生产管理模式，建立覆盖企业的生产管理与基础自动化。郑维敏将管理控制一体化思想应用于稀土分离项目，不仅在于在稀土分馏萃取分离生产中引进计算机控制，而且在于在此基础上以提高稀土分离的运营管理效率为目标，通过数据分析和操作，优化运行控制方法，从化工厂设备的运行维护、备品备件和物料采购、企业成本效益核算和经营决策等多个方面的管理来提高化工厂的运营管理水平。在上海跃龙有限公司和上海医药工程设计院的配合下，郑维敏带领整个项目团队主要完成了以下工作：稀土萃取过程的建模与优化控制管理的计算机仿真分析；萃取过程的现场试验；上海跃龙厂轻稀土萃取过程控制的整体布局设计；稀土萃取过程的计算机硬件选择与控制要求设计；萃取过程优化管理的软件设计；过程控制计算机与管理计算机及现场成分分析仪表之间的通讯软件设计；计算机房设计、现场仪表选型及现场设计的审核等。总的来说，该项目实现了"管理控制一体化"的思想，提高了产品质量并减小了消耗，这在生产实践"管理控制一体化"的发展道路上具有重要的经济管理意义。

心怀老区，助力科技扶贫

改革开放以来，"以经济建设为中心"，和平与发展成为时代的主旋律，我国的许多贫困地区因此有了一个较为积极宽松的经济发展环境。这期间，政府开始重视科教兴国，计划经济下被压抑已久的民间经济力量逐渐复苏，人民日益增长的物质文化需求动力强劲。二十世纪八十年代中后期，在"改革开放"的推动下，我国的科技、教育、文化等领域的改革也逐步开始启动。当时的中国，科研创新主要依靠高等院校和科研院所，各产业或企业本身并没有科研投入与相关的技术支持。作为国内科研创新的先锋，清华大学尽管当时也面临着经费缺乏、"文化大革命"余震未消等各种困难，但已经开始思索如何在教学、科研之外将学校的科研成果转化成技术生产力，助力国民经济的恢复建设。在这样的时代背景下，清华大学于1985年成立了科技开发部，以此作为科研成果向国民经济转化的主战场，开始开展"产学研联合"工作：即与各级政府、企业联系，将学校的科技成果和社会、企业的发展结合起来，进行科技成果的转化与科技产业的横向联合。

1986年，国家科委提出"科技扶贫"，组织高等院校运用先进技术改造贫困封闭地区的落后面貌，加快农民脱贫致富的步伐。"科技扶贫"是中国政府实施扶贫战略的一项重要举措之一，其主要目的和意义是应用先进适用的科学技术，改革"老、少、边、穷"地区长期封闭落后的小农经济模式，用科技手段解决"三农"问题，从而普及农村的科学文化水平，提高农村开发利用本地资源的能力，促进农村经济的快速发展，使农民早日脱贫致富。1986年以来，国家有关部门配合贫困地区的各级政府，充分依靠广大科技人员和农民群众的力量，相继在中国许多贫困地区的近百个贫困县和一些"老、少、边、穷"地区开展科技扶贫活动，取得了显著的成效。但是，由于当时全中国的经济水平都比较落后，而贫困地区不仅缺钱，当地人民的教育水平也不高，接受科技成果转化成实业的能力很弱，这使得“科技扶贫”的实际效果受到了严重的制约。当时，清华大学在做了许多尝试后发现：大项目很难投入到这些贫困地区中去，小成果又很难顺利衔接、正确执行，因此扶贫不能仅仅是单纯的“输血”，而应该综合考虑贫困地区的科技水平、人员素质、环境交通、地方资源、长期规划等问题，使其自力更生，从根本上增强贫困地区自身的“造血”功能。

二十世纪八十年代，当时的江西省省长吴官正，为改善江西省贫困地区的经济状况找到清华大学，希望校方能给江西省提供一些扶贫援助。当时清华大学技术开发部副主任刘震涛在受到这个委托后立刻想到了郑维敏，他认为郑维敏思路开阔，知识范畴广，又是系统工程方面的专家，因此便向校方极力推荐。后来，经过多方面综合考虑，当时任清华大学常务副校长的解沛基亲自找到郑维敏，请他运用系统工程的方法为江西省提供一个总体的扶贫规划，除了为当地人民带去科技成果，还要帮助他们对成果进行吸收转化，以保持贫困地区的后续发展能力。郑维敏在接到邀请后毫不犹豫地答应了，随后便立即组织团队筹备科技扶贫的相关工作。

鉴于“科技扶贫”是专门针对贫困地区生产技术落后和技术人才缺乏的现实状况而作出的一项战略决策，郑维敏在认真调查研究了拟被扶贫地区的实际情况后，确定了这次扶贫行动的几项基本原则：一是授人以渔，培养当地自我发展的能力，教育引导当地农民合理开发本地优势资源，在将本地资源优势转化为经济优势的过程中，同时培养当地广大农民走出家门参与市场竞争的能力。二是引进技术，结合贫困地区的实际情况，合理引进先进、成熟、适用本地实际的先进技术。三是培养人才，通过农业、科研、教育三结合，在向贫困地区输入先进的科技和管理技术的同时，建

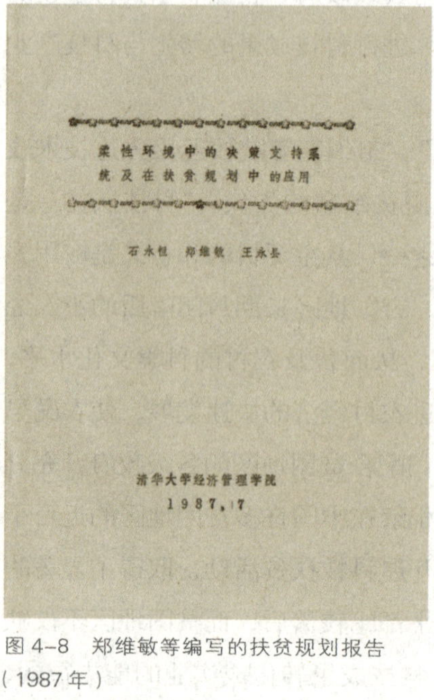
柔性环境中的决策支持系统及在扶贫规划中的应用

石永恒　郑维敏　王永县

清华大学经济管理学院

1987，7

图 4–8　郑维敏等编写的扶贫规划报告（1987 年）

立科普网络，开展科普宣传教育，弘扬科学精神，培养科技人才，使单纯的救济式扶贫转变为依靠科学技术的开发式扶贫。

此次的扶贫对象是九江市修水县。修水县是九江市西北的老革命根据地，位于江西西北部修河上游，地处大山深处，主要出产茶叶、丝绸和陶瓷。因为四面环山，交通不便，且出产的农产品没有市场优势，修水县便成了当时江西省，乃至全国典型的贫困县。据说，当时修水县人民一听说有清华大学的学者要来很是轰动，便专门把当地最好的宾馆空出来给郑维敏一行住。可是据当时郑维敏团队的成员回忆，那个宾馆连一般县城的招待所都不如，条件很差，夏天的晚上还有些凉，年过花甲的郑维敏在身体上很不适应。但尽管如此，郑维敏却并不在意，一心带着团队投入到实地调研和方案制定中去。

针对修水县扶贫项目，郑维敏团队曾先后两次去往江西。第一次是考察当地情况，并提出初步方案。当时，他带领团队与当地县政府座谈，调研当地企业现状，并广泛收集了当地经济效益、成本情况、产业前景等资料。因为修水县资源非常有限，要想取得一定的收入和效益，必须进行资源的集中利用。郑维敏团队针对这些情况，为修水县政府提出了三套初步方案：第一个方案比较保守，即根据现有数据进行企业结构调整，将有限的资金投入到优良企业中去，创出品牌，同时逐步关闭资质差的企业；第二个方案比较冒险，即集中力量促进优良企业大胆迈进，资质差的企业直接关停；第三个方案则为二者之间的适中型方案。最终，修水县政府选择了第三个方案，郑维敏团队之后的工作便是根据该方案进行更为详细的政策研究。

确定方案后，郑维敏带领团队回到北京，他们在实地考察的基础上开始整理资料，并利用收集到的数据进行建模论证。在此期间，郑维敏还邀请了修水县当地人民来清华学习，切切实实地将扶贫从"输血"到"造血"的"技术扶贫"转变。最终，经过不断的研究与探讨，郑维敏团队为修水县政府提供了一套切实可行的扶贫规划方案，圆满地完成了修水县扶贫项目。之后，为进行结题汇报，郑维敏团队第二次去往江西。汇报时，郑维敏团队不仅全面深入地阐述了修水县扶贫规划方案的具体内容，还给当时的省政府、县政府和企业相关领导讲解了很多管理方面的问题，并在扶贫方案的基础上，尽量为修水县日后的发展向江西省政府争取支持。江西省省长吴官正在听完项目汇报后，对郑维敏团队提出的扶贫规划方案作出了高度评价，并表示江西省政府对于修水县的发展将给予大力支持。

现在的江西修水县，是中国百家国家级星火技术密集区之一，也是江西省著名的蚕桑基地县、茶叶基地县和山区农业综合开发试点县。自1986年国家"科技扶贫"以来，修水县陆续对矿产、水电、瓷土、粮油加工、茶叶、丝绸、林业等多个产业领域实行系列开发，逐步建立起了培植蚕桑、药材、茶叶、食用菌、山羊、优质稻、水果等主导产业，其名优特产纷纷进入国际市场。这些成就的背后当然是国家自改革开放以来大力投入的结果，但也离不开郑维敏等人以系统工程视角对其所进行的全面支持。

此外，据当时的项目团队成员回忆，在整个扶贫项目中已年过花甲的郑维敏非常勤俭克己，同时也很为当地政府及人民着想。作为身负重任的政府经济发展战略顾问，为了减轻当地政府的负担，他不愿意多花政府一分钱，并毅然决定项目团队往返京、赣两地的费用均从团队的其他科研项目经费中支出；第二次去往江西时，他还带去了自己的夫人——协和医院的妇产科专家唐敏一[①]女士，唐敏一义务在当地开展了医疗公益讲座，为当地县医院的医生讲解了妇产科手术等相关知识。当时，从北京前往修水县的路程要整整一天，路途坎坷，午饭也只能在路上解决，郑维敏与唐敏一就这样在弯弯曲曲的盘山路上颠簸了一天也毫无怨

图4-9 郑维敏（右）与唐敏一（左）在江西扶贫（1987年）

[①] 唐敏一（1925— ），妇产科专家，北京协和医院教授，获得1985年国家科技进步奖一等奖（绒癌的根治疗法及推广，排名第三），1989年获国家科技进步奖二等奖（卵巢癌淋巴转移的研究，排名第四）。

言,很是令人钦佩。

除了江西修水县,郑维敏还于 1987 年带领团队前往中国更边远的福建省周宁县,帮助该县开展脱贫经济开发。周宁县是地处福建省东部山区的革命老区,属于全国重点贫困县。该县之所以贫困,除了自然环境条件较差之外,最主要的原因还是该县多年来资金短缺、信息闭塞、人口剧增却人才(包括管理人才)匮乏。据 1985 年的统计,在福建省六十九个县中,周宁县工农业总产值列倒数第二;全县十二岁以上的文盲占总人口的 36.87%,农村干部中的文盲比例也高达 27%,该县九个乡中共有五个贫困乡,贫困户占 36%。另外,从 1970 年到 1985 年,该县人口每年以 15.3% 的速度增长,极度的贫困与落后,使得周宁县对脱贫致富的需求变得异常迫切。想要彻底解决周宁县贫困落后的现状就需要科学规划,加大投入,这是一项复杂的社会经济工程。对此,郑维敏等人从多方面对周宁县进行了全面的分析与研究,从社会、政治、经济等多个角度出发,提出了具有针对性的脱贫工程系统。该系统宏观上立足于本地资源优势,以经济开发为龙头,同时兼顾贫困户,落实近期贫困户脱贫,取得了良好的经济效果。

在针对周宁县的具体情况进行脱贫工程系统的动态规划模型构建时,郑维敏等人选用了动态线性规划法(Dynamic Linear Programming)。该方法是二十世纪六十年代末发展起来的一项优化技术,二十世纪八十年代,我国开始进行动态线性规划法的应用研究。动态线性规划法与多阶段决策法和系统动力学法相比,更适用于具有大量决策变量的系统(如系统动力学模型因为模拟能力限制在二百个决策变量之下,所以仅适于系统的"粗"描述),但动态线性规划法是一种具有确定性的单目标最优规划法,而实际中的目标常常是多样的,甚至是不确定的。为了解决这样的动态多目标不确定性规划问题,郑维敏等人在动态线性规划的基础上应用了交互式决策支持系统,从而很好地解决了这一难题。

最终,经过不断探索与研究,郑维敏带领团队完成了周宁县脱贫经济开发项目,项目团队提出的发展规划的主要结果与分析均被周宁县政府采纳,该县政府还据此修订了原定的发展规划。这项发展规划为周宁县脱贫发挥的作用体现在以下几个方面。首先，有助于该县政府适度控制投资规模。脱贫经济发展规划以投资为导向，常常会出现为急于脱贫而过高投资、贪大求全、战线过长，从而忽视了脱贫的起点条件。当时，该县原定五年投资四千万元，而规划结果表明投资规模应该控制在二千五百到三千五百万元之间，至少节省了五百万元。其次，有助于该县政府调整投资方向，完善产业结构。例如，通过推广低芥酸油菜种植，省去了从外省市购入菜油的调运财政补贴费（二万六千至三万一千元）；促成周宁县向高利税项目"结晶硅厂1号炉"投资一百五十万元，投产一年就获税利达八十万元；帮助该县改善了用电结构。再次，帮助该县政府确立了开发当地资源的经济发展战略，为周宁县脱贫致富开辟了新道路。

郑维敏项目团队应用动态线性规划模型，具体深入地描述和分析了周宁县经济发展中的主要数量关系；第一次通过决策分析支持系统在农业系统中实行了交互式多目标决策模拟的分析。郑维敏等通过制定发展规划，执行项目开发，整合技术资讯等一系列措施，使得周宁县的脱贫经济开发取得了良好的效果。周宁县脱贫经济开发项目是一次通过"软硬"结合的科技扶贫的有效实践，它表明系统分析对于促进贫困县的经济开发有十分重要的现实意义，同时也为其他贫困县的脱贫经济开发提供了一条科学的研究途径。

深入金融，关注资本市场

中国资本市场的发展，与改革开放的推动和市场经济的发展密不可分。二十世纪九十年代，随着上海、深圳证券交易的建立，我国证券市场正式形成。资本市场对于资源配置有重要意义，对于经济增长大有裨益。二十世纪八十年代中后期，国内证券发行的日渐增多，投资者队伍日渐扩大，证券流通的需求也日渐增强。到九十年代初期，郑州和深圳分别作为试点引入了期货交易机制和标准化期货合同，随后各地商品的期货市场迅速发展起来。但由于早期体制和监管机制的不完善，以及人们对金融产品的不准确、甚至不正确的认识，使得金融资本市场一度出现了盲目混乱、投机欺诈等问题。郑维敏敏锐地意识到，我国在资本市场理论研究上的滞后大大地限制了我国现代金融实践的发展，为此他开始指导博士生运用系统工程的理论与方法对相关的金融问题开展深入而系统的研究。

郑维敏等运用复杂系统的思想，注意到（国外学者提出的）分形市场概念有助于刻画资本市场的结构特征，即资本市场由不同的交易者构成，这些交易者由于交易期限不同而对信息反应不同，资本市场的稳定依赖于不同时间尺度上的交易者对信息的不同评价和利用，而在事件和信息冲击、宏观环境变化等情况下，伴随交易期限和交易行为同质化的正反馈交易是导致资本市场暴涨或暴跌的原因。通过对资本市场价格运动的实证研究，郑维敏指导博士生殷勇得出了资本市场价格运动是一种时间分形的重要结论，论述了传统资本市场理论的基础——价格布朗运动模型的缺陷，建立了描述资本市场价格分形的稳定过程模型，并进一步在此基础上，构筑起基于稳定分布的投资组合选择模型、资本资产定价模型、欧式卖权定价模型与美式卖权定价模型，从而初步建立起分形资本市场的理论模型体系，同时，他们还通过该实证研究从投资决策有效性、定价能力和定价准确度等方面有力地证明了其所建立的分形资本市场理论的合理性。之后，他们进一步将分形资本市场理论应用于投资管理的实际操作中，建立了一个具有较强实际背景的投资管理决策模型，并给出了模型的求解算法。在《基于时间分形和稳定分布的证券定价与投资管理》一文中，郑维敏等人指出：与传统资本市场理论的基础——价格布朗运动模型不同，合乎资本市场逻辑的做法，应该是从探索价格运动本身的规律出发去建立正确的理论模型，然而，价格运动的复杂性，使得传统的分析方法不能找到其中的规律，而分形几何的出现则提供了有效的分析手段。基于分形几何的分析方法，郑维敏等发现：资本市场价格运动的轨迹是一种时间标度分形，其特征意味着价格变化具有稳定的频率分布模式，并在不同时间标度下具有相似性，在时间标度变换下具有内在的标度律，这才是资本市场价格运动的固有规律。

此外，郑维敏等人深入研究了基于对称稳定分布的资本资产定价理论，主要有两项成果：一是建立了基于稳定分布的投资组合选策模型。提出多个证券价格变化的联合分布服从多维对称稳定分布，以及各个证券的价格变化之间只存在线性关联关系这两个基本判断，以此作为后续分析的前提，并实证验证了这两个前提的合理性，从而建立起基于对称稳定分布的投资组合选择模型。二是提出了基于稳定分布的资本资产定价公式。在解决了投资组合选择问题的基础上，接下来的问题是基于稳定分布的资产资本定价，即在均衡市场条件下，如何确定风险的市场价格？郑维敏等人研究了在均衡市场条件下投资组合的有效边界，分析了分形资本市场中资本资产（即债券和股票）的定价问题，将最终的理论模型建立在对分形资本市场的价格描述——稳定概率分布的基础之上，从而构建起了一套与传统理论相对应的新理论。

与此同时，郑维敏等人还研究了基于对称稳定过程的期权定价。一是基于对称稳定过程的欧式卖权定价。利用欧式买权和原生股票之间的平价关系，得出欧式买权定价公式，并通过实证检验，给出了欧式卖权定价模型。二是基于对称稳定过程的美式卖权定价。通过对称稳定过程的对称性，求得了行使期权的时间和证券价格的联合二元分布，从而建立起最大化预期收益的优化问题，并构造出一个基于布朗运动的美式卖权定价模式作为对比，推导出了无限有效期的美式卖权定价模型。

紧接着，郑维敏等人又致力于将分形资本市场的理论引入到资本市场投资管理的实践中去，以期产生更大的效益，构建了一个基于稳定分布的投资决策模型，该模型综合考虑了多个投资规划期，税收、交易成本等多项实际因素，以及资金平衡限制、风险限制、证券类别限制和无卖空限制等多种决策约束，是一个具有较强实际背景的模型。同时，提出了一种分解—协调优化算法，能够将 T 个投资规划期、N 种可选证券形成的 $N*T$ 个变量的非线性规划问题，分解成 $T/2$ 个 N 变量的子问题。当具有较多投资规划时，该算法的有效性明显。

之后，郑维敏还指导博士生开展了组合证券投资决策的研究，给出了卖空限制情况下有效证券组合的结构特征、确定方法以及指数模型下的快速算法，在金融创新的背景下分析了卖空限制情况下指数期货的引入对于扩展投资机会空间的意义及实现方式，拓展了基金分离的基本定理。郑维敏等还注意到，交易期限和行为的趋同导致了金融资产的价值偏离基础价值，而定价错误得不到及时纠正的一个重要原因是基金投资经理可能受到短期业绩评价的影响而忽视长期信息的利用，特别是在市场情绪短期内持续加深情况下，基金经理可能因为短期业绩评价的需要，采取正反馈交易，买涨杀跌，助涨泡沫或退出市场，从而造成市场流动性的骤减。由此，郑维敏等考察了在投资者与基金经理的委托—代理关系中，基于绩效的报酬结构对信息利用的影响。他们发现，基于绩效的报酬结构不利于基金经理有价值信息的充分利用。然而，由于投资者与基金经理之间的信息不对称，当存在投资者对基金经理风险偏好估计不准确的风险时，基于绩效的报酬结构可以在一定程度上降低代理成本，特别是在基金经理风险偏好未知且信号精度较低时，基于绩效的报酬结构可防止投资者的效用损失超出信息价值本身。他们还从最小化信息价值损失的角度，研究了两种典型报酬结构的选择条件和最佳设计问题。进一步，郑维敏等在相对风险测度基础上，更一般性地分析了作为绩效评价基准的参考证券组合对组合证券选择和均衡资产价格的影响。这些研究表明，基金投资中委托—代理问题的存在以及由此产生的基于绩效的评价和报酬结构，阻碍了基金经理信息的充分利用，也导致了资产定价偏离经典的资本资产定价模型。

同时，郑维敏还指导博士生利用组合证券投资与组合预测在风险分散和组合结构方面的相似性，对组合预测开展了深入的研究。郑维敏等注意到，在经济预测领域，寻求描述现实的真实模型一直是一个突出的问题。真实模型的构建有助于我们加深对实际问题的理解，但由于环境的不断变化，我们又难以实时地构建真实模型。然而，组合预测却为解决真实模型的构建问题提供了一条可行的途径。通过问题分解，单项预测，以及信息集成等方法可以有效地降低总体的不确定性，提高总体预测精度。组合预测可以综合考虑基于不同信息的单项预测，即面对模型的不确定性，应考虑多个模型信息的综合利用，这也是系统观的一个应用。借助组合预测的手段，郑维敏等通过大量实证比较研究发现，对样本依赖程度低的简单组合模型往往具有超出对样本依赖程度高的复杂组合模型的性能。因此，如何利用简单组合模型的鲁棒性并超出其性能是一个很值得研究的问题。郑维敏等提出采用统计含义丰富的斯坦规则（Stein Rule）收缩估计来结合简单组合预测模型的非样本信息和单项预测的历史表现，以提高组合预测模型的性能，这一方法的有效性得到了实证研究的有力支持。而且，组合结构的相似性还表明这一方法也可以应用于组合证券投资决策，即可以采用斯坦规则估计将实践中大量应用的参考证券组合的非样本信息与各证券历史收益的样本信息相结合，以提高组合投资决策模型的鲁棒性和样本外的投资绩效。郑维敏等还注意到，经济序列特别是金融时间序列常常呈现出长记忆非平稳的特征，而其单项预测往往与之存在一定协整关系。于是，针对非平稳经济序列及其单项预测的协整关系，郑维敏等进一步提出更有效利用协整关系的组合预测误差校正模型，并形成与斯坦规则估计相结合的组合预测模型和方法，进一步改善了预测性能。

郑维敏等的这些研究工作，是把系统工程特别是复杂系统的思想、理论和方法有效地运用于金融问题的研究与探索，并取得了许多重要的成果，这在很大程度上丰富和发展了现代资本市场理论。

全面分析，稳定电网运行

1986年6月，广西、广东、香港联网系统在广九线上发生了多次幅度较大的功率振荡，香港方面即使采取了降低联络线传输功率等措施，也未能平息振荡。在电力部调度通讯局的支持下，针对广西、广东、香港联网稳定问题，电科院系统所会同有关单位对互联电网的稳定运行开展了多方面的研究工作。郑维敏一直以来在振荡问题上做过不少理论研究与实际应用，于是他指导其博士生罗国俊参与了此次的研究。郑维敏与罗国俊通过分析发现，广九线上持续发生低频功率振荡的原因是负荷扰动引起了联络线功率谐振，并且其幅值同系统的容量、阻尼大小及扰动负荷的频率密切相关。针对此，他们经过不断研究与分析，最终提出了一种经过计算和动模试验验证的抑制联络线功率振荡的控制方案。①

1987年以前，广西主网以水电为主，总装机容量约为1000MW，通过430公里的220kV线路向

图4-10 郑维敏指导博士生罗国俊（1988年）

广东送电，正常输送功率为0—450MW；广东主网以火电为主，总装机在2000MW左右；香港（包括中华电力公司和香港电灯公司）主网全为火电，总装机为5000MW左右。中华电力公司通过两条132kV和一条66kV的线路向广东送电，输送功率在0—220MW之间。1986年6月，广东、香港的联络线（广九线）上出现幅值时大时小的持续低频功率振荡，振荡幅值有时高达峰—峰90MW，当时由于运行中缺乏有效措施抑制功率振荡，造成广九线解列②达一个月之久，经济损失十分严重。

其实早在1984年2月至5月，广东—香港联网系统就曾经有过多达几十次的弱阻尼和负阻尼的低频振荡，严重威胁到联网系统的稳定运行。低频振荡可能是自然产生的，也可能是系统故障产生的。当时香港中华电力公司处理震荡的方法主要有三种：（1）调整青山电厂发电机的励磁调节器，（2）降低联络线输送功率，（3）香港和广东电网解列。1984年2月14日，香港中电公司通过一次试验了解到联络线输送功率大小会引发低频振荡。当时，电科院研究人员应用特征值分析技术，阐明了系统阻尼同系统运行状态、发电机励磁调节器参数及网络结构等因素的关系，提出加装电力系统稳定器（PSS，Power System Stabilization）是增加系统阻尼、抑制低频振

---

① 罗国俊，郑维敏：广东、广西、香港互联电网联络线功率振荡的研究报告。1991年。

② 解列：当发电机和电力系统其他部分之间、系统的一部分和系统其他部分之间失去同步并无法恢复同步时，将它们之间的联系切断，分成相互独立、互不联系的两部分的技术措施。它是最终为维持电力系统稳定运行、防止事故扩大造成严重后果的重要措施。

图4-11 郑维敏、罗国俊等编写的研究报告（1988年）

荡的主要措施。

相对于1984年的弱阻尼和负阻尼的低频振荡问题，郑维敏与罗国俊面临的问题更加棘手。他们为了了解此次电力系统震荡产生的机理，进行了大量实地考察。通过考察发现了以下现象[①]：（1）联络线功率振荡幅值的大小同联络线负荷水平无明显关系。当发生较大幅度的振荡时，运行人员试图通过降低联络线输送功率来平息振荡，但未能成功。同时，随着传输功率的下降，振荡幅值反而增加，最后导致两广同香港解列，解列后再并网，振荡依然存在。此外，这种功率振荡的幅值时而增大时而减小，同1984年负阻尼引起的低频振荡时情况完全不同。（2）联络线功率振荡的情景运行人员无法重现。有时改变一下网络结构扰动可能激发也可能平息较大幅度的联络线功率振荡，但有时却毫无作用。（3）中华电力公司的680MW机组PSS投退（投入和退出），甚至于AVR（自动电压调节器）投退均对联络线功率振荡幅值无明显影响，而在1984年低频振荡发生时，AVR由自动改为手动即能平息振荡。（4）在严重干扰引起的暂态过程消失后，联络线功率振荡的幅值同干扰发生前一样。（5）广东和香港单独联网时广九线上功率振荡频率为0.37Hz左右；两广单独联网时，两广联络线上功率振荡频率为0.42—0.47Hz；三网相连时，广九线功率振荡频率为0.32—0.35Hz。（6）两广联络线上的功率振荡幅值同广东与香港是否联网关系不大。（7）两广解列，广九线上功率振荡幅值减小。根据这些发现，他们指出：此次电力系统震荡与1984年发生的自发低频振荡有很大区别。1984年的低频振荡问题是弱阻尼或负阻尼的低频机电振荡，属于

---

① 罗国俊：广东、广西、香港互联电网联络线功率振荡的研究报告。1988年。

自发性的低频振荡，而此次电力系统震荡不属于自发性的低频振荡，是由网内负荷变动、发电机原动机调整引起的联络线功率谐振，是一种随机功率波动，属于强迫振荡。

由此可见，解决电力系统的负荷变动是解决这次电力系统震荡问题的关键所在。电力系统的负荷变化是很不规则的，但郑维敏等分析后发现，不规则的负荷变动其实是三种有规律的负荷变动的综合：第一种幅度小，周期短，这种负荷变动有很大的偶然性；第二种幅度大，周期较长，如电气机车之类的具有冲击性的负荷变动；第三种的幅度最大，周期也最长，比如生产、生活和气象变化等引起的负荷变动。第三种负荷变动基本上属于可预计的负荷变动，因此调度部门可事先安排并解决。由此研究的关键便转向了对第一、二类负荷变动的研究。

基于此，他们在研究联络线功率谐振时，将模型进行了极大的简化：他们用正弦级数表示第一、二类负荷变动；并且由于联络线上的功率振荡对两端系统的中心电压几乎没有影响，因此便将弱联络线联结的两大系统简化为单机—无穷大形式，最终仅用了一种最易理解的数学模型来模拟联络线上的功率振荡。尽管联络线上的功率振荡是一个十分复杂的问题，但郑维敏认为，从工程角度看，如果各种分析的结果在数值上并不至于产生很大的差异，那么用一种简单但易于实现的模型去进行模拟便是合理的。之后，他们利用简单的数学模型对联络线功率谐振进行了进一步的分析与探讨，最终发现用原动机进行调节器辅助控制能够有效抑制这种联络线功率谐振。他们在此基础上研制了一种调节器辅助控制装置，并通过数字仿真模拟与现场试验对该装置进行检验，结果均表明这种辅助控制装置不仅能有效地抑制弱阻尼和负阻尼的低频振荡，同时能有效地抑制由于系统内负荷变动引起的联络线功率谐振，并且效果非常良好。他们提出的这种调速器辅助控制装置，制作简单，调整方便，并能适用于各种运行方式，因此可以作为抑制联络线功率振荡的一种有效措施，成功解决了广西、广东、香港的电力系统震荡难题。

第五章
品高德馨风范永存

三尺杏坛，桃李天下

重才、育才，一向是郑维敏深切关注的重要问题。多年来，郑维敏始终坚持用先进的人才理念探索与思考我国的人才发展问题。目前，活跃在我国科技、教育、国家政策制定领域的一些领军人物就是在他的关怀、培养和扶植下成长起来的。

郑维敏一生辛勤躬耕于教育事业，数十载如一日勤恳敬业，对科研工作一丝不苟，勤奋努力，对学生关爱有加，无微不至。桃李无言，下自成蹊。仅从1982年到1990年，郑维敏就带出了十二名博士生，可谓人才济济，成绩斐然，并于1990年荣获北京市高等教育局"培养系统工程高级人才"奖。

郑维敏亲自指导了近三十名博士生，他培养出的博士生在学术和业务上都具有较高水平，他们为社会的各行各业发展建设做出了很大的贡献。这其中，有的成为主导或参与国家经济金融改革和发展的领导人和重要骨干，有的成为成功的实业家，有的成为突出的学科代表人物。他的学生们的科研和实践活动，已经远远超出了系统工程的学科范围，而覆盖到了工程、经济、管理等方方面面。

在日常的教育实践中，郑维敏非常关心学生和年轻教师，经常了解他们研究什么问题、遇到了什么困难，并随时随地点拨他们思考如何确定研究方向、如何进行更深入的探索和实践。郑维敏具有非常敏锐的直觉和洞察力，他特别注意学科的前瞻性，从来不满足于现状。虽然他在学术上对学生们要求很高、很严厉，不许半点马虎，但是，在日常生活中他却非常平易近人，从来不摆大师的架子。

周小川是郑维敏带出的第一名博士生，于1981年到1985年期间在郑维敏的指导下学习。虽然周小川毕业已三十多年，但郑维敏的严谨学风和谆谆教诲仍然让他记忆犹新，并时时激励和指引着他的工作和学习。周小川评价说："郑先生毕生致力于中国的教育事业，培养了大批优秀的人才，现在已经陆续成为我国经济建设和科学研究的一线骨干力量。他的治学精神和仁爱之心将一直激励着所有学生不懈努力，奋斗终生。"

郑维敏对学生们在科研领域的发展成长所产生的重大而深远的影响，

图 5-1　郑维敏（二排左五）与学生、同事们在一起（1988年）

第五章　品高德馨风范永存

具体表现在以下几个方面：第一，郑维敏非常注重理论联系实际，强调从实际出发开展科学研究。譬如：自动控制课题结合首钢"300 小型连轧"的实际生产背景进行、系统工程课题结合"上海黄浦江污染治理"等项目进行。郑维敏早年指导的研究生吴澄院士，在完成研究生课程学习（大约一年多时间）后，郑维敏就指派他到武汉重型机床厂去研究用于一台新型数控插齿机的高精度数控伺服系统，其核心是研制一种新型的直线（或旋转）位移的高精度传感器。当时仅有的资料是一份简单的两年前的美国专利。吴澄等人和企业年轻的技术人员一起，开展了制造工艺、自制装置、测试和反复的误差分析比较等大量的工作。回到学校后，在郑维敏指导下，他们又着重从理论上研究感应同步器的设计方法，这种传感器是玻璃底板上的一些有一定宽度的金属线条，对于如何确定其定量关系，他们还一时不知道该如何下手。郑维敏点拨他们可以试试参考电机绕组的设计方法，以消除高次谐波。沿着这一方向，吴澄等人成功完成了感应同步器（圆盘和直线两种）的设计方法，并且分析了系统误差的理论表达式，其结果与他们在工厂测试的结果完全一致。后来由于"文化大革命"动乱，这个课题与学校的科研被迫停止，但他们把全部资料和实验经验毫无保留地传给了上海的一家研究所。多年后，从一个意大利展览会开始，这种传感器和系统开始在世界亮相。在此后的全中国大力推动数控的热潮中，其阶段成果在数显（数字显示）的推广和应用中发挥了很好的作用。

据吴澄院士回忆：郑先生搞科研强调要结合实际的基本态度，对他后来的工作影响很大；郑先生做科研一定是紧密联系实际、结合生产实践，并且能指引生产的，都必须要在实验室里作大量的研究。学生们一旦进入论文课题，大量的时间基本上都在实验室，几乎是天天从早到晚。

同样，王浩院士在郑维敏指导下完成了以国家"七五"攻关项目为背景的"三峡水库的综合利用专题，水电、站群、优化补偿调节及三峡水库综合利用优化调度"的博士论文，他对郑维敏当时对他的指导帮助印象深刻，并且特别提到，郑维敏强调研究要有两种导向：一种是问题导向，另一种是方法导向，他坚定地认为，对于应用学科，问题导向才是正确的，所以他要求大家必先把面对的实际问题吃透之后再做事。例如：面对一个多目标的问题,郑维敏指出,根据不同时期的要求侧重点不同,可以把问题分解成不同的单目标问题来处理,比如,针对上述项目,到了汛期这个时段,其主要矛盾就是防洪,别的目标都是次要的,那就应该专门针对防洪;而在非汛期,发电、航运、供水就成为主要问题,其他就是次要的。从而就可以将水库的任务和功能灵活进行分解;多决策主体的事情,可通过决策理想点的方法变成单决策主体的事情;多阶段的事情可简化为两阶段的事情,并且证明两阶段的事情能从优化理论上保证全局最优解。郑维敏提倡的问题导向思路把一个复杂的事情深入到内部结构里拆解,不仅可以方便计算,而且也使优化成为可能。

郑维敏的另一位博士生宋逢明,从做博士论文开始,便在郑维敏指导下全面参与到机械工业部的项目开发任务中,并从中提炼博士论文的研究内容。导师郑维敏的这种始终如一的理论结合实际的教学科研风格,对宋逢明日后进行清华经管学院金

图 5-2 郑维敏(左三)2007 年与学生们聚会(右一为王浩)

融专业的学科建设和创办金融工程实验室产生了极为重要的影响。在此期间,他为政府、监管部门和银行金融业界(包括国际知名机构)做了许多研究课题,同时长期参与中国建设银行和清华控股有限公司董监事会的工作和亲历国有大银行的股改和大型国企的公司治理,最后把在实践中获取的知识和经验付诸自己的教学实践。

第二,郑维敏对科研具有敏锐的洞察力。经过拨乱反正之后,中国开始了改革开放的伟大历程。但在教育界,培养建设市场经济人才的经济管理教育还处在起步阶段。老一辈的经济学家和技术工程专家从各自的角度出发,开始探索结合中国经济建设和改革开放的经济管理学科建设。技术工程领域的科学家们创建"系统工程"学科,以系统科学、信息科学和决

策科学的理论来指引经济管理的学科建设，而郑维敏就是其中的优秀代表之一。宋逢明，这位在"文化大革命"前考入北大数学系的高才生，亲身感受到在导师郑维敏的指导下，自己的知识结构和科研能力如何获得根本性的改善与提升，自己如何真正学会严谨治学，如何通过大范围的文献检索了解了科研的前沿动态（尤其是科学方法论方面的最新进展），如何结合实际项目提出解决问题的技术路线、采用先进的方法和手段开展研究工作，如何为率先在国内引进"金融工程"这一新学科做出贡献等。这种亲身感受，不仅伴随了他之后几十年的教学科研生涯，而且也在潜移默化中传给了他自己带出的几十名博士生，从而，使郑维敏的指导思想得以继承和发展，并渗透到金融经济的多个领域。

在宋逢明刚刚攻读博士学位时，郑维敏就给他提出三条要求：第一，他有很好的数学基础和长期的企业实践经验，因此要把主要的研究精力集中到微观层面；第二，要安心留在学界，专心致志地从事教学和科研工作；第三，因为"文化大革命"一度中断了学业，所以他对学术的贡献主要应该是引进、过渡，为下一代学子起到桥梁的作用。几十年来，宋逢明一直铭记导师郑维敏的教导，学习导师严谨治学、低调做人的精神。在此期间，宋逢明虽然遇到过去政府和企业高就的机会，也遇到过留在国外工作和生活的机会，但他都像他的恩师那样毅然放弃了，而选择了在清华的学术殿堂里进行认真的教学和深入的科研，从而为学科建设和学术发展，做出了自己应有的贡献。自1988年起，宋逢明就一直坚持在清华大学经济管理学院担任教学工作，历任副教授、教研室主任、教授、博士生导师等职，他教授的主要课程包括金融工程，衍生工具，商业银行管理，公司财务，以及国际金融等，他还在国内率先倡导和引进"金融工程"新学科，积极推动国内金融学科的现代化和国际化建设。

吴澄院士也清楚地记得：当年师从郑维敏期间，郑维敏感觉到频域的线性系统理论和方法已经比较成熟，而非线性问题无论是在理论上还是在实际中，都有很大的研究价值，所以特别推荐吴澄攻读《振动理论》这本书。这是一本不限于控制的非线性系统分析的理论性专著，在当时看的人很少，而且非常难学，这是吴澄觉得他所读过的最难读懂的一本书。但是，正是这本奇书对他的帮助极大，让他清醒地认识到了自己理论上的不足，从而更加重视理论学习，可谓受益匪浅。如今，吴澄院士作为清华大学自动化系的主力教授、博士生导师和国家CIMS工程技术研究中心主任，肩负着国家自动化控制领域攻坚克难的重大使命，他先后承担了一大批国家重点科研项目，在中国的自动控制领域做出了杰出的贡献。

第三，郑维敏非常重视对学生今后的发展方向和人生目标的指导。平时，他非常认真仔细地辅导学生的论文写作和研究选题，针对不同学生的特点和兴趣，因势利导帮助学生选择题目，并且非常关心学生今后的发展方向。据王浩回忆，他快毕业的时候，郑先生曾经找他谈话，特别希望他能够继续努力做好水资源的相关研究。遵从导师的指引，多年来王浩一直致力于此，对水利学科的发展做出了很大的贡献。另一位博士生蔡小强，至今对于在郑维敏指导下完成在国际刊物上发表第一篇论文的过程记忆犹新。当时，蔡小强并没有任何经验，对如何书写英文论文和如何理解评审人的要求都深感彷徨，郑维敏给予他极大的鼓励，并对论文写作的每一细节都予以精心的指点和教导，他告诫说："写论文就像人生路途中跨上一个台阶，你上了一级后就再也不会觉得过去的事情是困难的。"他还向蔡小强强调：选题要有新颖性和挑战性。所以，蔡小强在攻读博士时选定的课题"最优调度"成了他二十多年来一直孜孜以求的主攻方向。

同样，郑维敏的博士生宋安澜对于郑维敏指导自己发掘科研潜力的事情终生难忘。作为1977年浙江省高考状元的宋安澜，属于动手能力特别强的一类。但是，在攻读博士学位的前一段时间，他却一直找不到合适的课题，自己很焦虑，又不知该怎么办。郑维敏想了各种办法从各个角度发现他的长处，花了大量时间和精力帮助和点拨他。后来，在郑维敏的悉心指导下，他终于找到了多目标决策及交互式决策支持系统这一课题，并且开发了"决策支持系统软件"，充分发挥了他动手能力强的特点。据宋安澜所言：在后来的职业生涯中，无论是教学科研，还是创办公司，还是到后来管理近百亿的基金，郑先生教导自己探索问题、分析问题、解决问题的方法等的谆谆教导，都对自己一生的事业发展起着至关重要的影响。

第四，郑维敏对学生的科研指导一向兢兢业业，要求非常严格。他不会因为图省事而敷衍了事，更不会允许学生在学术上弄虚作假或存有半点含糊，对待学生的问题也常常是"一语道破"。在指导学生期间，郑维敏基本上每周都安排一个上午与学生们讨论，由一位学生报告学业进展，郑维敏和其他学生进行提问讨论，有时候，郑维敏还会亲自站到讲台上，就他认为的大家不太清楚的基础性问题讲述他的观点。他不赞成一些人故意"炫耀"复杂的公式，将问题复杂化，而是要求大家深入浅出地从直观切入问题，将复杂问题"简单化"。有一次他讲系统的可控性与可观性，只举了几个简单的小例子，就把可能存在的误区讲透彻了，学生们很容易就觉得透亮清晰，这显然是需要经过长时间的学术积累才能练成的。他的言传身教，对大家起到了潜移默化的影响。

郑维敏被大家在私下里称为"大爷"（这是南方学生在北京印象深刻的京味儿称呼，以示尊敬和友好），对于郑维敏的威严，他的研究生曾勇有更多的亲身体验和感受。在最初还不能感受到郑维敏严厉的曾勇，到了真正做论文，并开始参与每周讨论班的时候，才开始体会到郑维敏对学生的严格，因为他会毫不留情地严厉批评他们，尤其是当他们的研究工作没有进展时，郑维敏会认真地给他们算一算时间都是怎么过去的，他们都做了些什么。当时，曾勇到北京东郊的化工厂做实验要转几次公交车，有时候事先打电话给厂里的师傅约好时间，可等他坐了长达两三个小时的车到厂里时，又会出现临时情况（包括因为师傅与班组长常闹矛盾）而做不成实验。即使遇到这种情况，如果耽误了进度，郑维敏也还是要批评他们：为什么工作不能做的更细一些，为什么事先没有考虑到可能出现的困难等等。当时曾勇觉得挺委屈，但等到他自己也当了二十多年的教师，这才深刻理解了当时郑维敏批评自己的道理。

曾勇做硕士论文选题的时候，一开始郑维敏让他做微生物发酵的控制，并派他去到生物制药和味精厂去调研。刚开始曾勇不明白郑维敏的用意，只是带着从电话本上查到的工厂地址和学校的介绍信，没有准备地去向企业的技术员或工程师了解相关情况，结果收获很少，当时对论文如何完成忧心忡忡。一天，郑维敏给了他一篇会议论文，里面有一处提到投料的最优控制。曾勇如获至宝，跑到图书馆在 Automatica、IEEE Transactions

等的杂志上查了一摞新近发表的微生物发酵最优控制的文章。到了做汇报的那周,曾勇全力投入准备,那天一大早就提前去讨论的教室把一些准备要讲的图画在黑板上,结果开讲还没多久却被郑维敏打断了。郑维敏批评他讲的不得要领,完全没有理解清楚实际控制的关键,到最后曾勇准备的大部分内容都没有办法讲下去了。那天曾勇虽然受到了很大打击,但后来,在郑维敏的指示下,他专门到北京生物制药厂住了一个礼拜,认真调研微生物发酵过程的控制要点,这才理解了郑维敏的用意及其严格要求。再后来,因为企业合作方面的原因,曾勇的论文选题改为有机化工精馏过程的控制,论文背景是把郑维敏提出的分级分布控制系统应用到北京有机化工厂。后来的项目进展实践让他进一步明白了郑维敏的观点,那就是:搞清楚具体问题的关键控制难点,进而设计有效控制方案才是至关重要的。至此,曾勇深刻理解了对于有机化工、生物发酵这样复杂的过程,通过不断在实践中总结经验提炼的算法,要比机械的套用最优控制理论有效得多。

郑维敏是一位关心学生、慈爱有加的好老师。他虽然言语不多,对学生要求严格,但在日常生活上却又表现得非常亲切。有一件小小的事例,足以说明问题。1961年4月,第二十六届世界乒乓球锦标赛在北京举行。因为在过去的二十五届世乒赛中,中国仅仅只在第二十五届获得过一个男单冠军,这次在北京比赛,而且又正是中国刚刚开始走出经济困难的时期,所以这一场比赛就格外引起人们的广泛关注。当时,吴秋峰等年轻单身教师住在清华5公寓,除个别老师有机会去比赛现场看比赛外,绝大多数人只能听听广播,电视机也只有极少数的老师才有。郑维敏家有一台小小的黑白电视机,他看出了大家

图 5-3 郑维敏(前一)在清华大学经管楼前和同事、学生们在一起

第五章 品高德馨风范永存　　153

渴望的心事，于是就主动邀请大家到他家观看决赛的电视转播。当天，吴秋峰等人早早吃完晚饭，十几个人兴高采烈地挤在郑维敏并不宽敞的客厅中，兴致勃勃地观看比赛。当庄则栋、邱钟慧战胜对手获得冠军时，大家连同郑维敏都忍不住热烈鼓掌，郑维敏还拿出了一些当时只有过年过节才吃的水果和点心以示庆祝。多年以后，大家回忆起这件事情仍然感到非常快乐。

能够顺利成为郑维敏的关门博士生弟子的那一段经历，同样也让曾勇印象深刻。1996年夏天，曾勇硕士毕业八年后决定再回母校念博士。当时，尽管郑维敏已经不再招收学生，但当听到曾勇想回母校读博士的消息后，他欣然同意当他的导师。面试结束后，郑维敏非常关心曾勇的情况，专门打电话询问考试结果，知道一切顺利后他才放心。就这样，曾勇再次成了郑维敏的门下弟子。郑维敏七十九岁那年，曾勇等一帮学生一起与郑维敏约好吃顿饭，曾勇下了飞机直奔吃饭的地方。饭后，郑维敏得知他第二天一早的飞机，却还没有落实住处，就留曾勇在自己家里住。第二天一大早，郑维敏和妻子唐敏一起去给曾勇买早点，饭后还亲自送他坐上去机场的班车，让曾勇倍感温暖。

对于恩师郑维敏平日生活上无微不至的关怀和照顾，当年的博士生殷勇感慨颇深。当时，由于日程安排紧张，郑维敏曾经在家里指导殷勇写论文。郑维敏的家位于清华南门一栋普通的家属楼，不大的三居室，光线并不明亮，也没有什么家具摆设。作为会客厅的小房间里摆着两张沙发和一张小桌子。在那里，郑维敏对殷勇指导很详细，由于讨论完后已过了晚饭时间，先生便亲切挽留他吃晚饭，并热情招呼他多吃，饭菜虽简单，但殷勇心里却很温暖。1998年殷勇参加工作后，第一次赴美出差，跟郑维敏约好在波士顿的一家酒店见面，心里满是激动和期待。途中遇到无良出租车司机绕路，让郑维敏和妻子一阵好等，但郑维敏并没有丝毫不耐烦，反而见面后对殷勇的遭遇非常担心，一再叮嘱他出行在外的安全，并告知他很多在美国的生活经验。

尽管也有留学的经历，有开放的思维，更有国际视野，但是作为那个年代的中国老一辈知识分子，郑维敏的身上所保留的中国传统文化的元素还是要更多一些。作为中国老一辈知识分子最典型的杰出代表之一，郑维敏以做学问为最大乐趣，除了自己学习钻研之外，他还教给学生做人、做事的道理，让他们的人生更有价值、更有意义。

严谨治学，勤勉求实

应该说，郑维敏严谨的工作作风是早在学生时代就已开始形成的，尤其是在西南联大电机系学习的那些日子里。当时，电机系的学习难度比较大，很多学习好的同学都愿意进电机系。电机系学风严谨，老师们把教学放在第一位、认真上课是联大老师共同的特点。郑维敏在这样的环境下养成了好读书、爱思考、勤讨论的学习习惯，这对他后来形成严谨的工作作风起到了直接的影响。

在做助教期间，郑维敏每做一项研究，都要认真收集整理文献，然后切实消化并扎实掌握，使之成为可随时调用的知识。同时，对于前人的工作和观点不是盲从，而是仔细分析其特点，找出有用和不足之处，当看不准时，往往会通过建立数学模型进行求解、计算，利用试验数据进行验证和反复比较，直到满意为止。作为一个献身学术和科研的人，郑维敏先生必然会缺少一些物质享受方面的快乐，但他也必然会获得一些物质享受无法达到的乐趣，那就是钻研和求解的乐趣、创造和收获的乐趣。这种醉心科研、以苦为乐的精神，令人钦佩，亦令人感动。在担任工业企业教研室主任期间，郑维敏对教研室的各项事务都是亲力亲为，全身心投入，

图 5-4 郑维敏编写的《关于知识工程的理论基础》手稿（1987 年）

第五章 品高德馨风范永存 *155*

就连如何做毕业论文也是亲自讲解。他讲授自动调节原理等课程时，不仅板书工整，而且化繁为简，突出重点。他对学生的要求也非常严格，为了培育学生们严格、严谨、严肃的学风，他对概念理解甚至是小数点都有极为规范的要求。

在当时，每逢系里举办研究生入学考试，"调节原理"方面的题目通常是郑维敏出的。郑维敏出的考题有个最明显的特点：他要求答题不是用"求"，而是用"求定"。吴澄院士对这"求定"二字体会最深，他说，在郑维敏眼里，工程科学不同于纯数学。做数学题，答案1就是1，如果答了1.1，很可能是原理思路上出了问题。而工程科学，即便像"调节原理"这样理论性比较强的题目，答案也往往并不是一个确定的数字，而是在对理论掌握理解的基础上，加上对问题的更深入了解之后所做出的选择，这就要求还需要一个"定"。学生解题的过程不是单纯被动的"答"，还是要求去主动的"定"。郑维敏在答题要求上的一字之变，把学生从学院式的问题求解的定式思路上引导出来。很多学生至今想起来，还觉得这二字很值得寻味，一字之变，终生受用。

郑维敏虽然平时言语不多，但他对于研究却是非常务实并且勤于实践的。正如董登武所言：郑维敏先生总是会给大家指定一个方向，告知大家应该怎么去做，怎么通过实践去验证理论研究成果。在调研过程中，郑维敏先生能够及时指出应该注重的问题，并要求从根本上透彻了解所研究的对象，比如哪些和专业有联系？怎么去结合专业？要解决的问题在哪里？和自己相关在何处等。甚至有时候他提出的问题可能与研究的关联并不大，但是，从工程实践的角度看，有些关联不大的问题也是需要去解决的。在顺序控制器的推广过程中，郑维敏先生会告知这个系统如何设计、如何控制，交代清楚大体的系统设计思想，然后由学生和老师共同来实现。在整个过程中，郑维敏先生总是会身体力行亲自监督进度，询问存在的问题，关心进展情况并参与大家的讨论。

郑维敏在治学过程中的严格，还体现在他对真刀真枪的生产实践的重视上。他经常带领学生通过参与社会生产实践的实际课题，来进行工程实验科研，以此检验实践中的结果能不能获得通过，并以此作为唯一的标准。郑维敏一向重视通过结果来进行检验，从来不喜欢纸上谈兵。即使是在"文化大革命"时期，他也经常带学生"开门办学"到现场，尽管他身体并不是很好。据董登武回忆，有一次，郑先生带我们一起搞项目时，他的脖子上长了个瘤子，连吃饭都不方便，但是他仍然和大家同吃同住，没有任何额外的特殊要求，也没有任何"师长为大"的身份和架子。

郑维敏知识渊博，讲课时思路清楚，简洁透彻，勤勉求实，言之有物，旁征博引，生动活泼但从不夸夸其谈。他强调对基本概念的理解，要求学生有扎实的基本功，在进行数学推导过程中不断强调物理概念。这些重视基础、重视理论的作风，是清华学风的一部分，也是郑维敏教学理念的一部分。每次授课，郑维敏都会想方设法让高深的知识变得鲜活起来，尽力使学生快速接受。据高龙回忆，大三一开始上实验课的时候，郑维敏是实验课老师，大家都觉得他非常厉害。因为当时调速都是用电阻，而电阻是一个盛放盐水和铜片的水泥池子，调节时很辛苦，但每当大家操作"卡壳"的时候，郑维敏就会迅速来帮忙，并且一调就能非常准确。

另外，郑维敏讲课有个很大的特点，就是要点明晰简洁，这和冯·卡门的经典德国学院派授课方式非常相似。比如，讲到顺序控制器，他只带三张卡片和三根粉笔到课堂上，其他什么都不用。他口齿清楚、层次分明、板书简洁，讲完以后总会让学生留下特别深的印象。这不仅仅反映出他在课前对课程准备的认真和周到，更体现了他那超群的条理性和逻辑性，同时也充分体现出了他那正直而简单的学者个性。

值得一提的是，郑维敏对讲课的认真负责态度是非常令人感动的。"文化大革命"期间，郑维敏在北京低压电器厂讲授顺序控制器的课程，电器厂的教室条件比较差，空间也不大。另外电器厂教室的讲台黑板和清华大学的也不一样，黑板短讲台也短，但讲台却又比较高。当时正值冬天，三十多个人挤在一个教室，教室里面烧着取暖的炉子。郑维敏讲课有个习惯，就是非常投入。有一次，他正讲得精彩的时候没注意，一下子从那高讲台上摔了下来，离炉子只差三公分。同学们见郑维敏摔得比较严重，动弹不得，都很慌忙。董登武当时在场，立刻带着学生赶紧把郑维敏背到宿舍，然后有个好心的同学跑过去给他按揉。即使是在这个时候，郑维敏仍然坚持说课不能停，于是，把讲课的卡片交给董登武，请他帮忙先代讲一下。正好董登武熟悉顺序控制器的讲课内容，但他刚刚才讲了有二十分钟左右的时间，大家就又看到郑维敏在学生的搀扶下从教室门口走了进来。郑维敏又重新走上讲台，坚持接着讲课，同学都感动得热烈鼓掌。郑维敏非常注重理论与实践相结合，注重开拓创新，并强调直观和物理意义，他的著作《正反馈》正体现了这一风格。除了看书、著书以外，郑维敏少有别的爱好，但他对学科发展中的新事物、新趋势却非常敏感。郑维敏指导的学生的论文选题，在当时都是很前沿的，并且在相当长的一段时间内对我国众多领域的科研发展都产生过较大的影响。郑维敏是我国最早把模糊理论用到控制方向上的学者，他带领教研组的多位青年教师在模糊控制上做了大量工作。值得一提的是，郑维敏及其科研团队在八十年代初所做的模糊控制理论研究文章，在三十年后的今天，仍然有学者在国外期刊上引用。由此可见，在当时的国内学术背景下，郑维敏及其科研团队能做出如此前瞻的研究，是非常难能可贵的。

用吴澄院士的话说，郑维敏在学术上给人的印象是：他总是年轻的。事实上，郑维敏是我国提倡建立系统工程学科的最早学者之一，他主导的重要研究课题"上海黄浦江污染治理"，是我国最早的国际学术交流与合作项目，并通过努力取得了丰硕的成果；后来他又在经管学院进行了大量开拓性的交叉学科的研究工作。

淡泊名利，爱国奉献

受家庭教育影响，郑维敏从小就有一颗强烈的爱国、报国之心。尽管少年时代充满战争的动乱，但他仍然勤奋好学，胸怀大志。经历过国家存亡和民族危难的惶恐与愤怒，郑维敏自小心中就深深埋下了抵御外敌、振兴中华的责任与使命。幼年时期，为躲避战乱，虽然几经举家搬迁，但富有远见卓识的父母还是不断请家庭教师来教他们兄弟姐妹学习,从来不让他们耽误学业。这种世代相传的良好家风,以及从不因为环境而有丝毫改变的家庭教育,使郑维敏和他的兄弟姐妹们从小养成了良好的学习习惯,他们每天一下了学就一起复习功课,纵使外界环境复杂多变,但郑维敏都心无旁骛。

青年时代,郑维敏的爱国精神愈加强烈,这不仅体现在"七七事变"后他远离家庭到抗日的大后方求学,还体现在日本侵略军进犯大西南时他毅然投笔从戎参加青年军,更体现在他在英国实习期间放弃去美国加州理工学院深造的机会,毅然决定回国参加社会主义建设。热爱事业正是为了报效祖国,郑维敏在担任清华大学自动化教研室主任的近三十年间,陆续创办了电力拖动、自动控制、生产过程自动化以及计算机控制等多个实验室。后来又创办了系统工程专业,建立了相应的研究室。他注重理论联系实际,强调科学技术应尽快转化为生产力。他所从事的科研项目大多是来自生产实践的应用开发型课题,可直接为国家建设服务。

他意志坚定,百折不挠。即使是在国家困难时期,在社会上到处弥漫着读书无用论的时代,他也依然执着地带领大家开展学术研究工作,不怕挫折失败,敢于直面困难,能人所不能,忍人所不忍,在非常艰苦的条件和恶劣的环境下坚持科学研究。

1969年冬天,在"文化大革命"中,一批又一批被认为需要"接受再教育"的教工被送往江西省南昌市鄱阳湖畔的鲤鱼洲农场,郑维敏正是被送去的其中一个。那里原本是一个劳改农场,是血吸虫的多发地,主要是水稻田。他们初到时住自己盖的茅草房,大风把茅草房吹倒,又自己动手盖简易砖房。郑维敏当时身体虚弱,被分配到种菜班种菜,菜地离住处较近,旁边是大片的育苗田,种不同品种的秧苗,需要精心培育。劳动之余,郑维敏就饶有兴趣地针对这片育种田,跟那些在鲤鱼洲"接受再教育"的同事们讲育种田的运筹学,讲如何在一小块土地上合理安排,使各种秧苗适时、健康地供给大田插秧,以及拖拉机的耕作路线应如何规划等。不仅如此,他还经常把自己反复琢磨的大田耕种的各种问题拿出来和大家一起讨论。这段在农场的经历,对农业的情感,无疑与后来郑维敏把优化控制

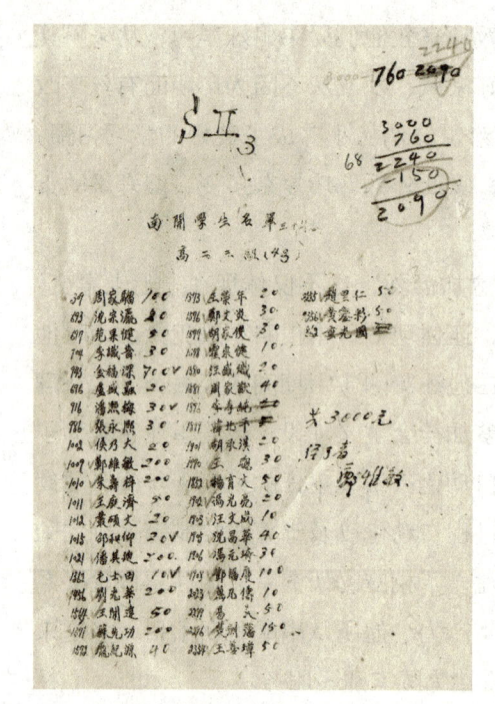

图 5-5 郑维敏在重庆南开中学时为抗战捐款（1943 年）

应用到农业上不无关系。

郑维敏不仅是爱国报国的典范，而且是为人正直、淡泊名利的楷模。他向来只说真话，不说假话，并以此作为他自己多年恪守的一条不成文的自我约束条款。对社会上出现的某些"走后门"之类的不正之风，他向来坚决抵制，自己个人的事情都是通过组织安排。对于科研技术上的问题他很直率，一视同仁，从来不会因为个人关系而偏袒谁，严格按照程序进行。即使在参加国家评审会议的时候，他也是就事论事，严格按照会议要求进行。

正如郑维敏的学生蔡小强所言：郑先生最受人尊敬之处，在于他视名利为无物。他还记得先生在指导自己写第一篇英文论文时的点点滴滴，尽管郑先生对他的影响非常大，从一开始鼓励他发表，到具体如何写、往哪儿投，到怎么修改，每一环节郑维敏都花费了很多心血，但是在他的坚持下，这篇文章却最终没有留下他的署名，而只有蔡小强一个人的名字。

郑维敏为人低调谦和，从来不愿意宣扬自己的成就。据董登武回忆，他跟着郑先生学习工作那么多年，从来没听郑先生讲过之前攻关"首钢 300 小型"这件事情，直到他去首钢实习，听一个年纪稍大的老师讲这件事他才知道。并且，郑维敏虽然带出了很多赫赫有名的优秀学生，但他从来不用学生来宣扬自己，让人不能不从内心深处对他肃然起敬。

作为学术界的名师，郑维敏有一颗人所共知的宽厚、仁慈之心。他从来对学生都一视同仁，没有厚此薄彼之分，尤其是在"文化大革命"时期给工农兵学员讲课，他对每一位学员都认真辅导，有针对性地讲解。虽然当时的社会现实造成那些工农兵学员学习基础较差，但郑维敏对他们没有半点歧视，一如既往兢兢业业的传道授业。郑维敏在"文化大革命"期间下放到工厂时，一直是深受工人师傅们所欢迎的"老九"，因为他能帮他们解决工厂的很多实际技术问题，因此他成了"香老九"，而不是被工人瞧不起的"臭老九"。

郑维敏所处的年代，大多是中华民族遭受多种苦难的年代。在那些与国家同呼吸共命运的日子里，尽管常常遭受苦难，他却往往代之于沉默，从来不抱怨。他不苟言笑，大家从来没有听到他讲过空话、套话、假话。这在那些世风日下的年代里，是非常难能可贵的。郑维敏具有爱国、正直和勤奋的美德，在他身上，我们可以清晰地看到中华民族的优秀知识分子那种"出淤泥而不染，濯清涟而不妖"的品德，时刻闪耀着淡泊名利、默默奉献的人性光辉。

图 5-6　北京市人民政府颁发给郑维敏的荣誉（1985年）

伉俪情深，回馈社会

在郑维敏的一生中，让他倍觉幸运的，莫过于身边有一位鼓励、支持、关心、照料他的贤内助、好伴侣，那就是他的爱人唐敏一。唐敏一是一位知名的妇产科医生，其家族五代人中都有清华学子，是一个显赫而低调的大家族。唐敏一的父亲唐悦良[①]是第一批公款留美的学生，学习国际

[①] 唐悦良（1888-1956），广东香山人，为清华大学第一期留美生，毕业于美国耶鲁大学，曾任外交部次长，晚年脱离政界以教书为业。

图 5-7　郑维敏（右二）和家人游长城（1967年）

法，毕业于美国耶鲁大学。唐敏一的母亲李淑成与冯玉祥夫人李德全为堂姊妹。唐敏一共有弟兄姊妹六人，哥哥唐统一[①]一生在清华执教，是一位电磁测量与仪器仪表专家。

中华人民共和国成立初期，由于很多知识分子热心于学术研究、为国贡献，加上他们自小养成珍惜时间、用功读书的习惯，所以大部分人结婚都比较晚。1959年，一直致力于学术研究的郑维敏一转眼就已经不知不觉进入到了三十六岁的大龄青年行列。家里人，特别是他的父母，多多少少都为他的婚姻大事操心、着急。当时，他的妹妹郑企静恰好在协和医院工作，认识妇产科大夫唐敏一，不久之后，将唐敏一介绍给郑维敏。1959年6月14日，郑维敏与唐敏一的爱情修成正果，两人喜结连理。

唐敏一和郑维敏一生志同道合，心系国家发展。八十年代中期，郑维敏曾任江西省及福建省政府经济发展战略顾问，也曾亲赴江西省修水县以及福建省周宁县进行过扶贫工作。那时候，虽然他已年过花甲，但还是与妻子唐敏一亲赴

图 5-8　郑维敏（右）与夫人唐敏一在清华合影（1960年）

---

① 唐统一（1917-2013），曾任清华大学教授、博士生导师，仪器仪表和计量测试专家。

两省的革命老区贫困县修水和周宁二县，进行实地调研，运用系统工程的理论研究扶贫方法，为政府决策提供决策支持，帮助老区人民脱贫致富。扶贫是一项综合科技水平、人员素质、环境交通、地方资源、长期规划等一体的大系统工程，郑维敏将关于资源分配问题的柔性决策研究成果应用在了修水县的扶贫工作中，有效提升了当地经济建设的生产力，帮助当时的修水县向江西省政府争取到了更大的支持；而唐敏一在贫困县给当地百姓讲课、看病，夫妻二人为当地的发展做出了很大的贡献。

郑维敏热心支持社会工作，曾担任北京市政治协商会议第十届常委，国家自然科学基金会第一、二、三届信息科学部评议组成员，国家科委软科学研究工作指导委员会委员，中国科学院技术科学部自动化分组成员，担任过中国自动化学会第一届理事、第二届常务理事，中国系统工程学会常务理事兼任国际学术交流委员会主任，中国仪器仪表学会第三届理事，国际自动控制联合国（IFAC）发展中国家委员会委员（1982—1985），第一届北京市系统工程学会副理事长，国家计委世界银行贷款项目"重点学科发展项目"专家组成员等一系列重要职务。在参与各种社会活动的过程中，郑维敏始终以渊博的学识、开阔的眼界、谦逊的品格，给大家留下深刻的印象，赢得广泛的赞誉。

退休后的郑维敏虽然年事已高，但难能可贵的是，他的学术思维却依然一直非常活跃，他依然积极参加学术活动，并自始至终保持与时俱进的心态。2002年，郑维敏在系统、发展和自组织国际会议（ICSDS'02）（2002年11月30日至2002年12月1日）上作大会主题报告：*Perspective on the theory of systems evolution*。而另外三位大会报告人分别是：美国国家工程院院士James M. Tiem教授、Way Kuo教授，和IEEE会士、INFORMS会士C. C White教授。

二十一世纪初，吴秋峰在一次拜访郑维敏时，听到郑维敏提到正在思考"互联网，人机系统，递阶"及其相互关系的问题；在郑维敏八十寿辰时，清华大学经管学院和自动化系联合以郑维敏做学术报告等方式以示庆祝，郑维敏当时做了一个极富前瞻性的报告，给大家留下深刻的印象。

郑维敏和唐敏一夫妇生活简朴，互相支持，在事业上携手共进，在生

图 5-9 郑维敏（左二）在美国 MIT（左一夫人唐敏一，右二郑维敏女儿，右一女婿。1987 年）

活上互相扶持。郑维敏能够一心扑在工作上，尤其是在晚年，仍能保持精力充沛，老当益壮，在事业上结出累累硕果，这是与唐敏一始终如一的鼓励、支持和关心照料分不开的。郑维敏的晚年生活大部分时间都在美国，和夫人子女在一起。尽管生活是丰富多彩的，但是远离了大半辈子所在的清华大学以及他心爱的学生们，他总是会感到若有所失。所以，每当有学生去美国看望他，或者电话联系他时，他总是非常开心。偶尔和别人谈到某个熟悉的学生或同事的名字时，他也会马上大声说出自己的印象和回忆，有时甚至能说出他们的小名，并兴致勃勃地详细打听他们的近况。有一年，吴秋峰等人到波士顿看望郑维敏，郑维敏非常开心，亲自带着他们开车绕住处转一圈，边转边介绍周围的环境和情况。2011 年，郑维敏接到在美国探亲准备回北京的吴秋峰的电话，得知清华经管学院、自动化系以及电机系的自己的学生们正在筹办"郑维敏奖学及励学基金"，表示非常高兴和支持。他在电话中深情地说："很想再回北京，回清华看看，在清华园走一走，再见见老朋友。"

悄然辞世，功勋留芳

2012 年 1 月 21 日上午 10 点 30 分，郑维敏在波士顿 Lawrence General Hospital 悄然辞世，享年九十岁。

郑维敏晚年身体较差，尤其是眼病严重，眼底黄斑，视力几乎为零。后来又不幸中风，妻子唐敏一为此忧心忡忡。2012年1月，郑维敏在美国进行常规身体检查。留院后，他昏迷了几个小时。1月20日，病情出现好转，郑维敏家人悬着的心开始稍微平静。按照医院的安排，大家准备于次日（21日）接他出院回家。然而，就在20日深夜，唐敏一接到医院的紧急电话，告知郑维敏的病情突然开始恶化。尽管医生们努力抢救，郑维敏还是于1月21日上午10点30分离开了人世。他走得非常平静、安详。

作为一位忠实于科学的科学家，郑维敏理解人体研究对更好、更有效地解救人类生命的重要性。为此，早在多年前，他就与一家医院签订了捐献遗体用于科学研究的协议。因此，郑维敏家人充分尊重他的意愿，没有安排遗体告别仪式。

对于大家希望以各种方式表达哀思的心情，郑维敏家人非常理解，也表示十分感谢，但他们呼吁大家将购置追悼物品的钱直接捐给清华大学"郑维敏—奖学励学基金"，用以帮助提升中国高等教育的水平，以实现郑维敏先生毕生的夙愿。

据唐敏一回忆，郑维敏去世前几天做过一个梦，梦见清华大学的师生们请他回去接着教课。郑维敏曾经多次说过，他这一生最大的愿望就是多培养几个好学生。这就是郑维敏，一个为国家的教育事业倾注毕生心血而至死不渝的人。

2012年2月21日下午，由清华大学经管学院、自动化系联合举办的郑维敏追思会在清华经济管理学院舜德楼多功能厅隆重举行。自动化系系主任周东华、经管学院党委书记杨斌，以及郑维敏教授的生前好友、同事、学生和亲属出席了追思会，会议由经管学院党委副书记朱岩主持。追思会上，大家深切缅怀郑维敏，充分肯定他在不同领域的科学研究中取得的卓越成就，以及他那与众不同的前瞻性、创新性和学术敏锐性；赞赏他爱国奉献、追求卓越、淡泊名利、光明磊落的品德；钦佩他不畏艰辛、一丝不苟、严谨治学、关爱他人的治学风范。

清华大学自动化系系主任周东华、经管学院党委书记杨斌、经管学院

图 5-10 清华大学经管学院郑维敏追思会（2012 年）

前院长赵纯均、自动化系教授沈振基、水科院院士王浩、中国自动化学会理事长戴汝为、中国系统工程学会前理事长顾基发、西安交大电子与信息工程学院院长管晓宏、中国科协书记处书记张勤等分别发言，对郑维敏的逝世表示沉痛哀悼，并对郑维敏勤奋、创新、开拓、拼搏的精神表达了崇敬之情，希望大家通过追思会深切缅怀郑维敏杰出的一生，将郑维敏的精

图 5-11 "郑维敏—奖学励学基金"设立仪式（前排自左至右：崔子行，郑哲敏，贺美英，吴秋峰，赵纯均；后排自左至右：于水，杨斌，郭樑，陈剑，张勤，宋安澜，郑列列，宋逢明，殷勇。清华大学经管学院伟伦楼，2011 年）

神发扬光大。

　　到场的其他来宾也踊跃发言，追思郑维敏生前工作、生活的点点滴滴。最后，郑维敏教授的弟弟郑哲敏院士代表家属发言，向前来参加追思会的各界人士表示衷心感谢。郑维敏的学生，中国人民银行行长周小川、国家外汇管理局中央外汇业务中心主任殷勇、清华大学自动化系吴澄院士因故无法出席追思会，但他们分别为追思会撰写了悼文，表达哀悼与缅怀之情。

　　清华大学"郑维敏—奖学励学基金"首次颁奖仪式也与追思会同期举行。该基金由郑维敏教授的学生、亲属及好友捐赠，用于奖励经管学院管理科学与工程专业、自动化系系统工程学习成绩突出，并在德、智、体各方面全面发展的优秀的科研学术本科、硕士及博士学生。

结 语

以天下为己任

郑维敏的一生时时处处充满了艰辛与坎坷。郑维敏先生经历过列强侵犯中国的战争岁月，也经历了新中国迎来建设热潮的和平年代。从电机系、自动化系、到经管学院，从数控机床、三百小型、黄浦江治理、系统工程到宏观经济决策，一个个突出成绩中记录的是他那严谨创新的治学精神和科学态度，是他那投身教育奋进拼搏的勇气和胆量，是他那前瞻性的眼光和重视实践的学术思想，更是他那份淡泊名利的胸怀和热爱祖国矢志不移的坚定志向。

新中国之所以日益繁荣昌盛，就是因为有一大批爱国爱民、严谨治学、报效祖国的老一辈知识分子，郑维敏就是其中杰出的一位。在他的身上，我们看到了中国知识分子不同魅力的汇集：他是博学多才的专家，又是躬耕不辍的园丁；他既具有科学家的创新与探索精神，又饱含哲学家广博而深邃的思维，还不乏数学家的严谨和缜密。郑维敏的最可宝贵之处，便是他无论是在人生的顺境还是逆境，都始终对所从事的事业进行持续不断的探索与创新。

自古以来，中国的知识分子属于一个引人注目的特殊群体，有人荣耀

辉煌，有人历尽苦难，有人隐居山林，也有人"读书只为稻粱谋"，还有人"修身、齐家、治国、平天下"。翻开五千年中华文明史，我们可以看到，是无数优秀的知识分子通过思想文化的革新，推动了历史的

图结-1　郑维敏（右二）在清华大学毕业后留校任助教（1947年）

进程，而国家的兴衰存亡也不断改变着他们的命运和人生轨迹。早在先秦时期，儒家学者就明确提出过中国知识分子的行为准则："达则兼善天下，穷则独善其身。"指出了知识分子在顺境与逆境之间应该何去何从的人生态度，从此，历代的许多中国知识分子通常把"治国、平天下"作为自己的人格理想，代代相传，以此作为他们改造世界、推动社会发展、实现梦想中的太平盛世的现实目标。

郑维敏的可贵之处则在于，与部分传统知识分子"达则兼善天下，穷则独善其身"的行为准则不同，他的思想行为从不因为外部环境的变化而发生改变，他不是在"穷"或"达"的时候有区别地如何做事做人，而是无论是"穷"还是"达"，他都能够以坚定不移的行为准则去行事、去为人。他以坚如磐石的内心自由与自律精神，构建起了一个理想的自我人格。在当下的商品经济社会，人人都不可避免地受到物欲冲击，个别知识分子逐渐丧失了应有的独立人格精神和"治国、平天下"的崇高理想，"唯利是图"的理念又悄悄重新影响了我们社会生活的方方面面，甚至在科研和教学领域，拜金主义和极端利己主义日渐成风，这不仅会造成学术界的混乱，更易造成对中国知识分子传承了数千年的优秀传统价值理念的崩溃。一些所谓"现代化"的知识分子丢失知识分子应有的社会良知，只为金钱唱赞歌，不为民生做实事。个别人把留学作为提高自己身价、追求更高利益和物质享受的一条途径，与其说他们学到的是"新技术"倒不如说是学到了"新奢侈"。这样的知识分子又如何能为实现中华民族伟大复兴的中国梦而努力呢？而作为在中国现代学术界占有一席之地的名师郑维敏却始终秉持一种独立的人格与自由的精神，始终做到几十年如一日坚守精神家园，真正实现："为天地立心，为生民立命，为往圣继绝学，为万世开太平"。

一生进取，躬耕不辍，为人谦逊平和，思想丰富而深刻——这就是我们心目中的中国知识分子的榜样郑维敏。郑维敏的思想特点和人格魅力主要体现在以下几个方面：

首先，郑维敏所具有的中国老一辈知识分子最大的传统优点之一，就是"先天下之忧而忧，后天下之乐而乐"，始终"以天下为己任"。这是郑维敏身上最宝贵的精神特质。从少年求学初期开始，郑维敏就把爱国报国、"以天下为己任"的远大志向与科学创新、不断追求未知世界的兴趣融为一体，无论是在烽火连天的战争岁月、时局动荡的非常时期，还是在政治危机的生存困境、物欲泛滥的商品社会，郑维敏从未放弃过追求理想，几十年如一日默默地为国家和社会持续不断的做出重要贡献，体现出了一个中国知识分子的真正意义和价值。在当今社会，我们常常听到有人抱怨自己生活在一个生活富足而精神贫穷的时代，人们对信仰的缺失，似乎是现代国人的通病。于是有人苦苦思索：如何才能在日新月异的新形势下传承和发扬中国知识分子的优良传统？如何开拓创新、锐意进取、做一个"铁肩担道义、妙手著文章"的知识分子？郑维敏，以他素有的位卑未敢忘国忧的理想追求和他为中国革命与社会进步做出的重要贡献，为我们提供了鲜明而生动的答案。

其次，郑维敏所具有的中国老一辈知识分子的"知行合一"的传统优点，充分展现了理论结合实践的生动和完美。他深知道，作为一个来自普通人民群众的知识分子，如果两耳不闻窗外事，一心躲在书斋里闭门造车，那是很难有什么作为的。古今中外，唯有那些投身社会实践，在为人民大众谋福祉的具体行动中有所作为的人，方能在为社会作贡献的同时实现自己的人生价值。郑维敏正是充分继承和发扬了这一优良传统，用行动践行了优秀知识分子济世为民、服务社会的崇高使命和责任，因此，他的人生价值也在丰富的实践中得到了最好的实现。几十年来，郑维敏坚持走出学术象牙塔，深入普通老百姓，寻找差距、弥补不足，向群众学习、向社会学习、向实践学习。他带领他的科研团队积极参与社会主义建设的具体实践，用双脚丈量广阔大地，以双手积累点滴经验，在解决一个又一个纷繁复杂的现实问题中提高水平，增长才干，尽自己所能，解决难题，造福百姓。

再次，郑维敏具有中国老一辈知识分子"求真、求善、求美"的科学精神。科学精神既是科学所固有性质的反映，也是开展科学活动的思想理念。坚持科学精神就是要坚持求真精神，并通过求真，来求善、求美，把真、善、美的统一作为自己最高的价值准则。郑维敏一生不求名，不求利，他责己重以周，待人宽而和；不阿谀媚世，不虚假待人，真正做到了坦坦荡荡处事，堂堂正正做人。他为人谦逊、忠厚，对各种理论学说皆能虚心听取，并予以尊重。他善于博取众长的优良学风深得时人称赞，也为后人楷模。而这些正是我们当今知识分子所需要的宝贵的精神和品德。作为一位真理探求者的知识分子必须具备这种谦虚谨慎、不骄不躁、不断求索、永不停歇的进取精神，并应以此作为自己的人生宿命。

最后，郑维敏具有中国老一辈知识分子所特有的开放精神和前瞻眼光。一个人的目光有多远，他思维的张力就有多大；一个人的目光有多广，他创新的空间就有多宽。在中国面临史无前例的大发展机遇的历史时期，培养和造就远大的战略思维和国际视野，是中国当代知识分子的必修课。郑维敏是一位目光深远和学以致用的科学家，他深刻的哲学思维、开放前瞻的学风和治学方法，必将对后人产生重要而深远的影响。具体说来，就是瞄准自然和社会发展的科学规律，紧跟中国现代化建设发展的节奏，把握自己所从事的科学研究的发展方向，并且以此三大坐标为基础，建立并确定人生事业的坐标点。郑维敏正是基于这个坐标点，严谨思索、科学决策、勤奋实干，才最终走在了科学技术的前列，做出了极其不平凡的业绩。

生命不息，探索不止

郑维敏的一生是学习的一生、探索的一生，同时也是不断创新和进取的一生。早在青少年时期，他就满怀对列强侵略和黑暗反动统治的强烈不满，积极接受进步思想教育，探索强国富民之道，追求用科学技术复兴祖国的梦想。考入西南联大之后，面对日本侵略者的最后疯狂，他毅然投笔从戎参加抗日救亡运动。在赴英国实习期间，他刻苦学习，勤于实践，为日后报效祖国奠定基础。新中国诞生后，他怀揣着一颗赤子报国之心，毅然放弃去美国深造的机会回到祖国，参加社会主义建设，最终成为我国杰出的科学家和工程技术专家。郑维敏以探索、创新和无私奉献的一生，在广阔而神圣的科学领域不断开拓、不懈追求，为国家和人民做出了杰出的贡献。

作为我国自动控制、系统工程、管理科学与工程的专家，清华大学工业自动化专业和系统工程专业的创办者，郑维敏长期从事电力拖动自动化及自动控制、模糊控制、微型计算机分级分布控制、决策与优化、系统工程、管理科学与工程等方面的教学和研究。在反馈控制的结构理论、顺序控制、多变量及自适应模糊控制、基于数据与知识的决策理论和系统、作物育种遗传过程的控制、旋转正交优化技术，分形资本市场演化，宏观经济模型与系统等方面发表过许多很有价值的研究成果。

郑维敏在科研道路上所取得的成就，涉及很多不同的领域，分别体现了他与众不同的前瞻性和学术敏锐。他留给我们的不仅仅是技术财富，更可贵的是博采众长、永无止境的科研精神。他从不将一种学说固定于"唯我独尊"的地位，而是提倡"百舸争流"，汇聚各种不同的学说、思想，在相互论辩、相互融合中发展和丰富自己。他善于打破各学科领域的门户之见，造就了学术上的宽宏气度。正是这种海纳百川、厚积薄发的气度，促使他带领他的团队与时俱进，创造了一个又一个辉煌的业绩。

1960年前后，郑维敏在从事数控机床的研究中理论联系实际，通过刻苦钻研提高了数控铣床随动系统的动态快速性和控制精度。在实践的基础上，他和同事进一步提炼理论，提出了串联校正设计方法和串并联校正等价关系及其实现方法的一种新的调节系统的综合方法，为我国数控机床的产生和发展做出了重要贡献。1960年冬，在苏联专家突然撤走和封锁技术资料，从而导致"首钢300小型"连轧系统长期运行不稳

图结-2　郑维敏日常工作照

定的恶劣情况下，他带领师生到首钢连轧厂进行技术支援，从实用角度出发，突破了传统理论的框框，解决了该系统的稳定问题，终于使这座自动化的连轧厂正常运行。

七十年代，郑维敏在充分参考研究国外相关文献的基础上大胆创新，将顺序控制器分为三类：基本逻辑型、步进型、可编程序型，阐明了它们的结构及特点以及顺序控制的编程方法，并举办训练班进行推广，同时进行了顺序控制器的研制并用于北京内燃机总厂酸洗车间，有效推动了国内顺序控制器的开展。此外，他还将模糊数学应用于自动控制与自适应控制，在国内推动模糊控制的研究。在适应环中创造性地引入模糊控制，导出了模糊控制器的表达式，提出多变量模糊控制器的结构和自适应模糊控制系统以及模糊关系方程式的完整解法，其理论成果曾在IFAC世界大会上作了报告；并将其成果应用到混凝土搅拌楼，设计了参考模型的模糊自适应控制系统，并研制出了样机。

1982年，郑维敏开展了改革开放后第一个中美联合研究项目——上海黄浦江污染治理，与美国密歇根大学陈干教授合作，成立水质/水利模型组、厂群规划组和决策分析组，按成本最小及风险最小开展了多目标动态规划的研究，并设计出了一套系统的规划方案，大大减少了投资，提高了可行性，为上海市制订黄浦江污染治理规划及污染治理具体工程实施提供了许多宝贵建议。

1984年，郑维敏倡导数据库必须与知识库相结合的概念，并先后开展了关于可能性证据理论、不确定数学规划、组合优化和小样本建模等典型问题的研究。建立了用语言描述的模糊信息与证据信息之间的转换关系，解决了用自然语言描述的对不确定性进行估计的专家知识的数学表示问题，为决策者与计算机交换信息的交互式决策支持系统的接口提供了理论基础。针对难度很大的组合优化问题，他指导博士生深入研究了基于模拟退火方法的较完整的理论基础，并提出了"旋转正交寻优法"。进而又针对水库调度，计算机通信网设计等重要应用问题展开研究，取得了良好的经济效益和社会效益。

此外，他指导博士生提出了基于先验知识的确定系统结构、阶次的新思想和新解法，建立了相应的小样本建模的统计决策方法。又于1988年首次提出柔性决策这一概念，并将其应用于多目标决策、资源分配和一类合作协商对策等三方面问题的研究。

1984年至1987年，郑维敏结合国内具体情况，研制出面向中小型工厂企业的性价比较高的分级分布式计算机控制系统硬件与软件MASCOT，并用于北京有机化工厂精馏塔的控制。八十年代中期，已年近古稀的郑维敏壮心未已，开创性地提出并主持了"水稻良种培育遗传过程的系统分析与控制"的研究，促进了作物育种过程向科学化、工程化方向发展，同时也丰富与发展了生物系统工程的理论及方法。

1990年，郑维敏指导研究开发小组为上海跃龙化工厂研究开发稀土萃取过程的计算机控制系统，在以往研究积累的基础上，从整体系统出发，提出了管理控制一体化的思想。

直到退休以后，尽管年事已高，郑维敏依然心

图结-3 郑维敏在ICSDS大会上作报告（清华大学经管学院，2002年）

系科研，学术思维一直活跃。2002年，他在系统、发展和自组织国际会议（ICSDS'02）上作大会主题报告；二十一世纪初，他仍在认真思考"互联网，人机系统，递阶"及其相互关系的问题。

科学创新的三大跨越

科技创新，是人类进步的根基，是一个民族赖以生存和发展的灵魂。郑维敏的严谨治学态度、持之以恒的探索精神、重视实践及勇于创新的学术思想促使他的科学技术研究跨越了三个阶段：

第一阶段：从电气拖动到工业企业自动化控制。清华大学工业企业电气化教研室的前身是拖动教研组。当年，郑维敏回到清华后的第一件事，就是担当创建清华大学工业企业电气化专业的任务，并在全中国率先开展生产过程自动化专门研究。随后，他又出任清华大学电机系工业企业电气化教研室主任，在此期间他准备实验，设置课程，引进人才，制定培养计划，整个实践探索过程充满了艰辛。

严谨和创新是郑维敏一贯秉持的作风。1960年前后，郑维敏在多年教学的基础上，完成了《自动调节原理》教材的编写。解决振荡问题是郑维敏多年来一直十分重视的课题，在当时看起来道理似乎很简单，可是后来的事实证明这个问题却牵涉到系统工程、社会科学等许多方面，这为他后来的两次科技创新打下了坚实的基础。在此期间，郑维敏曾在国内重要期刊发表了《自整角机—交磁机—直流电动机随动系统的串并联校正》等多篇论文。这些论文的理论知识也应用到了数控机床和首钢稳定性问题的实际应用当中。值得一提的是，在当时学术环境较为封闭的背景下，这些理论研究的稀有价值是不言而喻的。

这一阶段，郑维敏不仅自己坚持科研创新，并且非常注重对青年教师的培养。他告诫教师们要避免照本宣科式的教学方法，讲课要有针对性和启发性，鼓励学生探讨问题、解决问题，激发学生的学习和研究兴趣，使科学思想的精髓深入学生脑海。虽然郑维敏对年轻教师的要求非常严格，但他从不把自己的观点强加给他们，而是鼓励他们独立教学，支持他们坚持自己认为正确的观点和立场。

图结–4　郑维敏与学生们在一起（中国人民银行，2007年）

由于受当时时代背景和其他因素的限制，郑维敏的一些重要探索与实践没有得到应有的足够重视，但他仍然充满自信，不气馁、不放弃，始终如一坚持奋斗在教学和科研的第一线。尤其是在"文化大革命"时期，尽管他受到不公正的待遇，但他依然坚持科研，顽强地推动自动化与控制的研究。从解决我国第一台数控铣床的稳定问题，到"首钢300小型"连轧机的技术支援，再到首次在国内提出顺序控制器的理论并成功研制，引入教学，进行推广应用，以及后来应用模糊数学理论，首开国内模糊控制研究之先河。郑维敏不仅在自动控制和电机工程领域做出了突出贡献，还培养了一大批人才，其中许多人后来都成了各个领域的领军人物。

第二阶段：从工业企业自动化到系统工程。二十世纪八十年代，适逢我国改革开放、学术思想大繁荣、大发展的黄金时期，此时，郑维敏的学术思想空前活跃，凭着自己渊博而扎实的理论知识以及对学术发展方向的敏锐洞察力，郑维敏提出了"系统工程应是自动化系学科发展方向之一，应该发展系统工程"的设想，并亲自指导、参与筹建创办了清华大学系统工程研究室，后成为我国首批博士点和博士后流动站。

1980年初，郑维敏通过大量的学术演讲和报告，大力推广系统工程理论，并对系统学这一系统科学的基础学科展开了广泛而深入的探讨，提出了很多具有指导性、启发性和建设性的观点，并发表了许多学术论文，在社会各界产生了广泛而深远的影响。郑维敏博学多才，他酷爱自然科学，也热爱社会科学。他的学术思想一直保持高度活跃，丰富的哲学思维使得他分析问题敏锐而深刻，在众多的学术问题上都能有自己的独到见解。在这里，我们不妨盘点一下他在该领域的几项代表性的研究成果。

　　郑维敏认为，技术科学研究应该紧密围绕国家的需求。因此，他从国家的需要出发，对系统工程学科的发展进行了战略性思考。在这一阶段，郑维敏不仅在理论研究上有所突破，而且在实际应用中秉持重视实践的原则。从系统工程研究室建立后开展的第一项与美国的合作研究——上海黄浦江污染治理，到开展分级分布控制系统研究并应用到北京有机化工厂精馏塔控制；从开发适合国家部委决策使用的决策支持系统，到解决电力系统弱耦合振荡问题；从应用管理控制一体化思想指导开发稀土萃取过程的计算机控制系统，到带领师生完成水稻良种培育遗传过程的系统分析与控制，无不印证了郑维敏远见卓识的学术眼光。郑维敏对于解决实际重大问题的重视与投入，对于促进我国系统工程学科和领域的发展作出了杰出贡献。

　　第三阶段：从系统工程到经济管理。郑维敏潜心于系统工程理论研究，并进行积极的倡导、宣传，将其推广到经济、管理等其他领域。他对系统科学进行全方位探索，在系统科学的思想理论、技术及工程应用等各方面均做出了显著成绩，为推动系统科学理论的发展及其实际应用作出了重大贡献。

　　郑维敏十分重视学科交叉和科研创新，对研究方法有自己独特的见解。这一阶段，他密切关注新的学科发展方向，将系统工程的思想应用到经济管理的方方面面，并为此亲自指导博士生开展了一系列研究工作。郑维敏认为，宏观经济并不是区域经济管理的简单加总，而是一个相互联系、相互依存、相互影响所形成的有机的系统。围绕如何正确进行宏观经济决策的课题，郑维敏指导周小川等博士生从国民经济系统的实际问题出

结　语

发，运用递推规划等系统分析方法，建立了宏观经济多部门大系统模型，以解决宏观经济决策问题。在郑维敏指导下，他们成功进行了一系列应用性系统分析，得出了一批具有实际参考意义的论证意见与政策建议。

中国的改革开放，为郑维敏的探索与实践提供了更为广阔的空间。于是他又把敏锐的目光投向了中国金融理论研究领域的空白，他认为金融理论研究的滞后极大地限制了中国现代金融实践的发展。他还特别强调实践观察、理论研究和数量分析的优势结合在金融理论研究上的重要性。在他的指导下，博士生们运用系统工程的理论与方法对相关金融问题一一进行了系统深入的研究。

尽管已逾古稀之年，但郑维敏对于许多问题的见解，仍然具有发散和升华思维。基于系统进化思想，郑维敏在研究市场及其结构演化上，结合正反馈理论和网络进化前沿规则，通过仿真全面反映市场发展过程和基本规则，具有极其重要的经济意义。

郑维敏及其团队从系统工程的全新角度对国民经济管理问题提出的观点和分析，在一定程度上避免了一些传统经济学概念与多变量关系的教条性束缚，以更加实证的、工程化的概念和方法体系，描述并解决了实际问题。由于该研究成果相对成熟且完整，在当时可用以帮助解决中国经济改革面对的实际困难，因而受到了政府及有关决策参谋机构的重视。

木铎金声芳华永存

郑维敏毕生躬耕于工业自动化及系统工程领域，他既是一位科学创新的先行者，也是一位培英育华的辛勤园丁，为我国的高等教育事业做出了杰出的贡献。他负责筹建创办了清华大学的工业企业电气化专业等重点学科，并先后创建了电力拖动、自动控制、生产过程自动化以及计算机控制等实验室。为紧跟世界科研新潮流，他又身体力行，创办了系统工程专业等新学科，并建立了相应的研究室，建立了我国第一批系统工程博士点和博士后流动站。多年来，他始终默默工作在教学和科研第一线，为国家和人民贡献出他的聪明才智，即使是在国家困难的非常时期，他依然执着开展学术研究。他一向深切关注重才、育才的问题，对教研工作一丝不苟，他亲自指导了近30名博士生,这些学生很多后来都成为学术界、政府部门、企业界等社会各领域的领军人物,为社会建设做出了重要的贡献。他指导学生是不遗余力的:首先,他非常注重理论联系实际,强调从实际出发开展科学研究。他做科研一向是紧密联系实际,不仅在实验室里作大量的试验,同时强调结合生产实践和指引生产,指导学生撰写论文课题,绝大部分时间也是要他们在实验室做实验。其次,他对科研的敏锐非凡的洞察力也在潜移默化中促进了学生们的事业成长,他的学生亲身感受到在他的指导下,知识结构和科研能力如何获得根本性的改善与提升,如何结合实际项目提出解决问题的能力。再次,郑维敏非常重视对学生今后的发展方向和人生目标的指导,他对学生的科研指导一向兢兢业业,要求非常严格。他不会因为省事或者有现成的方法就敷衍了事,更不会允许学生在学术上弄虚作假或存有半点含糊,对待学生的问题也常常是"一语道破"。正如郑维敏先生自己所说的,他一生最大的愿望就是多培养几个好学生。即使是在身体状况欠佳的晚年时期,郑维敏仍然心系清华的教育事业,时时刻刻关注着新一代年轻教师的培养和教育,经常主动了解他们的科研和教学情况。春蚕到死丝方尽,蜡炬成灰泪始干。郑维敏先生为国家的教育事业鞠躬尽瘁、至死不渝的精神令人感佩!

图结-5 沈振基缅怀郑先生的书法作品

木铎者,引路导向;金声者,开慧启智。郑维敏的教诲,引导了学生如何做事,也激励着学生如何做人。郑维敏的一言一行,体现了中国知识分子"为天地立心,为生民立命,为往圣继绝学,为万世开太平"的理想人格。

编写这本传记的过程,有如徐徐展开一卷生动的人物画轴,我们仿佛看见中国科学发展的历史节点上,一件件鲜活而有意义的事件跃然纸上,透过这些事件,我们更加深切地品味了中国老一辈知识分子的精神传统,以及对未来中国的影响。

积跬步，至千里；积小流，成江海。我们相信，在郑维敏精神的影响和带动下，新一辈的"郑维敏"们必将更加坚定自己的理想与追求，延续和光大以郑维敏为代表的中国老一辈知识分子的优良传统，并更进一步凝聚、提升和发展郑维敏精神，让自己平凡的生命更有价值和意义。

附录一　郑维敏年表

1923 年
1月14日，出生于山东省济南市，原籍浙江省鄞县。父亲郑章斐，母亲崔香梅。

1928 年
5月3日，"济南惨案"（又称五三惨案）爆发。

1929 年
"五三惨案"一年后北伐军进入济南。
9月入读济南市第五小学。

1931 年
"九一八"事变爆发。

1935 年
夏天，感染化脓性脑膜炎，耽误了一学期的课程。

1936 年
1 月，进入济南市私立育英中学就读。

1937 年
7 月初，"七七事变"前数日，祖父、祖母去世。

8 月 13 日，日军入侵上海。随母亲在宁波避难，辍学。

12 月 27 日，日机轰炸宁波，随母亲到章水镇崔家岙村外婆家中避难，在四明山区度过了一段农村生活。

1938 年
春，进入成都私立建国中学就读，成为插班生，读完初二下学期的课程。

8 月，转学至重庆南开中学上学，读初三，开始了四年独自一人在外求学的中学生活。

1942 年
从重庆南开中学毕业，考入昆明西南联大电机系。

1944 年
日本侵略军进犯滇西。西南联大动员同学参军，为抗日救国报名参加青年军，经短训被送往印度。

1945 年
1 月，作为青年军汽车兵团工兵在印度接受汽车驾驶训练。

3 月，中国驻印军与远征军会师缅北，完成反攻任务。作为运输兵的一员，与许多同学一起，驾驶满载物资的汽车回到昆明。

10 月，从青年军退伍，复学于昆明西南联大。

1946 年

5 月，西南联大解散，原北大、清华和南开三所大学连同师生分别迁回北平和天津复校。

7 月中旬，与弟弟郑哲敏离开昆明，与阔别八年的家人团聚。

10 月 10 日开学，回到清华大学电机系学习。

1947 年

7 月，从清华大学电机系毕业。

8 月，任清华大学电机系助教。

1948 年

通过考试获得系里的奖学金，去英国进修。

1949 年

2 月，赴英国茂伟（Metropolitan-Vickers）电器制造公司实习，担任工程师，特别关注反馈系统的稳定性问题。

1951 年

8 月，放弃去加州理工学院读博士的机会，怀着报国之心回国候差。

10 月，任华北大学工学院副教授。

1952 年

华北大学工学院更名为北京工业学院，任副教授。

1954 年

10 月，经钟士模引荐，任清华大学电机系副教授。负责筹建清华大学工业企业电气化专业，率先在全国开办生产过程自动化专门化课程，实现自身从电机拖动向自动化的第一次跨越。

1955 年

清华大学电机系成立拖动教研组,与童诗白先生共同任副主任,钟士模先生任主任。

1956 年

清华大学将拖动教研组改为工业企业电气化教研组,任教研组主任。
与钟士模教授、童诗白教授合作完成"脉冲调节器研究"。

1957 年

春,开设"调节原理"课程并编写相关教材讲义。
10 月 24 日,编写"饱和电抗器异步电力拖动系统在吊车上的应用"专题工作计划草案。

1958 年

指导师生成功解决了数控铣床随动系统的稳定性问题,为清华师生攻克我国第一台数控铣床起到关键作用。

1959 年

同唐敏一结婚。
开始指导研究生,到"文化大革命"为止带过吴澄等三批共八名研究生。

1960 年

开设"电力拖动"、"自动控制"课程并编写相关教材讲义。
冬,苏联因政治原因对"首钢 300 小型"连轧系统进行技术封锁。临危受命,带领师生到首钢技术支援,成功解决该系统的稳定性问题。

1961 年

11 月 27 日,中国自动化学会第一次全国代表大会在天津召开,当选第一届理事会理事，时任理事长为钱学森。

1963 年

9月，任中国自动化学会《自动化学报》第一届编委。

1964 年

编著完成《自动调节原理》教材，在该教材中第一次提出三阶一次惯性系统的"错开原理"。

1965 年

编写《随动系统》讲义，研制完成国内第一个感应同步器。

7月5—14日，参加中国自动化学会举办的1965学术年会及第二届代表大会，当选为大会理事。

7月15—17日，作为鉴定委员，参与"Z535K103型三坐标数字程序控制铣床科研成果"鉴定。

9月，任中国自动化学会《自动化学报》第二届编委。

1969 年

"文化大革命"期间，去江西省鲤鱼洲农场参加劳动。

1970 年

从江西回到北京，参与清华大学建立国内第一个自动化系，是主要创建者之一，任工业自动化教研组主任。

参与编写《电力拖动自动化》教材的上、中册。

1973 年

提出顺序控制器的控制方案。

1974 年

完成鉴幅型感应同步器数显装置的研究。

1975 年

和北京内燃机厂协作，成功研制 BSK-40 顺序控制器并将其试用于厂内酸洗车间。该控制器在国内被指定为定型产品，它的诞生对推动国内顺序控制器的开展起到了重要作用。

1976 年

编写"SK-1 顺序控制器"教材，首次把顺序控制器分为三类：基本逻辑型、步进型、可编程序型，阐明了它们的结构、特点及编程方法。

1977 年

被聘为清华大学自动化系教授。

1978 年

参与清华大学自动化系关于学科恢复和学科发展问题的探讨，提出观点"自动化系应该紧跟国际上出现的新学科，扩大控制对象，研究大系统，应该建立系统工程学科，把系统工程作为自动化系学科发展方向之一"。之后创办清华大学系统工程专业，是清华大学系统工程学科的开创人，实现自身从自动化到系统工程的第二次跨越。

1979 年

春，开始研究模糊控制，在国内首创模糊控制研究，将模糊数学引入控制系统。

秋，任中国自动化学会《自动化学报》第三届编委。

年末，作为教育部组织的"系统工程考察团"成员参加第十八届 IEEE 控制与决策年会，并在美国、日本进行了为期一个月的考察。

1980 年

创办清华大学系统工程研究室，任研究室主任，并创建系统工程博士点，是国内首批五个系统工程博士点之一。

秋，派研究室成员赴法参加图卢斯世界第一届大系统（Large Scale System）国际会议。

邀请 IEEE 会长斯坦福大学的 Robert Larson 教授访问清华大学进行学术交流。

5月21日，当选中国自动化学会第三届常务理事。

10月，应邀参加中央电视台《系统工程普及讲座》节目。该节目由中央电视台、中国系统工程学会、中国自动化学会、中国航空学会和中国铁道学会等单位联合举办。

11月18日，中国系统工程学会成立，当选第一届常务理事兼任国际学术交流委员会主任。

带领工业自动化教研组师生开展"分布智能和模糊控制及决策系统的研究"与"计算机分级分布控制"的研究。

1981年

3月—4月间，邀请日本东京大学模糊控制领域知名学者光野道夫到清华大学访问并作学术报告。

4月14—17日，作为特邀代表赴陕西西安参加中美系统工程学术研讨会。

6月，被聘为华北电力设备制造联合公司咨询委员会委员。

8月24—28日，赴日本参加 IFAC 第八次世界大会，并在会上代表中方提出1985年在中国召开 IFAC 发展中国家会议的申请。

8月30日，在《国外自动化》发表文章《控制与决策——部分考察杂记》记录了1979年末去美国考察及参加 IEEE 第十八届决策与控制年会的部分情况及对学科发展的思考。

9月，清华大学、上海市环境保护局与美国密歇根大学在系统分析方面对上海市"黄浦江污染治理规划及评价"实例研究项目进行合作研究，任中方负责人。这是改革开放后第一个中美联合研究项目。

11月27日，任北京市城市规划委员会顾问。

11月30日，国务院学位委员会公布了经国务院批准的我国首批博士和硕士学位授予单位和导师的名单，成为我国首批博士生指导教师之一。

12月5—27日，赴美访问三周。到密歇根大学就"黄浦江污染治理及评价"项目的系统模型、计算机软件、系统工程方法论等就行讨论，同时到底特律、芝加哥、特拉瓦河等地参观有关污水治理工程及系统工程公司。

12月27日—1982年1月7日，应加拿大温莎大学（The University of Windsor）和麦克马斯特大学（McMaster University）邀请访问加拿大多伦多、温莎、哈密尔顿三城市。

带领系统工程教研室成员杨家本、王永县等承接了冶金部的课题——金堆城钼矿的数学模型和最优开发计划。

1982年

1月，邀请加拿大滑铁卢大学教授 Keith W. Hipel 到清华大学作学术报告。

3月20日，任中国科学院技术科学部委员会自动化分组成员。

春，招收的第一位博士生周小川入学。

9月，任中国自动化学会《自动化学报》第四届编委。

当选为国际自动控制联合国（IFAC）发展中国家委员会委员（1982—1985）。

从这一年开始将系统工程的理论和方法拓展到社会、经济、生物等领域。

1983年

1月，任系统工程理论与实践编委会第一届编委。

12月，任北京市人民政府城市规划顾问组第一届顾问。

完成的"应用地质统计学建立矿床模型"和"用电子计算机确立露天矿开采境界"项目研究均获得中国有色金属工业总公司的科技进步奖。

1984 年

1 月，任北京市人民政府计算机技术顾问组第一届顾问。

7 月 2—6 日，赴匈牙利参加 IFAC 第九次世界大会并做报告。

7 月 7—12 日，顺访罗马尼亚的布加勒斯特工业大学、维也纳附近的国际应用系统分析研究所以及维也纳科技大学。

7 月 26 日，兼任北京冶金机电学院自动化系主任。北京冶金机电学院 1984 年更名为北方工业大学。

8 月 18—9 月 28 日，赴美访问五周，同美方专家就"黄浦江污染治理及评价"项目的基本研究结论进行讨论、分析及总结。

10 月，邀请加拿大滑铁卢大学教授 Keith W. Hipel 到中国进行为期六周的学术访问，讲授关于"Conflict Analysis"的课程。

11 月，任北京低压电器厂技术顾问。

11 月 14—19 日，参加并主持了在重庆大学举行的"一般系统理论学术交流会"，在大会上作了题为"知识库"的大会报告，开始倡导数据库必须与知识库相结合的概念。

1985 年

1 月，任《模糊数学》杂志编委会编委。

任系统工程理论与实践编委会第二届编委。

任系统工程学报编委会第一届编委。

1 月，应邀到香港大学进行"带知识库的控制"方面的讲学。

1 月，指导的博士生周小川毕业并获得博士学位，是我国第一位系统工程博士，也是管理门类的第一位博士。

1 月 10 日，当选北京系统工程学会第一届理事会副理事长。

1 月 16 日，任厦门大学计算机科学系兼职教授。

1 月 31 日，指导广东韶关市电子工业公司与美国费西数据公司进行合作。

2 月 11 日，指导江苏省南通电脑工业公司、清华大学自华公司同美国费西数据公司进行合作。

4月10日，被聘为机械部电气传动自动化情报网咨询顾问委员会委员。

4月12日，促成清华大学科技开发部、厦门经济特区建设发展公司与美国 COMDIAL 技术公司之间的合作。

6月，完成"黄浦江污染治理规划与评价"项目。该研究项目的最终成果受到了上海市领导及市环保局的肯定与好评，在上海市制定黄浦江污染治理规划及污染治理具体工程实施过程中得到采纳。

7月19日，当选中国系统工程学会第二届理事会常务理事。

8月20—22日，参加北京 IFAC 发展中国家会议，在会上作题为"Long-term Planning and Decision Analysis of the Pollution Control of the Huangpu River"的报告，展示了黄浦江污染治理规划及其分析方法。

9月，被广州大学聘为模糊系统与知识工程研究所名誉研究员。

10月6日，任中国数量经济学会高等院校分会顾问。

11月，当选中国自动化学会第四届理事会理事。

12月，因任北京市人民政府第一届顾问期间的优秀表现，获北京市人民政府表彰。

12月11日，被聘为中国有色金属学会电子计算机应用科学学术委员会委员。

被广东省韶关市人民政府聘任为韶关市电子技术顾问。

1986年

1月，参加北京科技会堂举办的中国系统工程学会"新春学术座谈会"，在会上就"系统工程与发展战略"议题发表讲话。

4月16—19日，参加北京多国仪器仪表国际会议（MICONE '86），在会上代表中方作题为"Automation and Knowledge Engineering"的大会主题报告。

4月26日，当选中国自动化学会和全国自然科学名词审定委员会顾问委员。

5月，在中国系统工程学会为美国 People to People 协会举行的招待会上作题为"Decision Support System for Robust Decision"的大会报告。

8月2—3日，参加中国系统工程学会常务理事扩大会，被确定为第一届国际系统科学与系统工程会议程序委员会主席。

8月，出版《系统工程FORTRAN程序集》。

9月10日，任中国自动化学会《自动化学报》第五届编委。

9月，受机械工业部委托，作为负责人开展国家技术开发项目"机械工业经济管理决策支持系统（EXDASS）"的研究与开发。

10月1日，任国家自然科学基金委员会第一届自动化学科评审组成员。

10月16日，任中华人民共和国水利电力部长江三峡工程综合经济评价专题论证专家组专家。

1987年

1月，任《系统工程理论与实践》编委会第一届编委。

2月，任清华大学经济管理学院教授。

4月27日，当选第三届中国仪器仪表学会理事。

5月—7月，与妻子唐敏一教授赴福建、江西两省革命老区贫困县周宁县和修水县进行调查研究，用系统工程理论研究扶贫方法，为帮助革命老区人民脱贫致富献计献策。

6月9—12日，赴上海参加系统动力学国际会议，任大会组织委员会副主席。

10月26—29日，赴上海参加河流污染综合治理国际学术讨论会并做报告。

11月，分级分布控制系统MASCOT正式在北京有机化工厂回收工段DT-603塔节能项目中进行试验运行，通过五个月的试验运行，证明系统运行比较可靠，节能效果明显。

12月2日，任中国科学院系统科学研究所《系统科学与数学》编委会委员。

12月9—11日，赴美国洛杉矶参加第二十六届美国电气、电子工程师学会的决策与控制年会并作报告。顺访凯斯西储大学，东北大学机器综合实验室，麻省理工学院的机械工程、电子工程学院及管理学院，以及 Systems Applications，Sotra，Automatix，China Source 等公司。

1988 年

1 月，当选中国人民政治协商会议北京市第七届常务委员会委员。

6 月 22 日，被中华人民共和国计划委员会聘为世界银行贷款项目"重点学科发展项目"专家组成员。

7 月 25—28 日，作为程序委员会主席在北京香山饭店举办第一届国际系统科学与系统工程会议（ICSSSE '88），并作题为"EXDASS——A Knowledge-based Dynamic Interactive Decision Analysis and Support System"的主题报告，主编会议论文集。这是从 1980 年中国系统工程学会成立以来，国内首次在该领域召开的国际会议在我国系统工程领域具有重要的意义。

任国家自然科学基金委员会第二届自动化学科评审组成员。

被福建省三特新技术联合开发公司聘请为经济战略顾问。

邀请著名水稻专家黄耀祥先生访问清华大学，探讨育种咨询系统的设计与开发。

1989 年

1 月 25 日，因在北方工业大学兼任工学部主任、人工智能和系统工程研究所所长的四年间，为北方工业大学工学部的建设和发展做出重要贡献，受到北方工业大学表彰。

3 月，指导项目"小型分布分级计算机控制系统 MASCOT 及其在 DT-603 精馏塔的应用"获得北京市科学进步奖三等奖。

9 月 10 日，当选中国自动化学会第五届荣誉理事。

10 月 12—17 日，赴武汉参加 International Conference '89 on Expert Systems in Engineering Applications（ICESEA '89）并作报告。

倡导开展国际收支信息系统、计划决策支持系统、反通货膨胀决策支持系统等的研究，获得国家计委和经委支持。

1990 年

4 月 3 日，任福州市经济技术开发区特邀发展战略顾问。

5 月 10 日，任国家自然科学基金委员会第三届自动化学科评审组成员。

赴比利时安德普大学开展合作研究，就决策支持系统的研究情况进行讲学、交流。

访问美国，应邀在 George Mason 大学和 Mimd Systems 公司作题为 "Decision Support System for Macro-economic Policy Making" 的报告。

在中国系统工程学会年会大会上作题为"带专家知识库的决策支持系统"的特邀报告。

8 月，当选中国系统工程学会第三届理事会常务理事。

11 月 1 日，当选国家科委成立软科学研究工作指导委员会首届委员。

12 月，获得国家教育委员会颁发的从事高校科技工作四十年的荣誉证书。

12 月，带领师生完成"培育水稻良种遗传过程的系统分析与控制"课题，使作物育种过程向科学化、工程化方向发展。开发"水稻育种咨询计算系统"，具备杂交组合选配、遗传模型建立、后代表现预测、选择过程仿真等功能，该系统由河北省稻作研究所使用。

获北京市高等教育局"培养系统工程高级人才"奖。

指导研究开发小组为上海跃龙化工厂研究开发稀土萃取过程的计算机控制系统，引入了模型预报控制与管理控制一体化的思想。

12 月 28 日，任北京市审计局特约审计员。

1991 年

4 月，指导博士生罗国俊完成《广东、广西、香港互联电网联络线功率振荡的研究报告》。

10 月，参加在美国夏洛特维尔召开的 IEEE/SMC 国际会议并宣读论文，同时参加常务理事会，介绍中国系统工程学会筹办第二届系统科学与系统工程国际会议的情况，并争取到承办 IEEE/SMC 1996 年度国际会议的资格。顺访八个学校和三个公司并作学术报告。

1992 年

春，筹备第二届系统科学与系统工程国际会议（ICSSSE '93）。

12 月，完成稀土分离生产线的自动检测与控制系统的研究的设计与调试工作。

1993 年

8 月 24—27 日，担任第二届系统科学与系统工程国际会议（ICSSSE '93）国际程序委员会主席，并主编会议论文集。在大会期间，主持与国际系统联合会的谈判，促成中国系统工程学会成为国际系统联合会的国家会员。

9 月，从清华大学经济管理学院退休。

1994 年

11 月 16 日，被系统工程学会授予名誉会员称号。

1995 年

9 月，任清华大学经济管理学院系统工程研究所顾问。

研究项目"培育水稻良种遗传过程的系统分析与控制"获得国家教委科技进步奖二等奖。

1996 年

10 月 14—17 日，作为 1996 IEEE International Conference on Systems, Man and Cybernetics（SMC '96）国际会议大会主席，在大会上作题为"Evolutionary Dynamics of Systems"的主题报告，并主编论文集 *Information, Intelligence and Systems*。

1997 年

6 月 22—25 日，赴加拿大参加 Global Knowledge 97：Knowledge for Development in the Information Age，并主持分组会议。

1998 年

3 月 1 日，出版专著《正反馈》。

2000 年

1 月，指导的最后一位博士生曾勇获得博士学位。

2002 年

11 月 30—12 月 1 日，参加系统、发展和自组织国际会议（ICSDS'02），在会上作题为"Perspective on the theory of systems evolution"的主题报告。

2003 年

定居于美国。

2009 年

身体变差，眼病较严重，眼底黄斑，有光感但视力几乎为零，又不幸中风。

2011 年

清华大学成立"郑维敏奖学励学基金"。

2012 年

1 月 21 日，在美国逝世。享年九十岁。

附录二 郑维敏主要论著目录

论文

[1] 钟士模、童诗白、郑维敏，电子脉冲调节器，清华学报，Vol.3，No.2，164–169，1956.

[2] 郑维敏，自动调节系统的一种综合方法，清华学报，Vol.10，No.6，57–68，1963.

[3] 郑维敏，某些电力拖动系统的并联稳定方法，清华学报，Vol.11，No.3，15–24，1964.

[4] 郑维敏、崔子行，交磁放大机随动系统的串联校正，自动化学报，Vol.3，No.2，66–74，1964.

[5] 郑维敏、张洪良、黄圣乐，用模糊集理论设计模型参考自适应系统，信息与控制，Vol.10，No.3，8–14，1982.

[6] 郑维敏，关于知识库，系统工程理论与实践，Vol.4，No.2，8–14，1984.

[7] 郑维敏，顺序控制器，低压电器，1979.

[8] 郑维敏，步进式顺序控制器的程序编制，低压电器，1979.

[9] Cheng, W.M., Jen, S.C., Wu, C.F., Tsuei, T.-H., The interse-

ction of fuzzy subsets and the robustness of fuzzy control. In: Proceedings of the International Conference on Cybernetics and Society, Cambridge, MA, p. 826-829, 1980.

[10] 郑维敏, 系统工程的工具和方法, CCTV 汇编 1981.

[11] W.M. Cheng, S.J. Ren, C.F. Wu, T.H. Tsuei, An expression for fuzzy controller, M.M. Gupta, E. Sanchez (Eds.), Fuzzy Information and Decision Processes, North-Holland Publishing Company, Amsterdam, p. 411-413, 1982.

[12] W.L. Xu, C.F. Wu, W.M. Cheng, An algorithm to solve the max-min fuzzy relational equations, M. Gupta, E. Sanchez (Eds.), Approximate reasoning in decision analysis, Amsterdam, North-Holland. 47-49, 1982.

[13] W. Cheng. S. Huang. and H. Ho, Model Reference Fuzzy Adaptive Control, Proceedings of the Ninth Triennial World Congress of IFAC, pp. 889-892, 1984.

[14] Cheng Weimin, Robustness of Discrete Events and Its Application to Decision Making, First IFSA Congress, 1985.

[15] Cheng Weimin, Long-term Planning and Decision Analysis of the Pollution Control of the Huangpu River, Proceedings of IFAC/IFORS Conference on Control Science and Technology for Development, 1985.

[16] 郑维敏, 离散事件的鲁状性及测度, 系统工程学报, 1985.

[17] 郑维敏, Automation and Knowledge Engineering, Proceedings of MI-CONEX, 1986 大会报告 (Keynote Speech).

[18] W.M. Cheng, Y.X. Wong, and X. Ping, Flow-shop scheduling by the knowledge of statistical mechanics and annealing, Proc. 26th IEEE Conf. Decision Control, vol. 1, pp. 642-643, 1987.

[19] 郑维敏, 计算机信息——决策系统与知识工程, 农业工程学报, Vol.-3, No.1, 103-110, 1987.

[20] Cheng Weimin, Cui Zixing, EXDASS-A Knowledge-based Dynamic Interactive Decision Analysis and Support System, International Con-

ference on Systems Science and Engineering, 47−52, 1988大会报告（Keynote Speech）.

[21] 宋逢明、郑维敏, 可能性证据理论和非统计不确定性决策分析, 系统工程学报, Vol.3, No.2, 13−27, 1988.

[22] Cai Xiaoqiang, Cheng Weimin, Simulated Annealing For Combinatorial Optimization, Proceedings of ICSSE'88, 274−279, 1988.

[23] Song Anlan, Cheng Weimin, R−Risk Solution for Uncertain Programming, Proceedings of ICSSE'88, 801−805, 1988.

[24] 宋逢明、郑维敏, 不相容命题的不确定性支持函数, 系统工程理论与实践, Vol.9, No.4, 16−20, 1989.

[25] 郑维敏、王永县、陈剑、陈屹, 育种咨询系统中的水稻杂交后代性状预测, 农业工程学报, VOL.5, NO.4, 1−8, 1989.

[26] 郑维敏、吴飞, 0−1规划的一种新算法——旋转正交法, 系统工程学报, VOL.5, NO.1, 1−10, 1990.

[27] 陈剑、郑维敏、王永县, 基因（有效因子）模型及其辨识, 生物工程学报, VOL.6, NO.4, p293−299, 1990.

[28] 陈剑、郑维敏、王永县, 一种基于分布函数的基因数目估计方法, 遗传, VOL.12, NO.2, p13−16, 1990.

[29] 陈剑、郑维敏、王永县, 应用极大似然法估计数量性状有效因子数目, 生物数学学报, Vol.6, No.1, p102−109, 1991.

[30] 陈剑、郑维敏、王永县等. 基于遗传分布模型预测水稻杂交后代性状分布, 作物学报, Vol. 17, No. 3, p178−184, 1991.

[31] 罗国俊、郑维敏, 广东广西香港互联电网联络线功率振荡的研究, 中国电机工程学报, Vol.14, S1, 120−127, 1991.

[32] Chen Jian, Zheng Weimin, Wang Yongxian, The Identification of an Inheritance Model and Its Application, *Mathematical and Computer Modelling*, Vol. 15, No. 6, 43−50, 1991.

[33] Chen Jian, Zheng Weimin, Wang Yongxian, A Systems Control Framework for the Self−fertilization and Selection Process of Breeding,

BioSystems, Vol. 24, No.4, 291-299, 1991.

[34] 陈剑、郑维敏、王永县, 作物育种过程的模型、控制和仿真, 系统工程学报, Vol.7, No.1, p1-10, 1992.

[35] 石永恒、郑维敏, 协商对策的柔性决策方法, 系统工程学报, Vol.7, No.1, p54-61, 1992.

[36] 詹一辉、郑维敏, 第Ⅱ-型似然方法: 模型判别与检验, 系统工程学报, Vol.7, No.1, 11-19, 1992.

[37] 郑维敏、石永恒, 柔性决策及其在资源分配问题中的应用, 控制与决策, Vol.7, No.5, 321-328, 1992.

[38] 詹一辉、郑维敏, 第Ⅱ-型似然方法: 模型类选择与AR阶次估计, 系统工程学报, Vol.8, No.1, 25-34, 1993.

[39] 郑维敏、李明, 学习智慧的训练系统, Vol.9, No.1, 87-92, 1994.

[40] 姜力孚、郑维敏等, 数量性状相关时的基因(有效因子)模型及其参数估计, 生物数学学报, Vol.10, No.4, 44-50, 1995.

[41] 张雷、郑维敏, 关于"放映员问题"(FDP)的启发式算法, 系统工程学报, Vol.10, No.4, 10-16, 1995.

[42] 石永恒、郑维敏、王永县, 柔性环境中的多目标决策及应用, 北京航空航天大学学报, Vol.22, No.4, 91-95, 1996.

[43] Zheng Wemin, Evolutionary Dynamics of Systems, Proceedings of 1996 IEEE International Conference on Systems, Man and Cybernetics, 大会报告(Keynote Speech) 1996.

[44] 郑维敏, 正反馈系统理论, 系统工程理论与实践, Vol. 17, No.3, 28-34, 1997.

[45] 贲金锋、郑维敏, 市场经济中的正反馈机制研究, 系统工程理论与实践, Vol. 17, No.6, 2-7, 1997.

[46] 贲金锋、刘朝阳、郑维敏, 市场行为的进化和控制——个出租车市场的例子, 系统工程理论与实践, Vol. 18, No.7, 31-37, 1998.

[47] 曾勇、唐小我、郑维敏, 引入指数期货的组合证券选择与基金分离定理, 系统工程学报, Vol.14, No.3, 265-271, 1999.

[48] 曾勇、唐小我、郑维敏，组合预测贝叶斯模型研究. 管理科学学报，Vol.6, No.3, 14-21, 1999.

[49] 郑维敏，教学互联网络，系统工程理论与实践，Vol. 20, No. 8, 72-78, 2000.

[50] 曾勇、唐小我、郑维敏，一种组合证券选择和资产定价分析，管理工程学报，Vol.13, No.1, 1-6, 2000.

[51] 曾勇、唐小我、郑维敏，基金分离定理的进一步研究，系统工程学报，Vol.16, No.3, 187-191, 2001.

[52] 曾勇、唐小我、郑维敏，基于斯坦规则和误差校正的组合预测模型. 管理科学学报，Vol.8, No.6, 39-47, 2001.

[53] Zheng Weimin, Perspective on the theory of systems evolution, Proceedings of 2002 International Conference on Systems, Development and Self-organization, 大会报告（Keynote Speech）2002.

[54] Zheng Weimin, Entropy, information, noise-studies on system evolution, Journal of Systems Science and Systems Engineering, Vol. 12, No. 1, 2-12, 2003.

[55] 曾勇、唐小我、郑维敏，管理者风险偏好未知情况下的 PBF 与信息价值损失，管理工程学报，Vol.17, No.1, 39-43, 2004.

著作

[56] 郑维敏. 正反馈. 清华大学出版社，1998.

[57] 郑维敏. 系统工程 FORTRAN 程序集. 清华大学出版社，1986.

[58] 郑维敏主编. Systems Science and Engineering, International Academic Publishers, 1988.

[59] 郑维敏主编. Systems Science and Engineering, International Academic Publishers, 1993.

[60] 郑维敏主编. Information, Intelligence and Systems. International Academic Publishers, 1996.

参考文献

[1] 钟士模、童诗白、郑维敏. 电子脉冲调节器. 清华学报, 1956, 3（2）: 164-169.

[2] 郑维敏. 线性自动调节系统的一种综合方法. 清华学报, 1963, 10（6）: 57-68.

[3] 郑维敏. 某些电力拖动系统的并联稳定方法. 清华学报, 1964, 11（3）: 15-24.

[4] 郑维敏、崔子行. 自整角机—交磁机—直流电动机随动系统的串并联校正. 自动化学报, 1964, 3（2）: 66-74.

[5] 郑维敏. 顺序控制器. 低压电器, 1979.

[6] 郑维敏. 步进式顺序控制器的程序编制. 低压电器, 1979.

[7] Cheng W M, Jen S C, Wu C F, Tsuei T-H. The intersection of fuzzy subsets and the robustness of fuzzy control. In: Proceedings of the International Conference on Cybernetics and Society. Cambridge, MA, 1980: 826-829.

[8] Cheng W M, Ren S J, Wu C F, Tsuei T H. An expression for fuzzy controller. M M Gupta, E Sanchez Eds. Fuzzy Information and Decision Processes. North-Holland Publishing Company, Amsterdam, 1982: 411-413.

[9] Xu W L, Wu C F, Cheng W M. An algorithm to solve the max-min fuzzy relational equations. M Gupta, E Sanchez, Eds. Approximate reasoning in decision

analysis. Amsterdam, North-Holland, 1982: 47-49.

[10] Cheng W, Huang S, Ho H. Model Reference Fuzzy Adaptive Control. Proceedings of the Ninth Triennial World Congress of IFAC, 1984: 889-892.

[11] 郑维敏，张洪良，黄圣乐．用模糊集理论设计模型参考自适应系统．信息与控制，1982，10（3）：8-14．

[12] 郑维敏．关于知识库．系统工程理论与实践，1984，4（2）：8-14．

[13] 宋逢明、郑维敏．可能性证据理论和非统计不确定性决策分析．系统工程学报，1988，3（2）：13-27．

[14] Song Anlan, Cheng Weimin. R-Risk Solution for Uncertain Programming. Proceedings of ICSSE'88, 1988: 801-805.

[15] 石永恒、郑维敏．协商对策的柔性决策方法．系统工程学报，1992，7（1）：54-61．

[16] 郑维敏、石永恒．柔性决策及其在资源分配问题中的应用．控制与决策．1992，7（5）：321-328．

[17] 詹一辉、郑维敏．第Ⅱ-型似然方法：模型判别与检验．系统工程学报，1992，7（1）：11-19．

[18] 詹一辉、郑维敏．第Ⅱ-型似然方法：模型类选择与AR阶次估计．系统工程学报，1993，8（1）：25-34．

[19] 陈剑、郑维敏、王永县．基因（有效因子）模型及其辨识．生物工程学报，1990，6（4）：293-299．

[20] 陈剑、郑维敏、王永县．应用极大似然法估计数量性状有效因子数目．生物数学学报，1991，6（1）：102-109．

[21] 郑维敏、王永县、陈剑、陈屹．育种咨询系统中的水稻杂交后代性状预测．农业工程学报，1989，5（4）：1-8．

[22] 陈剑、郑维敏、王永县等．基于遗传分布模型预测水稻杂交后代性状分布．作物学报，1991，17（3）：178-184．

[23] Chen Jian, Zheng Weimin, Wang Yongxian. The Identification of an Inheritance Model and Its Application. Mathematical and Computer Modelling, 1991, 15 (6): 43-50.

[24] Chen Jian, Zheng Weimin, Wang Yongxian. A Systems Control Framework for the Self-fertilization and Selection Process of Breeding. BioSystems, 1991, 24

（4）：291-299.

[25] 陈剑、郑维敏、王永县. 作物育种过程的模型、控制和仿真. 系统工程学报，1992，7（1）：1-10.

[26] Cai Xiaoqiang, Cheng Weimin. Simulated Annealing For Combinatorial Optimization. Proceedings of ICSSE'88, 1988：274-279.

[27] 郑维敏、吴飞. 0—1规划的一种新算法——旋转正交法. 系统工程学报，1990，5（1）：1-10.

[28] 张雷、郑维敏. 关于"放映员问题"（FDP）的启发式算法. 系统工程学报，1995，10（4）：10-16.

[29] 贡金锋、郑维敏. 市场经济中的正反馈机制研究. 系统工程理论与实践，1997，17（6）：2-7.

[30] 郑维敏. 正反馈系统理论. 系统工程理论与实践，1997，17（3）：28-34.

[31] Cheng Weimin. Long-term Planning and Decision Analysis of the Pollution Control of the Huangpu River. Proceedings of IFAC/IFORS Conference on Control Science and Technology for Development，1985.

[32] 宋逢明、郑维敏. 不相容命题的不确定性支持函数. 系统工程理论与实践，1989，9（4）：16-20.

[33] Cheng Weimin. Robustness of Discrete Events and Its Application to Decision Making. First IFSA Congress，1985.

[34] 曾勇、唐小我、郑维敏. 组合预测贝叶斯模型研究. 管理科学学报，1999，6（3）：14-21.

[35] 曾勇、唐小我、郑维敏. 一种组合证券选择和资产定价分析. 管理工程学报，2000，13（1）：1-6.

[36] 罗国俊、郑维敏. 广东广西香港互联电网联络线功率振荡的研究. 中国电机工程学报，1991，14（S1）：120-127.

后记

2011年，郑维敏先生被列入"老科学家学术成长资料采集工程"后，我们按照"采集工程"的要求积极进行规划，开展具体采集工作。派专人赴上海参加科协组织的"采集人员培训班"，全面系统地学习开展采集工作所需的基本知识、工作方法和工作要求。制定了"采集工程实施安排"工作方案。根据工作方案，具体围绕口述资料、实物资料和音像资料展开收集工作。组织相关人员到郑先生家乡、曾经学习和工作过的地方（包括：浙江省宁波市鄞州区、山东省济南市、重庆市、四川省成都市、云南省昆明市、上海市等）进行调查和收集资料。

课题执行中，我们严格按照"采集工程"的要求，紧紧围绕"郑先生学术成长"这条主线。希望通过客观、翔实的材料记录郑先生学术成长过程，特别是通过他的口述（按计划2012年春天赴美国），来系统的构建这个过程。按照这样的思路，我们最初计划的是先把外围采访和实物采集做好，对郑先生学术成长过程有一个概貌的了解后，再制定针对性的问题去采访传主郑先生本人。然而，非常不幸的是，郑先生于2012年1月21日逝世，这给其亲属、朋友、学生和课题组以极大的震惊和悲痛。同时，完全打乱了采集工作的计划，采集工作不得不停顿下来。经请示，科协有关领导鼓励我们要克服各种困难继续完成课题。因此，我们将工作的重点从郑先生本人转移到二手资料的收集。但是，困难实在太大了。尽管我们做了许多努力，试图寻找郑先生早年的老师和同学、朋友，希望从他们那里得到一些有价值的信息和线索，然而，往往达不到预期目标。例如，对郑先生影响最大的两位老师，钟士模先生和钱伟长先生也都去世多年。这使得我们在许多方面无法准确地把握和描述郑先生的学术成长过程。第一，在许多重要问题上，我们没有办法系统地了解郑先生的自己的看法和思考；第二，对于郑先生早年求学和工作的情况几乎成了空白；第三，郑先生的师承关系亦无法深入了解。

所幸，在课题执行过程中我们得到了郑先生的家人、朋友、同事、学生等的大力支持，使我们在极端困难的情况还可以将课题继续的进行下去。例如，师母和先生的女儿、女婿借回北京的机会为我们提供了一些先生的资料；先生的弟弟郑哲敏先生和妹妹郑企静老师接受我们访谈；郑先生的一些朋友回忆了与先生交往的一些往事，如：中国系统工程学会前理事长顾基发教授、美国密歇根大学荣休教授 Chen Kan 先生、加拿大科学院院长滑铁卢大学 Keith Hipel 教授等；先生的许多同事和早期的学生也为我们提供了大量的资料，他们包括（按拼音顺序）：崔子行老师、董登武老师、高龙老师、韩曾晋老师、李鹤轩老师、刘震涛老师、吕林老师、隋迎秋老师、吴澄老师、吴秋峰老师、许道荣老师、徐文立老师、赵纯均老师、郑学坚老师、朱善君老师、钟道彩老师等；以及先生的博士生/硕士生周小川、宋逢明、蔡小强、宋安澜、郑列列、王浩、石永恒、殷勇、曾勇、马旭东等。没有他们的帮助，要完成这样艰巨的任务显然是不可能的。在此向他们表示由衷的感谢！需要感谢的人太多，难免挂一漏万，还请大家见谅。

在大家的共同努力下，我们一共收集到各类资料八百一十八件。在整理资料和本书的写作过程中，我们一直本着这样一个原则，尽量使本书的风格与郑先生的为人为学、教书育人的特点相适应，因此，努力采用平实、客观、求实的文风进行叙述。鉴于从1939年到1953年期间的绝大部分时间里，郑先生一直是独自在外求学工作，且少数知情者也相继过世，大量信息难以考证，我们不得不将原先计划用两章篇幅来书写该时期情况合并为一章。而通过不断对郑先生1954年以后在清华任教经历的搜集、挖掘和学习，增加了一些小节，以期不漏掉任何有学术研究意义的重要事件。课题组由王永县老师、肖勇波、吴利芬、李雪、陈冰瑶、张冲、朱斌等组成。具体工作安排，王老师、肖勇波参与整本书的规划和章节安排，吴利芬负责日常事务安排，博士生李雪和陈冰瑶参与设计访谈问卷、进行访谈和初稿撰写，博士生张冲对采集的资料归档工作进行了仔细的整理、并对初稿进行进一步系统的整理和加工，王老师和博士后朱斌对书稿进行校对和一些事实的确认，本科生金悦帮助进行资料归档工作。尽管我们期望能够比较系统全面地反映郑先生的学术成长过程，但是，限于客观条件和我们的能力，目前的版本肯定存在许多不足之处。期待了解郑先生的各位老师、朋友给我们提出宝贵的建议和意见，如果能提供一些材料则更理想。以便我们将来有机会修改此书时能够做得更好。

通过这期间对郑先生的学术成长过程的整理，使我们对郑先生有了更多的了解。郑先生的一生充满了艰辛与坎坷，经历了列强蹂躏中国的战乱年代，也经历了建设新中国的艰苦创业年代，还经历了改革开放中国开始腾飞和复兴的年代。当新中国各方面百废待兴之时，他和那个时代许多充满赤子情怀的科学家、艺术家一样，怀抱对新中国的憧憬，毅然回国，投身到新中国的建设和教育事业。他学识渊博精深，研究领域涉及范围极广，从电机系、自动化系、到经济管理学院；从三百小型连轧机、数控机床、黄浦江污染治理、分级分布控制系统、控制—管理一体化，到生物系统、金融系统、企业系统、以及宏观经济系统的优化和决策支持。尽管他的学术研究领域广泛，兴趣也多元，但他一生著述立论谨慎，所以出版的著作不多。作为老一代科学家，他的学术成长过程也充分体现了我国科学技术界发展的过程，以"学着讲、照着讲"为主，为我国自动化、系统工程、管理科学等学科向着"接着讲、自己讲"发展奠定了扎实的基础。做研究对他而言不只是因为职业生涯非做不可的事，而是他的生命与使命。总结他的学术成长过程最令人感动的是他严谨创新的治学精神和态度,是他投身教育奋进拼搏的勇气和胆量,是他前瞻性的眼光和重视实践的学术思想,更是他那份淡泊名利的品德和为祖国作贡献的坚韧不拔的毅力。

期望通过这本书告慰郑先生在天之灵,也希望新一代学人能够从中得到一些有益的启示。让我们共同为中华民族的伟大复兴而努力。

老科学家学术成长资料采集工程丛书
已出版（100种）

《卷舒开合任天真：何泽慧传》　　《此生情怀寄树草：张宏达传》
《从红壤到黄土：朱显谟传》　　　《梦里麦田是金黄：庄巧生传》
《山水人生：陈梦熊传》　　　　　《大音希声：应崇福传》
《做一辈子研究生：林为干传》　　《寻找地层深处的光：田在艺传》
《剑指苍穹：陈士橹传》　　　　　《举重若重：徐光宪传》

《情系山河：张光斗传》　　　　　《魂牵心系原子梦：钱三强传》
《金霉素·牛棚·生物固氮：沈善炯传》《往事皆烟：朱尊权传》
《胸怀大气：陶诗言传》　　　　　《智者乐水：林秉南传》
《本然化成：谢毓元传》　　　　　《远望情怀：许学彦传》
《一个共产党员的数学人生：谷超豪传》《没有盲区的天空：王越传》

《含章可贞：秦含章传》　　　　　《行有则　知无涯：罗沛霖传》
《精业济群：彭司勋传》　　　　　《为了孩子的明天：张金哲传》
《肝胆相照：吴孟超传》　　　　　《梦想成真：张树政传》
《新青胜蓝惟所盼：陆婉珍传》　　《情系梁菽：卢良恕传》
《核动力道路上的垦荒牛：彭士禄传》《笺草释木六十年：王文采传》

《探赜索隐　止于至善：蔡启瑞传》《妙手生花：张涤生传》
《碧空丹心：李敏华传》　　　　　《硅芯筑梦：王守武传》
《仁术宏愿：盛志勇传》　　　　　《云卷云舒：黄士松传》
《踏遍青山矿业新：裴荣富传》　　《让核技术接地气：陈子元传》
《求索军事医学之路：程天民传》　《论文写在大地上：徐锦堂传》

《一心向学：陈清如传》　　　　　《铃记：张兴铃传》
《许身为国最难忘：陈能宽传》　　《寻找沃土：赵其国传》
《钢锁苍龙　霸贯九州：方秦汉传》《虚怀若谷：黄维垣传》
《一丝一世界：郁铭芳传》　　　　《乐在图书山水间：常印佛传》
《宏才大略：严东生传》　　　　　《碧水丹心：刘建康传》

《我的气象生涯：陈学溶百岁自述》
《赤子丹心 中华之光：王大珩传》
《根深方叶茂：唐有祺传》
《大爱化作田间行：余松烈传》
《格致桃李伴公卿：沈克琦传》
《躬行出真知：王守觉传》
《草原之子：李博传》

《宏才大略 科学人生：严东生传》
《航空报国 杏坛追梦：范绪箕传》
《聚变情怀终不改：李正武传》
《真善合美：蒋锡夔传》
《治水殆与禹同功：文伏波传》
《用生命谱写蓝色梦想：张炳炎传》
《远古生命的守望者：李星学传》

《善度事理的世纪师者：袁文伯传》
《"齿"生无悔：王翰章传》
《慢病毒疫苗的开拓者：沈荣显传》
《殚思求火种 深情寄木铎：黄祖洽传》
《合成之美：戴立信传》
《誓言无声铸重器：黄旭华传》
《水运人生：刘济舟传》
《在断了 A 弦的琴上奏出多复变
　　最强音：陆启铿传》
《弄潮儿向涛头立：张乾二传》
《一爆惊世建荣功：王方定传》
《轮轨丹心：沈志云传》
《继承与创新：五二三任务与青蒿素研发》

《我的教育人生：申泮文百岁自述》
《阡陌舞者：曾德超传》
《妙手握奇珠：张丽珠传》
《追求卓越：郭慕孙传》
《走向奥维耶多：谢学锦传》
《绚丽多彩的光谱人生：黄本立传》

《探究河口 巡研海岸：陈吉余传》
《胰岛素探秘者：张友尚传》
《一个人与一个系科：于同隐传》
《究脑穷源探细胞：陈宜张传》
《星剑光芒射斗牛：赵伊君传》
《蓝天事业的垦荒人：屠基达传》

《化作春泥：吴浩青传》
《低温王国拓荒人：洪朝生传》
《苍穹大业赤子心：梁思礼传》
《仁者医心：陈灏珠传》
《神乎其经：池志强传》
《种质资源总是情：董玉琛传》
《当油气遇见光明：翟光明传》
《微纳世界中国芯：李志坚传》
《至纯至强之光：高伯龙传》
《材料人生：涂铭旌传》
《寻梦衣被天下：梅自强传》
《海潮逐浪镜水周回：童秉纲口述
　　人生》